MARKT WIRTSCHAFT RECHT

MARKT WIRTSCHAFT RECHT

Orientierungshilfen
und Einblicke

Ein aktueller Ratgeber
mit wichtigen Adressen

zusammengestellt und verfaßt von
Ass. jur. Christina Wittek, Bonn,
Referentin, Dozentin am Studieninstitut für
kommunale Verwaltung Köln/Bonn

Verlagsgruppe Luchterhand
Neuwied/Frankfurt a. M.

CIP-Titelaufnahme der Deutschen Bibliothek

Wittek, Christina:
Markt – Wirtschaft – Recht: Orientierungshilfen
und Einblicke; ein aktueller Ratgeber;
mit wichtigen Adressen / zusammengestellt und verfaßt
von Christina Wittek. – Neuwied; Frankfurt a. M.;
ISBN 3-472-00279-4

Trotz sorgfältiger Prüfung der Adressen- und Zahlenangaben kann eine Garantie für die Richtigkeit nicht übernommen werden.

Abgeschlossen: August 1990

Satz: DVS Druckvorbereitungsstudio GmbH, Rheda-Wiedenbrück
Druck: Küster + Pressedruck GmbH, Bielefeld
Printed in Germany, August 1990

VORWORT

Mit dem 1. Staatsvertrag über die »Schaffung einer Währungs-, Wirtschafts- und Sozialunion« wurde ein unaufhaltsamer Prozeß eingeleitet: Die Vereinigung der beiden deutschen Staaten. Die Verhandlungen zum 2. Staatsvertrag, dem sog. Einigungsvertrag, laufen unter Hochdruck und sollen bereits Ende August abgeschlossen sein. Der Beitritt der DDR bzw. ihrer Länder zur BRD nach Art. 23 GG ist nur noch eine Frage des Zeitpunktes, der nach den derzeitigen politischen Entwicklungen zunehmend näher rückt. Ministerpräsident Lothar de Maizière hat bereits den 13. 10. 90 vorgeschlagen. Die Reaktion des Bündnis' 90 hierauf kennzeichnet die Situation nüchtern und treffend:
»Noch 72 (?) Tage DDR!«

Aufgrund des 1. Staatsvertrages gelten in der DDR seit dem 1. 7. 1990 die bundesdeutsche Währung und die Soziale Marktwirtschaft. Auch hat die DDR eine Reihe von Gesetzen übernommen und in Kraft gesetzt. Mit Vollzug des Beitritts wird das gesamte bundesdeutsche Recht – abgesehen von wenigen, im Einigungsvertrag zu regelnden Ausnahmen – unmittelbar in der DDR gelten. Von einem Tag auf den anderen treten die (ehemaligen) DDR-Bürger in eine neue Rechts-, Wirtschafts- und Gesellschaftsordnung ein, in der sie sich fortan zurechtfinden müssen.

Um ihnen den Übergang und Einstieg in »das neue Deutschland« zu erleichtern, hat die Verlagsgruppe Luchterhand dieses Buch herausgegeben. Es soll dem interessierten (DDR-)Bürger eine erste Orientierungshilfe sein und ihm Einblicke in das Verfassungssystem, die praktisch wichtigen Rechtsgebiete sowie in die Funktionsweise der bundesdeutschen Wirtschafts- und Gesellschaftsordnung vermitteln. Dies bedingt eine grob strukturierte, z.T. vereinfachende Darstellung, die damit keinen Anspruch auf Wissenschaftlichkeit und Vollständigkeit erhebt. Dem wißbegierigen Leser werden statt dessen weitergehende Informationen und Literaturhinweise an die Hand gegeben, die eine gezielte Vertiefung der Materie ermöglichen.

VORWORT

Die Adressen im 9. Teil dieses Buches sollen zugleich als Hinweis darauf verstanden werden, daß in vielen Lebensfragen Ansprechpartner zu finden sind, die gerne bereit sind, Auskunft zu erteilen, praktische Tips zu geben und weiterzuhelfen. Aber:
Nur wer fragt, erhält eine Antwort!

Bonn, im August 1990

Christina Wittek

INHALT

Seite

C. DER AUFBAU DES RECHTSSYSTEMS

4. TEIL: DIE EUROPÄISCHE GEMEINSCHAFT

5. TEIL: DIE NATO

Seite

6. TEIL: INSTITUTIONEN

A. DIE HOCHSCHULEN

I. ABKÜRZUNGEN

A	AA	Auswärtiges Amt
	a. a. O.	am angegebenen Ort
	AbfG	Gesetz über die Beseitigung von Abfällen
	Abg.	Abgeordneter
	ABl.	Amtsblatt
	Abs.	Absatz
	AbzG	Gesetz betreffend die Abzahlungsgeschäfte
	a. D.	außer Dienst
	AdöR	Anstalt des öffentlichen Rechts
	a. F.	alter Fassung
	AFG	Arbeitsförderungsgesetz
	AG	Aktiengesellschaft
	AGBG	Gesetz über die allgemeinen Geschäftsbedingungen
	Agm.	Arbeitsgemeinschaft
	a. i.	ad interim
	AktG	Aktiengesetz
	altern.	alternierend
	AO	Abgabenordnung
	ArbGG	Arbeitsgerichtsgesetz
	ArbplSchG	Arbeitsplatzschutzgesetz
	Art.	Artikel
	ASiG	Arbeitssicherheitsgesetz
	AtG	Atomgesetz
B	BAföG	Bundesausbildungsförderungsgesetz
	BAG	Bundesarbeitsgericht
	BAK	Blutalkoholkonzentration
	BAnz.	Bundesanzeiger
	BBG	Bundesbeamtengesetz
	BBiG	Berufsbildungsgesetz
	BDI	Bundesverband der Deutschen Industrie
	BDSG	Bundesdatenschutzgesetz
	Beig.	Beigeordnete, -r, beigeordnet
	ber.	berichtigt
	bes.	besonders
	Betr.	Betrieb(s)
	BetrVG	Betriebsverfassungsgesetz
	Bev.	Bevollmächtigte, -r, bevollmächtigt
	Bezieh.	Beziehungen

BFH	Bundesfinanzhof
BG	Bundesgebiet
BGA	Bundesverband des Deutschen Groß- und Außenhandels
BGB	Bürgerliches Gesetzbuch
BGBl.	Bundesgesetzblatt
BGH	Bundesgerichtshof
Bgm.	Bürgermeister, -in
BGS	Bundesgrenzschutz
Bibl.	Bibliothek(s), -ar, -in
BImSchG	Bundes-Immissionsschutzgesetz
BK	Bundeskanzler, Bundeskanzleramt
BKGG	Bundeskindergeldgesetz
BMA	Bundesminister für Arbeit und Sozialordnung
BMB	Bundesminister für innerdeutsche Beziehungen
BMBau	Bundesminister für Raumordnung, Bauwesen und Städtebau
BMBW	Bundesminister für Bildung und Wissenschaft
BMF	Bundesminister der Finanzen
BMFT	Bundesminister für Forschung und Technologie
BMI	Bundesminister des Inneren
BMJ	Bundesminister der Justiz
BMJFFG	Bundesminister für Jugend, Familie, Frauen und Gesundheit
BML	Bundesminister für Ernährung, Landwirtschaft und Forsten
BMP	Bundesminister für Post- und Fernmeldewesen
BMU	Bundesminister für Umwelt, Naturschutz und Reaktorsicherheit
BMV	Bundesminister für Verkehr
BMVg	Bundesminister der Verteidigung
BMWi	Bundesminister für Wirtschaft
BMZ	Bundesminister für wirtschaftliche Zusammenarbeit
BNatSchG	Bundesnaturschutzgesetz
BNotO	Bundesnotarordnung
BPA	Bundespresse- und Informationsamt
BR	Bundesrat
BRAO	Bundesrechtsanwaltsordnung
BRRG	Beamtenrechtsrahmengesetz
BSG	Bundessozialgericht
BSHG	Bundessozialhilfegesetz
BStBl.	Bundessteuerblatt
BT	Bundestag
BT-Drucksache	Bundestag-Drucksache

	Btx	Bildschirmtext
	BVerfGE	Entscheidungen des Bundesverfassungsgerichts
	BVerfGG	Bundesverfassungsgerichtsgesetz
	BVerwG	Bundesverwaltungsgericht
	BWahlG	Bundeswahlgesetz
C	CDU	Christlich-Demokratische Union
	CGB	Christlicher Gewerkschaftsbund
	c/o	care of – per Adresse
	CSU	Christlich-Soziale Union
D	DAG	Deutsche Angestellten-Gewerkschaft
	DB	Deutsche Bundesbahn
	DBB	Deutscher Beamtenbund
	DBP	Deutsche Bundespost
	DBV	Deutscher Bauernverband
	Dez.	Dezernat, Dezernent, -in
	DGB	Deutscher Gewerkschaftsbund
	DIN	Deutsches Institut für Normung
	DRiG	Deutsches Richtergesetz
	Dr.	Doktor
	DSG	Datenschutzgesetz
E	EG	Europäische Gemeinschaft
	EGAktG	Einführungsgesetz zum Aktiengesetz
	EGBGB	Einführungsgesetz zum Bürgerlichen Gesetzbuch
	EGStGB	Einführungsgesetz zum Strafgesetzbuch
	EheG	Ehegesetz
	E. h., e. h.	ehrenhalber
	EKD	Evangelische Kirche in Deutschland
	EnEG	Energieeinsparungsgesetz
	EP	Europäisches Parlament
	ErbbauVO	Erbbaurechtsverordnung
	EStG	Einkommensteuergesetz
	EStDV	Einkommensteuer-Durchführungsverordnung
	EWG	Europäische Wirtschaftsgemeinschaft
F	Fak.	Fakultät
	FB	Fachbereich
	F.D.P.	Freie Demokratische Partei
	f., ff.	folgender, folgende
	FH	Fachhochschule
	Frakt.	Fraktion
	FS	Fernschreiben
	FVG	Finanzverwaltungsgesetz

G	Gbd.	Gebäude
	GBl.	Gesetzblatt
	Gde.	Gemeinde
	Geb.	Gebiet
	gem.	gemäß
	Gem.	Gemeinschaft(en)
	Gemeinn.	Gemeinnützig(e)
	Ger.	Gericht(s)
	Ges.	Gesellschaft, -er, -erin, gesellschaftlich
	Gesch.	Geschäft(s), geschäftlich
	Gew.	Gewerkschaft
	GewO	Gewerbeordnung
	GF, Gf.	Geschäftsführ/er, -erin, -ung, geschäftsführend
	GG	Grundgesetz
	GH	Großhandel
	GKG	Gerichtskostengesetz
	GleichberG	Gleichberechtigungsgesetz
	GmbHG	Gesetz betreffend die Gesellschaften mit beschränkter Haftung
	GO	Gemeindeordnung
	GVBl.	Gesetz- und Verordnungsblatt
	GVOBl.	Gesetz- und Verordnungsblatt
	Gw., gwl.	Gewerbe, gewerblich
	GWB	Gesetz gegen Wettbewerbsbeschränkungen
H	habil.	habilitatis (zu Vorlesungen berechtigt)
	HausratsVO	Hausratsverordnung
	h. c.	honoris causa (ehrenhalber)
	HDE	Hauptgemeinschaft des Deutschen Einzelhandels
	Heiz-kostenVO	Heizkostenverordnung
	HGB	Handelsgesetzbuch
	HGF	Hauptgeschäftsführ/er, -erin, -ung
	HK	Handelskammer
	Hrsg.	Herausgeber
I	i. d. F.	in der Fassung
	i. d. R.	in der Regel
	i. e. R.	im einstweiligen Ruhestand
	IHK	Industrie- und Handelskammer
	incl.	inclusive
	Ind.	Industrie, industriell
	Inf.	Information
	Ing.	Ingenieur, -in
	inl.	inländisch

	Inst.	Institut, Institution
	Intn.	International
	i.V.	in Vertretung
	i.V.m.	in Verbindung mit
J	JAG	Juristenausbildungsgesetz
	JArbSchG	Jugendarbeitsschutzgesetz
	JGG	Jugendgerichtsgesetz
	JSchG	Jugendschutzgesetz
	Jur.	Jurist, -in, -isch
	Just.	Justitiar, -in
	JWG	Jugendwohlfahrtsgesetz
K	Ka.	Kammer
	KdöR	Körperschaft des öffentlichen Rechts
	KFZ	Kraftfahrzeug
	Kfm., Kffr.	Kaufmann/frau, kaufmännisch
	km	Kilometer
	KO	Konkursordnung
	Komm.	Kommission
	Komn.	Kommune
	Koms.	Kommissar, -in, kommissarisch
	Kr.	Kreis
	KSchG	Kündigungsschutzgesetz
	KStG	Körperschaftsteuergesetz
L	LärmVO	Lärmverordnung
	LDSG	Landesdatenschutzgesetz
	LFG	Lohnfortzahlungsgesetz
	LImSchG	Landes-Immissionsschutzgesetz
	LL	Landesliste
	LSchlG	Ladenschlußgesetz
	LStDV	Lohnsteuer-Durchführungsverordnung
	Ltd.	Leitende, -r, leitend
	Lw.	Landwirt, -in, Landwirtschaft
M	Mag.	Magistrat
	MdB	Mitglied des Bundestages
	MdE	Minderung der Erwerbsfähigkeit
	MdEP	Mitglied des Europäischen Parlaments
	MdL	Mitglied des Landtages
	Med.	Medizinal, medizinisch
	Mgr.	Magister
	Mil.	Militär, militärisch
	Min.	Minister, -in, -ium, -ial

	Mio.	Million(en)
	MitbestG	Mitbestimmungsgesetz
	ModEnG	Modernisierungs- und Energieeinsparungsgesetz
	MPG	Max-Planck-Gesellschaft
	MR	Ministerialrat/rätin
	Mrd.	Milliarde(n)
	MRRG	Melderechtsrahmengesetz
	MRVerbG	Gesetz zur Verbesserung des Mietrechts
	Mstr.	Meister, -in
	MuttSchG	Mutterschutzgesetz
N	Not.	Notar
	NA	Normenausschuß
	NJW	Neue Juristische Wochenschrift
	NN	nomen nominandum (nicht bekannt)
	NW	Nordrhein-Westfalen
O	ÖA	Öffentlichkeitsarbeit
	öfftl.	öffentlich, -e, -er, -es
	Ökol.	Ökolog/e, -in, -ie, ökologisch
	Ökon.	Ökonom, -in, -ie, ökonomisch
	OECD	Organisation für wissenschaftliche Zusammenarbeit
	OLG	Oberlandesgericht
	OWiG	Ordnungswidrigkeitengesetz
P	p.	per, pro
	Parl.	Parlament, -arier/in, parlamentarisch
	PF	Postfach
	PflVG	Pflichtversicherungsgesetz
	POB	Post Office Box (engl.), Postfach
	PR	Public Relations
	Präs.	Präsid/ent, -entin, -ium, -ential
	Prof.	Professor, -in
	Progr.	Programm
R	RA	Rechtsanwalt/wältin
	RAO	Reichsabgabenordnung
	Rdnr.	Randnummer
	rechtl.	rechtlich
	Red.	Redaktion, Redakteur, -in, redaktionell
	Ref.	Referent, -in, Referendar, -in
	Reg.	Regierung(s)
	Regel-unterhaltV	Regelunterhalt-Verordnung

	Repr.	Repräsentant
	RGBl.	Reichsgesetzblatt
	Ri.	Richter, -in
	RR	Regierungsrat/rätin
	RVO	Reichsversicherungsordnung
S	S.	Seite
	s. (a.)	siehe (auch)
	ScheckG	Scheckgesetz
	SchwbG	Schwerbehindertengesetz
	SdöR, SdpR	Stiftung des öffentlichen/privaten Rechts
	Sekr.	Sekretär, -in
	selbst.	selbständig
	Sen.	Senat, -or, -orin
	SG	Soldatengesetz
	SGB	Sozialgesetzbuch
	sog.	sogenannte
	SPD	Sozialdemokratische Partei Deutschlands
	StAnpG	Steueranpassungsgesetz
	StGB	Strafgesetzbuch
	StHG	Staatshaftungsgesetz
	StPO	Strafprozeßordnung
	StRÄndG	Strafrechtsänderungsgesetz
	StRG	Strafrechtsreformgesetz
	Stv.	Stellvertret/er, -erin, stellvertretend
	StVG	Straßenverkehrsgesetz
	StVO	Straßenverkehrs-Ordnung
	StVZO	Straßenverkehrs-Zulassungs-Ordnung
T	Techn.	Technik, -er, -erin, technisch
	Technol.	Technologie, technologisch
	TFAX	Telefax
	TH, TU	Technische Hochschule/Universität
	TSG	Transsexuellengesetz
	TTX	Teletex
	TÜV	Technischer Überwachungs-Verein
	TVG	Tarifvertragsgesetz
U	u. a.	unter anderem
	üb.	über
	Unabh.	unabhängig, -e, -er
	Univ.	Universität
	UNO	United Nations Organization
	UWG	Gesetz gegen den unlauteren Wettbewerb

V	Vbd./Vbde.	Verband(s), Verbände
	VDE	Verband Deutscher Elektrotechniker
	VDI	Verein Deutscher Ingenieure
	Verk.	Verkehr
	Vers.	Versicherung(s)
	Verw.	Verwalt/er, -erin, -ung
	vgl.	vergleiche
	VHS	Volkshochschule
	VO	Verordnung
	Vors.	Vorsitzende, -r, Vorsitzer, -in
	Vorst.	Vorstand, Vorsteher, -in
	VSt.	Vermögensteuer
	Vtr.	Vertret/er, -erin, -ung, vertretend
	vtrw.	vertretungsweise
	VwGO	Verwaltungsgerichtsordnung
	VwVfG	Verwaltungsverfahrensgesetz
W	WaffG	Waffengesetz
	WEG	Wohnungseigentumsgesetz
	WG	Wechselgesetz
	WHG	Wasserhaushaltsgesetz
	WiStG	Wirtschaftsstrafgesetz
	Wkr.	Wahlkreis
	WKSchG	2. Wohnraumkündigungsschutzgesetz
	WoBauG	Wohnungsbaugesetz
	WoBindG	Wohnungsbindungsgesetz
	WoGG	Wohngeldgesetz
	WoGV	Wohngeldverordnung
	WoModG	Wohnungsmodernisierungsgesetz
	WPflG	Wehrpflichtgesetz
	WStG	Wehrstrafgesetz
Z	z. A.	zur Anstellung
	z. B.	zum Beispiel
	z. D.	zur Disposition
	ZDG	Zivildienstgesetz
	zgl.	zugleich
	ZPO	Zivilprozeßordnung
	zus.	zusammen
	zust.	zuständig
	zw.	zwischen
	z. Wv.	zur Wiederverwendung
	z. Z.	zur Zeit

II. REDE VON BUNDESPRÄSIDENT RICHARD VON WEIZSÄCKER

ZUM 40. JAHRESTAG DER BEENDIGUNG DES KRIEGES IN EUROPA UND DER NATIONALSOZIALISTISCHEN GEWALTHERRSCHAFT

– Ansprache am 8. Mai 1985
in der Gedenkstunde im Plenarsaal des Deutschen Bundestages –

1.

Viele Völker gedenken heute des Tages, an dem der Zweite Weltkrieg in Europa zu Ende ging. Seinem Schicksal gemäß hat jedes Volk dabei seine eigenen Gefühle. Sieg oder Niederlage, Befreiung von Unrecht und Fremdherrschaft oder Übergang zu neuer Abhängigkeit, Teilung, neue Bündnisse, gewaltige Machtverschiebungen - der 8. Mai 1945 ist ein Datum von entscheidender historischer Bedeutung in Europa.

Wir Deutsche begehen den Tag unter uns, und das ist notwendig. Wir müssen die Maßstäbe allein finden. Schonung unserer Gefühle durch uns selbst oder durch andere hilft nicht weiter. Wir brauchen und wir haben die Kraft, der Wahrheit, so gut wir es können, ins Auge zu sehen, ohne Beschönigung und ohne Einseitigkeit.

Der 8. Mai ist für uns vor allem ein Tag der Erinnerung an das, was Menschen erleiden mußten. Er ist zugleich ein Tag des Nachdenkens über den Gang unserer Geschichte. Je ehrlicher wir ihn begehen, desto freier sind wir, uns seinen Folgen verantwortlich zu stellen.

Der 8. Mai ist für uns Deutsche kein Tag zum Feiern. Die Menschen, die ihn bewußt erlebt haben, denken an ganz persönliche und damit ganz unterschiedliche Erfahrungen zurück. Der eine kehrte heim, der andere wurde heimatlos. Dieser wurde befreit, für jenen begann die Gefangenschaft. Viele waren einfach nur dafür dankbar, daß Bombennächte und Angst vorüber und sie mit dem Leben davongekommen waren. Andere empfanden Schmerz über die vollständige Niederlage des eigenen Vaterlandes. Verbittert standen Deutsche vor zerrissenen Illusionen, dankbar andere Deutsche für den geschenkten neuen Anfang.

Es war schwer, sich alsbald klar zu orientieren. Ungewißheit erfüllte das Land. Die militärische Kapitulation war bedingungslos. Unser Schicksal lag in der

Hand der Feinde. Die Vergangenheit war furchtbar gewesen, zumal auch für viele dieser Feinde. Würden sie uns nun nicht vielfach entgelten lassen, was wir ihnen angetan hatten?

Die meisten Deutschen hatten geglaubt, für die gute Sache des eigenen Landes zu kämpfen und zu leiden. Und nun sollte sich herausstellen: Das alles war nicht nur vergeblich und sinnlos, sondern es hatte den unmenschlichen Zielen einer verbrecherischen Führung gedient. Erschöpfung, Ratlosigkeit und neue Sorgen kennzeichneten die Gefühle der meisten. Würde man noch eigene Angehörige finden? Hatte ein Neuaufbau in diesen Ruinen überhaupt Sinn?

Der Blick ging zurück in einen dunklen Abgrund der Vergangenheit und nach vorn in eine ungewisse, dunkle Zukunft.

Und dennoch wurde von Tag zu Tag klarer, was es heute für uns alle gemeinsam zu sagen gilt: Der 8. Mai war ein Tag der Befreiung. Er hat uns alle befreit von dem menschenverachtenden System der nationalsozialistischen Gewaltherrschaft.

Niemand wird um dieser Befreiung willen vergessen, welche schweren Leiden für viele Menschen mit dem 8. Mai erst begannen und danach folgten. Aber wir dürfen nicht im Ende des Krieges die Ursache für Flucht, Vertreibung und Unfreiheit sehen. Sie liegt vielmehr in seinem Anfang und im Beginn jener Gewaltherrschaft, die zum Krieg führte.

Wir dürfen den 8. Mai 1945 nicht vom 30. Januar 1933 trennen.

Wir haben wahrlich keinen Grund, uns am heutigen Tag an Siegesfesten zu beteiligen. Aber wir haben allen Grund, den 8. Mai 1945 als das Ende eines Irrweges deutscher Geschichte zu erkennen, das den Keim der Hoffnung auf eine bessere Zukunft barg.

2.

Der 8. Mai ist ein Tag der Erinnerung. Erinnern heißt, eines Geschehens so ehrlich und rein zu gedenken, daß es zu einem Teil des eigenen Innern wird. Das stellt große Anforderungen an unsere Wahrhaftigkeit.

Wir gedenken heute in Trauer aller Toten des Krieges und der Gewaltherrschaft.

Wir gedenken insbesondere der sechs Millionen Juden, die in deutschen Konzentrationslagern ermordet wurden.

Wir gedenken aller Völker, die im Krieg gelitten haben, vor allem der unsäglich vielen Bürger der Sowjetunion und der Polen, die ihr Leben verloren haben.

Als Deutsche gedenken wir in Trauer der eigenen Landsleute, die als Soldaten, bei den Fliegerangriffen in der Heimat, in Gefangenschaft und bei der Vertreibung ums Leben gekommen sind.
Wir gedenken der ermordeten Sinti und Roma, der getöteten Homosexuellen,

der umgebrachten Geisteskranken, der Menschen, die um ihrer religiösen oder politischen Überzeugung willen sterben mußten.

Wir gedenken der erschossenen Geiseln.

Wir denken an die Opfer des Widerstandes in allen von uns besetzten Staaten.

Als Deutsche ehren wir das Andenken der Opfer des deutschen Widerstandes, des bürgerlichen, des militärischen und glaubensbegründeten, des Widerstandes in der Arbeiterschaft und bei Gewerkschaften, des Widerstandes der Kommunisten.

Wir gedenken derer, die nicht aktiv Widerstand leisteten, aber eher den Tod hinnahmen, als ihr Gewissen zu beugen.

Neben dem unübersehbar großen Heer der Toten erhebt sich ein Gebirge menschlichen Leids,

Leid um die Toten,
Leid durch Verwundung und Verkrüppelung,
Leid durch unmenschliche Zwangssterilisierung,
Leid in Bombennächten,
Leid durch Flucht und Vertreibung, durch Vergewaltigung und Plünderung, durch Zwangsarbeit, durch Unrecht und Folter, durch Hunger und Not,
Leid durch Angst vor Verhaftung und Tod,
Leid durch Verlust all dessen, woran man irrend geglaubt und wofür man gearbeitet hatte.

Heute erinnern wir uns dieses menschlichen Leids und gedenken seiner in Trauer.

Den vielleicht größten Teil dessen, was den Menschen aufgeladen war, haben die Frauen der Völker getragen.
Ihre Leiden, ihre Entsagung und ihre stille Kraft vergißt die Weltgeschichte nur allzu leicht. Sie haben gebangt und gearbeitet, menschliches Leben getragen und beschützt. Sie haben getrauert um gefallene Väter und Söhne, Männer, Brüder und Freunde.
Sie haben in den dunkelsten Jahren das Licht der Humanität vor dem Erlöschen bewahrt.

Am Ende des Krieges haben sie als erste und ohne Aussicht auf eine gesicherte Zukunft Hand angelegt, um wieder einen Stein auf den anderen zu setzen, die Trümmerfrauen in Berlin und überall.

Als die überlebenden Männer heimkehrten, mußten Frauen oft wieder zurückstehen. Viele Frauen blieben auf Grund des Krieges allein und verbrachten ihr Leben in Einsamkeit.

Wenn aber die Völker an den Zerstörungen, den Verwüstungen, den Grausamkeiten und Unmenschlichkeiten innerlich nicht zerbrachen, wenn sie nach dem Krieg langsam wieder zu sich selbst kamen, dann verdanken wir es zuerst unseren Frauen.

3.

Am Anfang der Gewaltherrschaft hatte der abgrundtiefe Haß Hitlers gegen unsere jüdischen Mitmenschen gestanden. Hitler hatte ihn nie vor der Öffentlichkeit verschwiegen, sondern das ganze Volk zum Werkzeug dieses Hasses gemacht. Noch am Tag vor seinem Ende, am 30. April 1945, hatte er sein sogenanntes Testament mit den Worten abgeschlossen:

»Vor allem verpflichte ich die Führung der Nation und die Gefolgschaft zur peinlichen Einhaltung der Rassengesetze und zum unbarmherzigen Widerstand gegen den Weltvergifter aller Völker, dem internationalen Judentum.«

Gewiß, es gibt kaum einen Staat, der in seiner Geschichte immer frei blieb von schuldhafter Verstrickung in Krieg und Gewalt. Der Völkermord an den Juden jedoch ist beispiellos in der Geschichte.

Die Ausführung des Verbrechens lag in der Hand weniger. Vor den Augen der Öffentlichkeit wurde es abgeschirmt. Aber jeder Deutsche konnte miterleben, was jüdische Mitbürger erleiden mußten, von kalter Gleichgültigkeit über versteckte Intoleranz bis zu offenem Haß.

Wer konnte arglos bleiben nach den Bränden der Synagogen, den Plünderungen, der Stigmatisierung mit dem Judenstern, dem Rechtsentzug, den unaufhörlichen Schändungen der menschlichen Würde?

Wer seine Ohren und Augen aufmachte, wer sich informieren wollte, dem konnte nicht entgehen, daß Deportationszüge rollten. Die Phantasie der Menschen mochte für Art und Ausmaß der Vernichtung nicht ausreichen. Aber in Wirklichkeit trat zu den Verbrechen selbst der Versuch allzu vieler, auch in meiner Generation, die wir jung und an der Planung und Ausführung der Ereignisse unbeteiligt waren, nicht zur Kenntnis zu nehmen, was geschah.

Es gab viele Formen, das Gewissen ablenken zu lassen, nicht zuständig zu sein, wegzuschauen, zu schweigen. Als dann am Ende des Krieges die ganze unsagbare Wahrheit des Holocaust herauskam, beriefen sich allzu viele von uns darauf, nichts gewußt oder auch nur geahnt zu haben.

Schuld oder Unschuld eines ganzen Volkes gibt es nicht. Schuld ist, wie Unschuld, nicht kollektiv, sondern persönlich.

Es gibt entdeckte und verborgen gebliebene Schuld von Menschen. Es gibt Schuld, die sich Menschen eingestanden oder abgeleugnet haben. Jeder, der die Zeit mit vollem Bewußtsein erlebt hat, frage sich heute im stillen selbst nach seiner Verstrickung.

Der ganz überwiegende Teil unserer heutigen Bevölkerung war zur damaligen Zeit entweder im Kindesalter oder noch gar nicht geboren. Sie können nicht eine eigene Schuld bekennen für Taten, die sie gar nicht begangen haben.

Kein fühlender Mensch erwartet von ihnen, ein Büßerhemd zu tragen, nur weil sie Deutsche sind. Aber die Vorfahren haben ihnen eine schwere Erbschaft hinterlassen.

Wir alle, ob schuldig oder nicht, ob alt oder jung, müssen die Vergangenheit annehmen. Wir alle sind von ihren Folgen betroffen und für sie in Haftung genommen.

Jüngere und Ältere müssen und können sich gegenseitig helfen, zu verstehen, warum es lebenswichtig ist, die Erinnerung wachzuhalten.

Es geht nicht darum, Vergangenheit zu bewältigen. Das kann man gar nicht. Sie läßt sich ja nicht nachträglich ändern oder ungeschehen machen. Wer aber vor der Vergangenheit die Augen verschließt, wird blind für die Gegenwart. Wer sich der Unmenschlichkeit nicht erinnern will, der wird wieder anfällig für neue Ansteckungsgefahren.

Das jüdische Volk erinnert sich und wird sich immer erinnern. Wir suchen als Menschen Versöhnung.

Gerade deshalb müssen wir verstehen, daß es Versöhnung ohne Erinnerung gar nicht geben kann. Die Erfahrung millionenfachen Todes ist ein Teil des Innern jedes Juden in der Welt, nicht nur deshalb, weil Menschen ein solches Grauen nicht vergessen können. Sondern die Erinnerung gehört zum jüdischen Glauben.

> Das Vergessenwollen verlängert das Exil,
> und das Geheimnis der Erlösung heißt Erinnerung.

Diese oft zitierte jüdische Weisheit will wohl besagen, daß der Glaube an Gott ein Glaube an sein Wirken in der Geschichte ist.

Die Erinnerung ist die Erfahrung vom Wirken Gottes in der Geschichte. Sie ist die Quelle des Glaubens an die Erlösung. Diese Erfahrung schafft Hoffnung, sie schafft Glauben an Erlösung, an Wiedervereinigung des Getrennten, an Versöhnung. Wer sie vergißt, verliert den Glauben.

Würden wir unsererseits vergessen wollen, was geschehen ist, anstatt uns zu erinnern, dann wäre dies nicht nur unmenschlich. Sondern wir würden damit dem Glauben der überlebenden Juden zu nahe treten, und wir würden den Ansatz zur Versöhnung zerstören.

Für uns kommt es auf ein Mahnmal des Denkens und Fühlens in unserem eigenen Inneren an.

4.

Der 8. Mai ist ein tiefer, historischer Einschnitt, nicht nur in der deutschen, sondern auch in der europäischen Geschichte.

Der europäische Bürgerkrieg war an sein Ende gelangt, die alte europäische Welt zu Bruch gegangen. »Europa hatte sich ausgekämpft« (M. Stürmer). Die Begegnung amerikanischer und sowjetrussischer Soldaten an der Elbe wurde zu einem Symbol für das vorläufige Ende einer europäischen Ära.

Gewiß, das alles hatte seine alten geschichtlichen Wurzeln. Großen, ja bestimmenden Einfluß hatten die Europäer in der Welt, aber ihr Zusammenleben auf dem eigenen Kontinent zu ordnen, das vermochten sie immer schlechter. Über hundert Jahre lang hatte Europa unter dem Zusammenprall nationalistischer Übersteigerungen gelitten. Am Ende des Ersten Weltkrieges war es zu Friedensverträgen gekommen. Aber ihnen hatte die Kraft gefehlt, Frieden zu stiften. Erneut waren nationalistische Leidenschaften aufgeflammt und hatten sich mit sozialen Notlagen verknüpft.

Auf dem Weg ins Unheil wurde Hitler die treibende Kraft. Er erzeugte und er nutzte Massenwahn. Eine schwache Demokratie war unfähig, ihm Einhalt zu gebieten. Und auch die europäischen Westmächte, nach Churchills Urteil »arglos, nicht schuldlos«, trugen durch Schwäche zur verhängnisvollen Entwicklung bei. Amerika hatte sich nach dem Ersten Weltkrieg wieder zurückgezogen und war in den 30er Jahren ohne Einfluß auf Europa.

Hitler wollte die Herrschaft über Europa, und zwar durch Krieg. Den Anlaß dafür suchte und fand er in Polen.

Am 23. Mai 1939 – wenige Monate vor Kriegsausbruch – erklärte er vor der deutschen Generalität:

»Weitere Erfolge können ohne Blutvergießen nicht mehr errungen werden ... Danzig ist nicht das Objekt, um das es geht.
Es handelt sich für uns um die Erweiterung des Lebensraumes im Osten und Sicherstellung der Ernährung ...
Es entfällt also die Frage, Polen zu schonen, und bleibt der Entschluß, bei erster passender Gelegenheit Polen anzugreifen ...
Hierbei spielen Recht oder Unrecht oder Verträge keine Rolle.«
Am 23. August 1939 wurde der deutsch-sowjetische Nichtangriffspakt geschlossen. Das geheime Zusatzprotokoll regelte die bevorstehende Aufteilung Polens.

Der Vertrag wurde geschlossen, um Hitler den Einmarsch in Polen zu ermöglichen. Das war der damaligen Führung der Sowjetunion voll bewußt. Allen politisch denkenden Menschen jener Zeit war klar, daß der deutsch-sowjetische Pakt Hitlers Einmarsch in Polen und damit den Zweiten Weltkrieg bedeutete.

Dadurch wird die deutsche Schuld am Ausbruch des Zweiten Weltkrieges nicht verringert. Die Sowjetunion nahm den Krieg anderer Völker in Kauf, um sich am Ertrag zu beteiligen. Die Initiative zum Krieg aber ging von Deutschland aus, nicht von der Sowjetunion.

Es war Hitler, der zur Gewalt griff. Der Ausbruch des Zweiten Weltkrieges bleibt mit dem deutschen Namen verbunden.

Während des Krieges hat das nationalsozialistische Regime viele Völker gequält und geschändet.

Am Ende blieb nur noch ein Volk übrig, um gequält, geknechtet und geschändet zu werden: das eigene, das deutsche Volk. Immer wieder hat Hitler ausgesprochen: wenn das deutsche Volk schon nicht fähig sei, in diesem Krieg zu siegen, dann möge es eben untergehen. Die anderen Völker wurden zunächst Opfer eines von Deutschland ausgehenden Krieges, bevor wir selbst zu Opfern unseres eigenen Krieges wurden.

Es folgte die von den Siegermächten verabredete Aufteilung Deutschlands in verschiedene Zonen. Inzwischen war die Sowjetunion in alle Staaten Ost- und Südosteuropas, die während des Krieges von Deutschland besetzt worden waren, einmarschiert. Mit Ausnahme Griechenlands wurden alle diese Staaten sozialistische Staaten.

Die Spaltung Europas in zwei verschiedene politische Systeme nahm ihren Lauf. Es war erst die Nachkriegsentwicklung, die sie befestigte. Aber ohne den von Hitler begonnenen Krieg wäre sie nicht gekommen. Daran denken die betroffenen Völker zuerst, wenn sie sich des von der deutschen Führung ausgelösten Krieges erinnern.

Im Blick auf die Teilung unseres eigenen Landes und auf den Verlust großer Teile des deutschen Staatsgebietes denken auch wir daran. In seiner Predigt zum 8. Mai sagte Kardinal Meisner in Ost-Berlin: »Das trostlose Ergebnis der Sünde ist immer die Trennung.«

5.

Die Willkür der Zerstörung wirkte in der willkürlichen Verteilung der Lasten nach. Es gab Unschuldige, die verfolgt wurden, und Schuldige, die entkamen. Die einen hatten das Glück, zu Hause in vertrauter Umgebung ein neues Leben aufbauen zu können. Andere wurden aus der angestammten Heimat vertrieben.

Wir in der späteren Bundesrepublik Deutschland erhielten die kostbare Chance der Freiheit. Vielen Millionen Landsleuten bleibt sie bis heute versagt.

Die Willkür der Zuteilung unterschiedlicher Schicksale ertragen zu lernen war die erste Aufgabe im Geistigen, die sich neben der Aufgabe des materiellen Wiederaufbaus stellte. An ihr mußte sich die menschliche Kraft erproben, die Lasten anderer zu erkennen, an ihnen dauerhaft mitzutragen, sie nicht zu vergessen. In ihr mußte die Fähigkeit zum Frieden und die Bereitschaft zur Versöhnung nach innen und außen wachsen, die nicht nur andere von uns forderten, sondern nach denen es uns selbst am allermeisten verlangte.

Wir können des 8. Mai nicht gedenken, ohne uns bewußtzumachen, welche Überwindung die Bereitschaft zur Aussöhnung es den ehemaligen Feinden abverlangte. Können wir uns wirklich in die Lage von Angehörigen der Opfer des Warschauer Ghettos oder des Massakers von Lidice versetzen?

Wie schwer mußte es aber auch einem Bürger in Rotterdam oder London fallen, den Wiederaufbau unseres Landes zu unterstützen, aus dem die Bomben stammten, die erst kurze Zeit zuvor auf seine Stadt gefallen waren. Dazu mußte allmählich eine Gewißheit wachsen, daß Deutsche nicht noch einmal versuchen würden, eine Niederlage mit Gewalt zu korrigieren.

Bei uns selbst wurde das Schwerste den Heimatvertriebenen abverlangt. Ihnen ist noch lange nach dem 8. Mai bitteres Leid und schweres Unrecht widerfahren. Um ihrem schweren Schicksal mit Verständnis zu begegnen, fehlt uns Einheimischen oft die Phantasie und auch das offene Herz.

Aber es gab alsbald auch große Zeichen der Hilfsbereitschaft. Viele Millionen Flüchtlinge und Vertriebene wurden aufgenommen. Im Laufe der Jahre konnten sie neue Wurzeln schlagen. Ihre Kinder und Enkel bleiben auf vielfache Weise der Kultur und der Liebe zur Heimat ihrer Vorfahren verbunden. Das ist gut so, denn das ist ein wertvoller Schatz in ihrem Leben.

Sie haben aber selbst eine neue Heimat gefunden, in der sie mit den gleichaltrigen Einheimischen aufwachsen und zusammenwachsen, ihre Mundart sprechen und ihre Gewohnheiten teilen. Ihr junges Leben ist ein Beweis für die Fähigkeit zum inneren Frieden. Ihre Großeltern oder Eltern wurden einst vertrieben, sie jedoch sind jetzt zu Hause.

Früh und beispielhaft haben sich die Heimatvertriebenen zum Gewaltverzicht bekannt. Das war keine vergängliche Erklärung im anfänglichen Stadium der Machtlosigkeit, sondern ein Bekenntnis, das seine Gültigkeit behält. Gewaltverzicht bedeutet, allseits das Vertrauen wachsen zu lassen, daß auch ein wieder zu Kräften gekommenes Deutschland daran gebunden bleibt.

Die eigene Heimat ist mittlerweile anderen zur Heimat geworden. Auf vielen alten Friedhöfen im Osten finden sich heute schon mehr polnische als deutsche Gräber.

Der erzwungenen Wanderschaft von Millionen Deutschen nach Westen folgten Millionen Polen und ihnen wiederum Millionen Russen. Es sind alles Menschen, die nicht gefragt wurden, Menschen, die Unrecht erlitten haben, Menschen, die wehrlose Objekte der politischen Ereignisse wurden und denen keine Aufrechnung von Unrecht und keine Konfrontation von Ansprüchen wiedergutmachen kann, was ihnen angetan worden ist.

Gewaltverzicht heute heißt, den Menschen dort, wo sie das Schicksal nach dem 8. Mai hingetrieben hat und wo sie nun seit Jahrzehnten leben, eine dauerhafte, politisch unangefochtene Sicherheit für ihre Zukunft zu geben. Dies heißt, den widerstreitenden Rechtsansprüchen das Verständigungsgebot überzuordnen.

Darin liegt der eigentliche, der menschliche Beitrag zu einer europäischen Friedensordnung, der von uns ausgehen kann.

Der Neuanfang in Europa nach 1945 hat dem Gedanken der Freiheit und Selbstbestimmung Siege und Niederlagen gebracht. Für uns gilt es, die Chance des Schlußstrichs unter eine lange Periode europäischer Geschichte zu nutzen, in der jedem Staat Frieden nur denkbar und sicher schien als Ergebnis eigener Überlegenheit und in der Frieden eine Zeit der Vorbereitung des nächsten Krieges bedeutete.

Die Völker Europas lieben ihre Heimat. Den Deutschen geht es nicht anders. Wer könnte der Friedensliebe eines Volkes vertrauen, das imstande wäre, seine Heimat zu vergessen?

Nein, Friedensliebe zeigt sich gerade darin, daß man seine Heimat nicht vergißt und eben deshalb entschlossen ist, alles zu tun, um immer in Frieden miteinander zu leben. Heimatliebe eines Vertriebenen ist kein Revanchismus.

6.

Stärker als früher hat der letzte Krieg die Friedenssehnsucht im Herzen der Menschen geweckt. Die Versöhnungsarbeit von Kirchen fand eine tiefe Resonanz. Für die Verständigungsarbeit von jungen Menschen gibt es viele Beispiele. Ich denke an die »Aktion Sühnezeichen« mit ihrer Tätigkeit in Auschwitz und Israel. Eine Gemeinde der niederrheinischen Stadt Kleve erhielt neulich Brote aus polnischen Gemeinden als Zeichen der Aussöhnung und Gemeinschaft. Eines dieser Brote hat sie an einen Lehrer nach England geschickt. Denn dieser Lehrer aus England war aus der Anonymität herausgetreten und hatte geschrieben, er habe damals im Krieg als Bombenflieger Kirche und Wohnhäuser in Kleve zerstört und wünsche sich ein Zeichen der Aussöhnung.

Es hilft unendlich viel zum Frieden, nicht auf den anderen zu warten, bis er kommt, sondern auf ihn zuzugehen, wie dieser Mann es getan hat.

7.

In seiner Folge hat der Krieg alte Gegner menschlich und auch politisch einander näher gebracht. Schon 1946 rief der amerikanische Außenminister Byrnes in seiner denkwürdigen Stuttgarter Rede zur Verständigung in Europa und dazu auf, dem deutschen Volk auf seinem Weg in eine freie und friedliebende Zukunft zu helfen.
Unzählige amerikanische Bürger haben damals mit ihren privaten Mitteln uns Deutsche, die Besiegten, unterstützt, um die Wunden des Krieges zu heilen.

Dank der Weitsicht von Franzosen wie Jean Monnet und Robert Schuman und von Deutschen wie Konrad Adenauer endete eine alte Feindschaft zwischen Franzosen und Deutschen für immer.

Ein neuer Strom von Aufbauwillen und Energie ging durch das eigene Land. Manche alte Gräben wurden zugeschüttet, konfessionelle Gegensätze und soziale Spannungen verloren an Schärfe. Partnerschaftlich ging man ans Werk.

Es gab keine »Stunde Null«, aber wir hatten die Chance zu einem Neubeginn. Wir haben sie genutzt, so gut wir konnten. An die Stelle der Unfreiheit haben wir die demokratische Freiheit gesetzt.

Vier Jahre nach Kriegsende, 1949, am heutigen 8. Mai, beschloß der Parlamentarische Rat unser Grundgesetz. Über Parteigrenzen hinweg gaben seine Demokraten die Antwort auf Krieg und Gewaltherrschaft im Artikel 1 unserer Verfassung:

> Das deutsche Volk bekennt sich darum zu unverletzlichen und unveräußerlichen Menschenrechten als Grundlage jeder menschlichen Gemeinschaft, des Friedens und der Gerechtigkeit in der Welt.

Auch an diese Bedeutung des 8. Mai gilt es heute zu erinnern.

Die Bundesrepublik Deutschland ist ein weltweit geachteter Staat geworden. Sie gehört zu den hochentwickelten Industrieländern der Welt. Mit ihrer wirtschaftlichen Kraft weiß sie sich mitverantwortlich dafür, Hunger und Not in der Welt zu bekämpfen und zu einem sozialen Ausgleich unter den Völkern beizutragen.

Wir leben seit vierzig Jahren in Frieden und Freiheit, und wir haben durch unsere Politik unter den freien Völkern des Atlantischen Bündnisses und der Europäischen Gemeinschaft dazu selbst einen großen Beitrag geleistet.

Nie gab es auf deutschem Boden einen besseren Schutz der Freiheitsrechte des Bürgers als heute. Ein dichtes soziales Netz, das den Vergleich mit keiner anderen Gesellschaft zu scheuen braucht, sichert die Lebensgrundlage der Menschen.

Hatten sich bei Kriegsende viele Deutsche noch darum bemüht, ihren Paß zu verbergen oder gegen einen anderen einzutauschen, so ist heute unsere Staatsbürgerschaft ein angesehenes Recht.

Wir haben wahrlich keinen Grund zu Überheblichkeit und Selbstgerechtigkeit. Aber wir dürfen uns der Entwicklung dieser vierzig Jahre dankbar erinnern, wenn wir das eigene historische Gedächtnis als Leitlinie für unser Verhalten in der Gegenwart und für die ungelösten Aufgaben, die auf uns warten, nutzen.

- Wenn wir uns daran erinnern, daß Geisteskranke im Dritten Reich getötet wurden, werden wir die Zuwendung zu psychisch kranken Bürgern als unsere eigene Aufgabe verstehen.

- Wenn wir uns erinnern, wie rassisch, religiös und politisch Verfolgte, die vom sicheren Tod bedroht waren, oft vor geschlossenen Grenzen anderer Staaten standen, werden wir vor denen, die heute wirklich verfolgt sind und bei uns Schutz suchen, die Tür nicht verschließen.

- Wenn wir uns der Verfolgung des freien Geistes während der Diktatur besinnen, werden wir die Freiheit jedes Gedankens und jeder Kritik schützen, so sehr sie sich auch gegen uns selbst richten mag.

- Wer über die Verhältnisse im Nahen Osten urteilt, der möge an das Schicksal denken, das Deutsche den jüdischen Mitmenschen bereiteten und das die Gründung des Staates Israel unter Bedingungen auslöste, die noch heute die Menschen in dieser Region belasten und gefährden.

- Wenn wir daran denken, was unsere östlichen Nachbarn im Kriege erleiden mußten, werden wir besser verstehen, daß der Ausgleich, die Entspannung und die friedliche Nachbarschaft mit diesen Ländern zentrale Aufgaben der deutschen Außenpolitik bleiben. Es gilt, daß beide Seiten sich erinnern und beide Seiten einander achten. Sie haben menschlich, sie haben kulturell, sie haben letzten Endes auch geschichtlich allen Grund dazu.

Der Generalsekretär der Kommunistischen Partei der Sowjetunion, Michail Gorbatschow, hat verlautbart, es ginge der sowjetischen Führung beim vierzigsten Jahrestag des Kriegsendes nicht darum, antideutsche Gefühle zu schüren. Die Sowjetunion trete für Freundschaft zwischen den Völkern ein.

Gerade wenn wir Fragen auch an sowjetische Beiträge zur Verständigung zwischen Ost und West und zur Achtung von Menschenrechten in allen Teilen Europas haben, gerade dann sollten wir dieses Zeichen aus Moskau nicht überhören. Wir wollen Freundschaft mit den Völkern der Sowjetunion.

8.

Vierzig Jahre nach dem Ende des Krieges ist das deutsche Volk nach wie vor geteilt.

Beim Gedenkgottesdienst in der Kreuzkirche zu Dresden sagte Bischof Hempel im Februar dieses Jahres:

> Es lastet, es blutet, daß zwei deutsche Staaten entstanden sind mit ihrer schweren Grenze. Es lastet und blutet die Fülle der Grenzen überhaupt. Es lasten die Waffen.

Vor kurzem wurde in Baltimore in den Vereinigten Staaten eine Ausstellung »Juden in Deutschland« eröffnet. Die Botschafter beider deutscher Staaten waren der Einladung gefolgt. Der gastgebende Präsident der Johns-Hopkins-Universität begrüßte sie zusammen. Er verwies darauf, daß alle Deutschen auf dem Boden derselben historischen Entwicklung stehen. Eine gemeinsame Vergangenheit verknüpfe sie mit einem Band. Ein solches Band könne eine Freude oder ein Problem sein – es sei immer eine Quelle der Hoffnung.

Wir Deutsche sind ein Volk und eine Nation. Wir fühlen uns zusammengehörig, weil wir dieselbe Geschichte durchlebt haben.

Auch den 8. Mai 1945 haben wir als gemeinsames Schicksal unseres Volkes erlebt, das uns eint. Wir fühlen uns zusammengehörig in unserem Willen zum Frieden. Von deutschem Boden in beiden Staaten sollen Frieden und gute Nachbarschaft mit allen Ländern ausgehen. Auch andere sollen ihn nicht zur Gefahr für den Frieden werden lassen.

Die Menschen in Deutschland wollen gemeinsam einen Frieden, der Gerechtigkeit und Menschenrecht für alle Völker einschließt, auch für das unsrige.

Nicht ein Europa der Mauern kann sich über Grenzen hinweg versöhnen, sondern ein Kontinent, der seinen Grenzen das Trennende nimmt. Gerade daran mahnt uns das Ende des Zweiten Weltkrieges.

Wir haben die Zuversicht, daß der 8. Mai nicht das letzte Datum unserer Geschichte bleibt, das für alle Deutschen verbindlich ist.

9.

Manche junge Menschen haben sich und uns in den letzten Monaten gefragt, warum es vierzig Jahre nach Ende des Krieges zu so lebhaften Auseinandersetzungen über die Vergangenheit gekommen ist. Warum lebhafter als nach fünfundzwanzig oder dreißig Jahren? Worin liegt die innere Notwendigkeit dafür?

Es ist nicht leicht, solche Fragen zu beantworten. Aber wir sollten die Gründe dafür nicht vornehmlich in äußeren Einflüssen suchen, obwohl es diese zweifellos auch gegeben hat.

Vierzig Jahre spielen in der Zeitspanne von Menschenleben und Völkerschicksalen eine große Rolle.

Auch hier erlauben Sie mir noch einmal einen Blick auf das Alte Testament, das für jeden Menschen, unabhängig von seinem Glauben, tiefe Einsichten aufbewahrt. Dort spielen vierzig Jahre eine häufig wiederkehrende, eine wesentliche Rolle.

Vierzig Jahre sollte Israel in der Wüste bleiben, bevor der neue Abschnitt in der Geschichte mit dem Einzug ins verheißene Land begann.

Vierzig Jahre waren notwendig für einen vollständigen Wechsel der damals verantwortlichen Vätergeneration.

An anderer Stelle aber (Buch der Richter) wird aufgezeichnet, wie oft die Erinnerung an erfahrene Hilfe und Rettung nur vierzig Jahre dauerte. Wenn die Erinnerung abriß, war die Ruhe zu Ende.

So bedeuten vierzig Jahre stets einen großen Einschnitt. Sie wirken sich aus im Bewußtsein des Menschen, sei es als Ende einer dunklen Zeit mit der Zuversicht auf eine neue und gute Zukunft, sei es als Gefahr des Vergessens und als Warnung vor den Folgen. Über beides lohnt es sich nachzudenken.

Bei uns ist eine neue Generation in die politische Verantwortung hereingewachsen. Die Jungen sind nicht verantwortlich für das, was damals geschah. Aber sie sind verantwortlich für das, was in der Geschichte daraus wird.

Wir Älteren schulden der Jugend nicht die Erfüllung von Träumen, sondern Aufrichtigkeit. Wir müssen den Jüngeren helfen zu verstehen, warum es lebenswichtig ist, die Erinnerung wachzuhalten. Wir wollen ihnen helfen, sich auf die geschichtliche Wahrheit nüchtern und ohne Einsichtigkeit einzulassen, ohne Flucht in utopische Heilslehren, aber auch ohne moralische Überheblichkeit.

Wir lernen aus unserer eigenen Geschichte, wozu der Mensch fähig ist. Deshalb dürfen wir uns nicht einbilden, wir seien nun als Menschen anders und besser geworden.

Es gibt keine endgültig errungene moralische Vollkommenheit – für niemanden und kein Land! Wir haben als Menschen gelernt, wir bleiben als Menschen gefährdet. Aber wir haben die Kraft, Gefährdungen immer von neuem zu überwinden.

Hitler hat stets damit gearbeitet, Vorurteile, Feindschaften und Haß zu schüren.

Die Bitte an die jungen Menschen lautet:

Lassen Sie sich nicht hineintreiben in Feindschaft und Haß
    gegen andere Menschen,
    gegen Russen oder Amerikaner,
    gegen Juden oder Türken,
    gegen Alternative oder Konservative,
    gegen Schwarz oder Weiß.

Lernen Sie, miteinander zu leben, nicht gegeneinander.

Lassen Sie auch uns als demokratisch gewählte Politiker dies immer wieder beherzigen und ein Beispiel geben.

Ehren wir die Freiheit.
Arbeiten wir für den Frieden.
Halten wir uns an das Recht.
Dienen wir unseren inneren Maßstäben der Gerechtigkeit.
Schauen wir am heutigen 8. Mai, so gut wir es können, der Wahrheit ins Auge.

III. STECKBRIEF DER BUNDESREPUBLIK

– wichtige Daten und Fakten –

1. Staat:
   Demokratisch-parlamentarischer Bundesstaat

2. Staatsoberhaupt:
   Bundespräsident Dr. Richard von Weizsäcker

3. Regierungschef:
   Dr. Helmut Kohl

4. Hauptstadt:
   5300 Bonn, 293.000 Einwohner

5. Fläche:
   248.709 km^2 (incl. Berlin-West)

6. Einwohner (1989):
   62,1 Mio., davon 32 Mio. weiblich; darunter 4,8 Mio. Ausländer = 7,8 %; ca. 30.000 Dänen in Schleswig; ca. 30.000 Sinti und Roma
   Einwohner pro km^2: 251

7. Staatssprache:
   Deutsch

8. Religion:
   42,9 % römische Katholiken;
   40,7 % Protestanten;
   6,4 % sonstige; u. a. Muslime, Griechisch-Orthodoxe, Buddhisten;
   kleine jüdische Minderheit ca. 27.500

9. Lebenserwartung:
   75 Jahre

10. Säuglingssterblichkeit:
    0,8 %

11. Analphabeten:
    ca. 1 %

12. Bevölkerungswachstum:
    – 0,14 %

13. Flagge:
    Schwarz-rot-gelb, waagerecht; amtliche Bezeichnung: »schwarz-rot-gold«

14. Bruttosozialprodukt:
    2236 Mrd. DM

15.
Anteil der Industrie am Bruttosozialprodukt:	41,2%
Anteil der Landwirtschaft:	1,5%
Anteil der Dienstleistungen:	28,2%
Anteil von Handel/Verkehr:	15,0%
Anteil Staat/Sonstiges:	13,1%

16. Erwerbstätige Personen:

in der Industrie	40,5%
in der Landwirtschaft	5,1%

17. Inflationsrate:
    ca. 3%

18. Außenhandel:
    Einfuhr - 249.000 Mill. Dollar
    Ausfuhr - 323.000 Mill. Dollar

19. Leistungsbilanzüberschuß:
    85,1 Mrd. DM

20. Die wichtigsten Ausfuhrgüter:

Straßenfahrzeuge	18,1%
Maschinen	15,4%
Chemische Erzeugnisse	13,8%
Elektrotechnische Erzeugnisse	11,2%

21. Die wichtigsten Außenhandelspartner:

		in Mrd. DM
Einfuhr -	Frankreich	53
	Niederlande	46
	Italien	40
	Belgien/Luxemburg	31
	Großbritannien	30
	USA	29
Ausfuhr -	Frankreich	71
	Großbritannien	52
	Italien	51

Niederlande	49
USA	45
Belgien/Luxemburg	42

22. Die größten Städte:

Berlin	2,0 Mio. Einwohner
Hamburg	1,6 Mio. Einwohner
München	1,2 Mio. Einwohner
Köln	0,9 Mio. Einwohner
Essen	0,6 Mio. Einwohner
Frankfurt	0,6 Mio. Einwohner

23. Zahl der Erwerbspersonen:
    29,5 Mio. (incl. Berlin-West)

24. Gliederung der Erwerbspersonen nach Wirtschaftsbereichen:

Produzierendes Gewerbe	10,5 Mio.
Handel	3,1 Mio.
Verkehr	1,5 Mio.
Land- und Forstwirtschaft	1,3 Mio.
sonstige Dienstleistungen	9,4 Mio.

25. Stellung im Beruf:

Arbeiter	10,0 Mio.
Angestellte	10,2 Mio.
Selbständige	2,5 Mio.
Beamte	2,4 Mio.

26. Arbeitslosenzahl:
    ca. 1,8 Mio., entspricht einer Quote von ca. 7,4% (Juni 1990)

27. Durchschnittliche Einkommen aus nichtselbständiger Arbeit eines 4-Personen-Haushalts:
    Brutto 4.046 DM pro Monat

28. Bundeshaushalt 1989:
    293 Mrd. DM

29. Zahl der Gewerkschaftsmitglieder:
    9,4 Mio.

30. Größte Gewerkschaften:
    - Deutscher Gewerkschaftsbund/DGB mit 7,7 Mio. Mitgliedern
    - Deutscher Beamtenbund 0,8 Mio. Mitglieder

- Deutsche Angestelltengewerkschaft 0,5 Mio.
- Christlicher Gewerkschaftsbund Deutschlands 0,3 Mio.

31. Die größte Hochschule:
Ludwig-Maximilians-Universität München mit ca. 66000 Studierenden

32. Bevölkerung und Arbeit

- Anteil der Männer an der Bevölkerung (in %)	48,0	(1987)
- Geburten je 1000 Einwohner	11,0	(1989)
- Säuglingssterblichkeit je 1000 Lebendgeborene	7,6	(1988)
- Ehescheidungen je 10000 Einwohner	20,9	(1988)
- Durchschnittliche Haushaltsgröße (in Personen)	2,24	(1989)
- Personen im Ruhestand[4] (in % der Wohnbevölkerung)	18,5	(1988)
- Erwerbstätige[3] (in Tausend)	27729	(1989)
- Erwerbstätigenquote (in %)	44,5	(1988)
- Frauen je 100 Erwerbstätige	38,8	(1988)
- Durchschnittliche Wochenarbeitszeit[1] (in Stunden)	38,5	(1989)
- Durchschnittlicher Jahresurlaub[1] (in Arbeitstagen)	30,7	(1990)
- Arbeitsunfälle je 1000 Vollzeitbeschäftigte	54,1[5]	(1988)
- jährliche Patentanmeldungen von Inländern je 100000 Einwohner[2]	52	(1988)

33. Versorgung

- Personenkraftwagen je 100 Haushalte	67,8	(1988)
- Telefonsprechstellen je 100 Haushalte	93,2	(1988)
- Gefrierschränke je 100 Haushalte	70,4	(1988)
- Farbfernsehgeräte je 100 Haushalte	87,4	(1988)
- Wohnungen je 1000 Einwohner	430[14]	(1987)
- Wohnfläche je Einwohner	37	(1987)
- Toiletten je 100 Wohnungen	98	(1987)
- Anzahl der Hotelbetten	564814	(1989)
- Einwohner je Arzt	356	(1987)
- Krippenplätze je 100 Kinder (0–3 Jahre)	2	(1986)
- Kindergartenplätze je 100 Kinder (3–6 Jahre)	81	(1986)
- Hortplätze je 100 Kinder (6–10 Jahre)	4	(1986)
- Studenten je 10000 Einwohner	237	(1988)

34. Energie, Verkehr und Umwelt		
- Primärenergieverbrauch (in Millionen t SKE)	382,5	(1989)
- Energieverbrauch je Einwohner (in t SKE)	6,3[10]	(1988)
- Anteil der Energieträger am Verbrauch[10] (%)		
• Mineralöl	42,0	(1988)
• Kohle	27,3	(1988)
• Gas	16,0	(1988)
• Kernenergie	12,0	(1988)
- Straßenkilometer je 100 km² Fläche 200[2] (1989)		
- jährliche Personenkilometer der Eisenbahn je Einwohner	667[11]	(1988)
- Anschlußgrad an die zentralen Kläranlagen (in %)	86,0[12]	(1983)
- jährlicher Schwefeldioxidausstoß (in kg je Einwohner)	35,6[10]	(1986)
- jährlicher Stickoxidausstoß (in kg je Einwohner)	48,6[10]	(1986)
- Waldschäden[9] (in % der Waldfläche)	52,4	(1988)
35. Landwirtschaft u. Lebensmittel		
- Zahl der landwirtschaftlichen Betriebe	648 772[6]	(1989)
- Durchschnittliche landwirtschaftliche Betriebsgröße (in ha)	18,2[6]	(1989)
- Tierische Leistungen[9]		
• Milch je Kuh (in kg)	4739	(1988)
• Eier je Henne	261	(1988)
- Butterverbrauch je Einwohner[9] (in kg)	8,2	(1988)
- Fleischverbrauch je Einwohner[9] (in kg)	104,2	(1988)
- Bierverbrauch je Einwohner[9] (in Liter)	143,9	(1988)
- Spirituosenverbrauch je Einwohner[9] (in Liter)	6,3	(1988)

Quellen:

Falls keine anderen Angaben, sind die Zahlen dem statistischen Jahrbuch der Bundesrepublik von 1989 entnommen und wurden zum Teil vom Statistischen Bundesamt in Wiesbaden aktualisiert.

1): Quelle: Globus Kartendienst.
2): Quelle: Schätzung.
3): Quelle: Institut der deutschen Wirtschaft.
4): Frauen ab 60, Männer ab 65.
5): Unfallverhütungsbericht des Bundesministeriums für Arbeit und Sozialordnung.
6): Voll-, Zu- und Nebenerwerbsbetriebe.
9): Quelle: Bundesministerium für Ernährung, Landwirtschaft und Forsten.
10): Quelle: Institut für ökologische Wirtschaftsordnung.
11): nur Deutsche Bundesbahn.
12): Quelle: Umweltbundesamt.
14): inklusive Ferienwohnungen.

Die größten Industrieunternehmen der Bundesrepublik Deutschland nach ihrem Umsatz 1987/1986 (nach »SZ«; Umsätze ohne Mehrwertsteuer)

	Umsatz 1987 in Mrd. DM	(1986)	Beschäft. 1987 in Tsd.
1. Daimler-Benz (mit AEG)	67,475	(65,498)	326,3
2. VW (mit Audi)	54,635	(52,794)	263,0
3. Siemens (mit KWV)	51,431	(47,023)	358,0
4. VEBA	40,475	(40,138)	74,1
5. BASF	40,238	(40,471)	133,8
6. Bayer	37,143	(38,284)	164,4
7. Hoechst	36,956	(33,231)	167,8
8. RWE	27,155	(28,932)	72,8
9. Thyssen	26,551	(31,997)	121,5
10. Bosch	25,365	(23,807)	161,3
11. Ruhrkohle	22,865	(24,100)	107,1
12. BMW	19,460	(17,515)	62,8
13. Opel	17,187	(14,838)	54,8
14. Ford	17,017	(16,682)	47,1
15. Mannesmann	16,655	(17,234)	122,3
16. Deutsche Shell	15,854	(17,616)	3,6
17. MAN	14,970	(14,077)	55,9
18. Krupp	14,105	(15,847)	65,2
19. Esso	13,734	(15,323)	2,9
20. Metallgesellschaft	13,329	(14,901)	24,4
21. Degussa	11,719	(10,872)	30,8
22. IBM Deutschland	11,551	(12,023)	30,5
23. Deutsche BP	11,500	(11,798)	1,4
24. Preussag	10,422	(8,088)	29,7
25. Feldmühle Nobel	9,802	(9,617)	42,9
26. Henkel	9,256	(8,716)	34,7
27. Deutsche Philips	8,568	(7,925)	36,0
28. Ruhrgas	8,531	(13,004)	3,0
29. VIAG	8,444	(8,680)	32,7
30. Salzgitter	7,845	(8,640)	36,8

Zum Vergleich: Staatshaushalt der Bundesrepublik Deutschland 1987:

Sozialetat	59,393 Mrd. DM
Verteidigungsetat	51,084 Mrd. DM

	BRD	EG	USA	Japan
Industrieproduktion	119,7	114,7	130,5	147,5
Index (1980 = 100)	(Juni)	(Dez.)	(Juni)	(Juni)
geg. Vormonat in %	2,6	- 0,1	0,5	- 0,2
geg. Vorjahresmonat in %	6,0	2,9	1,3	2,7
Auftragseingänge	163,5		151,8	172,4
Index (1980 = 100)	(Mai)	keine	(Juni)	(April)
geg. Vormonat in %	3,1	An-	- 1,5	18,0
geg. Vorjahresmonat in %	6,2	gaben	1,0	15,9
Warenexporte	30,0	107,9	32,8	23,1
(in Milliarden Dollar)	(Juni)	(April)	(Mai)	(Juni)
geg. Vormonat in %	- 9,5	0,2	2,3	9,5
geg. Vorjahresmonat in %	- 16,9	15,0	7,0	3,3
Warenimporte	25,1	110,8	40,5	16,1
(in Milliarden Dollar)	(Juni)	(April)	(Mai)	(Juni)
geg. Vormonat in %	- 3,3	1,9	2,9	- 13,2
geg. Vorjahresmonat in %	- 9,8	14,3	- 1,0	1,4
Handelsbilanzsaldo* **	38,4	- 30,2	- 40,7	28,1
(in Milliarden Dollar)	(Juni)	(April)	(Mai)	(Juni)
geg. Vormonat	4,9	- 3,0	- 7,7	7,1
geg. Vorjahresmonat	- 3,3	- 1,5	5,7	- 13,0
Leistungsbilanzsaldo* **	28,4	- 29,6	- 22,9	20,6
(in Milliarden Dollar)	(Juni)	(Sep.)	(1. Quart.)	(Juni)
geg. Vormonat in %	2,7	- 1,2	- 14,1	4,8
geg. Vorjahresmonat in %	6,2	- 10,4	- 15,4	- 9,8
Arbeitslosenquote	7,3	8,6	5,4	2,2
	(Juni)	(Feb.)	(Juli)	(Juni)
geg. Vormonat in %	- 1,1	0,0	5,9	7,3
geg. Vorjahresmonat in %	- 6,8	- 6,5	3,8	- 0,9
Erwerbstätige	28235		119954	63400
in 1000	(Mai)	keine	(Juli)	(Mai)
geg. Vormonat in %	0,3	An-	0,3	1,3
geg. Vorjahresmonat in %	2,1	gaben	0,4	2,1

	BRD	EG	USA	Japan
Verbraucherpreise	129,0	184,6	157,6	122,7
Index (1980 = 100)	(Juli)	(Feb.)	(Juni)	(Juni)
geg. Vormonat in %	0,0	0,5	0,5	0,5
geg. Vorjahresmonat in %	2,4	5,2	4,7	2,9
Einzelhandelsumsatz	113,9	129,2	185,8	141,7
Index (1980 = 100)	(April)	(März)	(Juni)	(April)
geg. Vormonat in %	- 2,3	- 0,9	0,5	- 0,8
geg. Vorjahresmonat in %	4,0	2,8	2,4	12,2
Zinsen*	8,2	9,9	8,2	7,5
(Tagesgeld)	(Aug.)	(Aug.)	(Aug.)	(Aug.)
Vormonat	8,1	9,9	8,3	7,4
Vorjahresmonat	7,1	9,2	9,1	5,3
Zinsen*	8,1	10,2	8,3	7,7
(Dreimonatsgeld)	(Aug.)	(Aug.)	(Aug.)	(Aug.)
Vormonat	8,2	10,2	8,3	7,5
Vorjahresmonat	7,1	9,4	9,1	5,4
Geldmenge M3**	1,8	275,4	214,0	242,2
Index (1980 = 100)	(Juni)	(April)	(Juni)	(Mai)
geg. Vormonat in %	0,5	0,9	0,0	0,7
geg. Vorjahresmonat in %	4,3	11,3	1,8	10,7
Bruttosozialprodukt	269,9		892,2	611,2
(in Milliarden Dollar)	(1. Quart)	keine	(2. Quart.)	(1. Quart.)
geg. Vorquartal in %	3,3	An-	0,3	2,5
geg. Vorjahresmonat in %	4,4	gaben	1,2	5,6
Verfügbares Einkommen	218,0		982,4	466,6
(in Milliarden Dollar)	(1. Quart.)	keine	(2. Quart.)	(4. Quart.)
geg. Vorquartal in %	4,3	An-	1,1	4,0
geg. Vorjahresquartal in %	7,2	gaben	6,3	- 5,0

* Durchschnitt der verfügbaren Tage des laufenden Monats.

** Die Geldmenge M3 (in Milliarden Mark bzw. US-Dollar) ist je nach Land etwas unterschiedlich abgegrenzt. Hauptsächliche Bestandteile aber sind Bargeld, Sichteinlagen, Termingelder und Spareinlagen.

*** Handels- und Leistungsbilanzen kumuliert seit Januar '90.

Quelle: DRI/McGraw-Hill

1. TEIL: DAS RECHT IN DER BUNDESREPUBLIK

A. DAS BONNER GRUNDGESETZ

I. Einführung des Bundespräsidenten

Das Grundgesetz gibt unserem Staat die Ordnung, die den Deutschen in der Bundesrepublik das Leben in Freiheit, in demokratischer Selbstbestimmung und demokratischer Selbstverantwortung unter dem Schutze von Recht und Gerechtigkeit gewährleistet. Jedes Tun des Staates, jedes seiner Gesetze muß sich an ihm messen lassen. Die mit ihm vorgegebenen Grundsätze, Organisationsformen und Verfahren haben sich in den mehr als drei Jahrzehnten seiner Geltung bewährt. Sie sichern den Raum, in dem sich unser Land auch in Zukunft lebendig entwickeln und unter verantwortlicher Teilnahme seiner Bürger mit den Problemen von heute und morgen auseinandersetzen kann.

Es kennzeichnet den freiheitlichen Staat des Grundgesetzes, daß der einzelne Bürger Rechte gegen ihn geltend machen kann. Der demokratische Staat des Grundgesetzes ist aber auch der Staat aller seiner Bürger. Er kann seine Aufgaben um so besser erfüllen, je stärker sie sich für ihn verantwortlich fühlen und für ihn verantwortlich handeln. Das Grundgesetz spricht wenig von den Pflichten, die sich aus dieser Verantwortung ergeben, setzt sie jedoch als Selbstverständlichkeit voraus. Zur Demokratie gehört unauflösbar die freie politische Auseinandersetzung ihrer freien Bürger. Ebenso unauflösbar gehört aber auch zu ihr, daß sich in dieser Auseinandersetzung, so groß die Gegensätze sein mögen, der Wille und die Fähigkeit zum Miteinander bewähren müssen.

Das Grundgesetz fordert jeden Bürger auf, der Freiheit nach innen und dem Frieden nach außen zu dienen. Damit stellt es uns allen eine Aufgabe, in der unser Volk aus eigener Kraft seiner Geschichte einen guten Sinn geben kann.

Die Bundesrepublik Deutschland ist der freiheitlichste Staat, den Deutsche sich je zu geben vermochten. Die Teilung Deutschlands hat bis heute verhindert, daß das ganze deutsche Volk in solcher Freiheit leben kann. So bleibt die Verantwortung für unseren Staat und seine Bürger verbunden mit unserer Verantwortung vor allen Deutschen.

Wir handeln im Sinne des Grundgesetzes, wenn wir uns von dem Ziele leiten lassen, auf einen Zustand des Friedens in Europa hinzuwirken, in dem das deutsche Volk in freier Selbstbestimmung seine Einheit wiedererlangt.

II. Grundgesetz für die Bundesrepublik Deutschland
Vom 23. Mai 1949
– in Auszügen –

Der Parlamentarische Rat hat am 23. Mai 1949 in Bonn a. Rh. in öffentlicher Sitzung festgestellt, daß das am 8. Mai des Jahres 1949 vom Parlamentarischen Rat beschlossene Grundgesetz für die Bundesrepublik Deutschland in der Woche vom 16. bis 22. Mai 1949 durch die Volksvertretungen von mehr als zwei Dritteln der beteiligten deutschen Länder angenommen worden ist.

Auf Grund dieser Feststellung hat der Parlamentarische Rat, vertreten durch seine Präsidenten, das Grundgesetz ausgefertigt und verkündet.

Das Grundgesetz wird hiermit gemäß Artikel 145 Absatz 3 im Bundesgesetzblatt veröffentlicht:

Präambel

Im Bewußtsein seiner Verantwortung vor Gott und den Menschen, von dem Willen beseelt, seine nationale und staatliche Einheit zu wahren und als gleichberechtigtes Glied in einem vereinten Europa dem Frieden der Welt zu dienen, hat das Deutsche Volk in den Ländern Baden, Bayern, Bremen, Hamburg, Hessen, Niedersachsen, Nordrhein-Westfalen, Rheinland-Pfalz, Schleswig-Holstein, Württemberg-Baden und Württemberg-Hohenzollern, um dem staatlichen Leben für eine Übergangszeit eine neue Ordnung zu geben, kraft seiner verfassungsgebenden Gewalt dieses Grundgesetz der Bundesrepublik Deutschland beschlossen. Es hat auch für jene Deutschen gehandelt, denen mitzuwirken versagt war. Das gesamte Deutsche Volk bleibt aufgefordert, in freier Selbstbestimmung die Einheit und Freiheit Deutschlands zu vollenden.

I. Die Grundrechte

Artikel 1
[Menschenwürde, Grundrechtsbindung der staatlichen Gewalt]
(1) Die Würde des Menschen ist unantastbar. Sie zu achten und zu schützen ist Verpflichtung aller staatlichen Gewalt.

(2) Das Deutsche Volk bekennt sich darum zu unverletzlichen und unveräußerlichen Menschenrechten als Grundlage jeder menschlichen Gemeinschaft, des Friedens und der Gerechtigkeit in der Welt.
(3) Die nachfolgenden Grundrechte binden Gesetzgebung, vollziehende Gewalt und Rechtsprechung als unmittelbar geltendes Recht.

Artikel 2
[Handlungsfreiheit, Freiheit der Person]
(1) Jeder hat das Recht auf die freie Entfaltung seiner Persönlichkeit, soweit er nicht die Rechte anderer verletzt und nicht gegen die verfassungsmäßige Ordnung oder das Sittengesetz verstößt.
(2) Jeder hat das Recht auf Leben und körperliche Unversehrtheit. Die Freiheit der Person ist unverletzlich. In diese Rechte darf nur auf Grund eines Gesetzes eingegriffen werden.

Artikel 3
[Gleichheit vor dem Gesetz]
(1) Alle Menschen sind vor dem Gesetz gleich.
(2) Männer und Frauen sind gleichberechtigt.
(3) Niemand darf wegen seines Geschlechtes, seiner Abstammung, seiner Rasse, seiner Sprache, seiner Heimat und Herkunft, seines Glaubens, seiner religiösen oder politischen Anschauungen benachteiligt oder bevorzugt werden.

Artikel 4
[Glaubens-, Gewissens- und Bekenntnisfreiheit]
(1) Die Freiheit des Glaubens, des Gewissens und die Freiheit des religiösen und weltanschaulichen Bekenntnisses sind unverletzlich.
(2) Die ungestörte Religionsausübung wird gewährleistet.
(3) Niemand darf gegen sein Gewissen zum Kriegsdienst mit der Waffe gezwungen werden. Das Nähere regelt ein Bundesgesetz.

Artikel 5
[Meinungsfreiheit]
(1) Jeder hat das Recht, seine Meinung in Wort, Schrift und Bild frei zu äußern und zu verbreiten und sich aus allgemein zugänglichen Quellen ungehindert zu unterrichten. Die Pressefreiheit und die Freiheit der Berichterstattung durch Rundfunk und Film werden gewährleistet. Eine Zensur findet nicht statt.
(2) Diese Rechte finden ihre Schranken in den Vorschriften der allgemeinen Gesetze, den gesetzlichen Bestimmungen zum Schutze der Jugend und in dem Recht der persönlichen Ehre.
(3) Kunst und Wissenschaft, Forschung und Lehre sind frei. Die Freiheit der Lehre entbindet nicht von der Treue zur Verfassung.

Artikel 6
[Ehe und Familie, nichteheliche Kinder]
(1) Ehe und Familie stehen unter dem besonderen Schutze der staatlichen Ordnung.

(2) Pflege und Erziehung der Kinder sind das natürliche Recht der Eltern und die zuvörderst ihnen obliegende Pflicht. Über ihre Betätigung wacht die staatliche Gemeinschaft.
(3) Gegen den Willen der Erziehungsberechtigten dürfen Kinder nur auf Grund eines Gesetzes von der Familie getrennt werden, wenn die Erziehungsberechtigten versagen oder wenn die Kinder aus anderen Gründen zu verwahrlosen drohen.
(4) Jede Mutter hat Anspruch auf den Schutz und die Fürsorge der Gemeinschaft.
(5) Den unehelichen Kindern sind durch die Gesetzgebung die gleichen Bedingungen für ihre leibliche und seelische Entwicklung und ihre Stellung in der Gesellschaft zu schaffen wie den ehelichen Kindern.

Artikel 7
[Schulwesen]
(1) Das gesamte Schulwesen steht unter der Aufsicht des Staates.
(2) Die Erziehungsberechtigten haben das Recht, über die Teilnahme des Kindes am Religionsunterricht zu bestimmen.
(3) Der Religionsunterricht ist in den öffentlichen Schulen mit Ausnahme der bekenntnisfreien Schulen ordentliches Lehrfach. Unbeschadet des staatlichen Aufsichtsrechtes wird der Religionsunterricht in Übereinstimmung mit den Grundsätzen der Religionsgemeinschaften erteilt. Kein Lehrer darf gegen seinen Willen verpflichtet werden, Religionsunterricht zu erteilen.
(4) Das Recht zur Errichtung von privaten Schulen wird gewährleistet. Private Schulen als Ersatz für öffentliche Schulen bedürfen der Genehmigung des Staates und unterstehen den Landesgesetzen. Die Genehmigung ist zu erteilen, wenn die privaten Schulen in ihren Lehrzielen und Einrichtungen sowie in der wissenschaftlichen Ausbildung ihrer Lehrkräfte nicht hinter den öffentlichen Schulen zurückstehen und eine Sonderung der Schüler nach den Besitzverhältnissen der Eltern nicht gefördert wird. Die Genehmigung ist zu versagen, wenn die wirtschaftliche und rechtliche Stellung der Lehrkräfte nicht genügend gesichert ist.
(5) Eine private Volksschule ist nur zuzulassen, wenn die Unterrichtsverwaltung ein besonderes pädagogisches Interesse anerkennt oder, auf Antrag von Erziehungsberechtigten, wenn sie als Gemeinschaftsschule, als Bekenntnis- oder Weltanschauungsschule errichtet werden soll und eine öffentliche Volksschule dieser Art in der Gemeinde nicht besteht.
(6) Vorschulen bleiben aufgehoben.

Artikel 8
[Versammlungsfreiheit]
(1) Alle Deutschen haben das Recht, sich ohne Anmeldung oder Erlaubnis friedlich und ohne Waffen zu versammeln.
(2) Für Versammlungen unter freiem Himmel kann dieses Recht durch Gesetz oder auf Grund eines Gesetzes beschränkt werden.

Artikel 9
[Vereinigungsfreiheit]

(1) Alle Deutschen haben das Recht, Vereine und Gesellschaften zu bilden.

(2) Vereinigungen, deren Zwecke oder deren Tätigkeit den Strafgesetzen zuwiderlaufen oder die sich gegen die verfassungsmäßige Ordnung oder gegen den Gedanken der Völkerverständigung richten, sind verboten.

(3) Das Recht, zur Wahrung und Förderung der Arbeits- und Wirtschaftsbedingungen Vereinigungen zu bilden, ist für jedermann und für alle Berufe gewährleistet. Abreden, die dieses Recht einschränken oder zu behindern suchen, sind nichtig, hierauf gerichtete Maßnahmen sind rechtswidrig. Maßnahmen nach den Artikeln 12 a, 35 Abs. 2 und 3, Artikel 87 a Abs. 4 und Artikel 91 dürfen sich nicht gegen Arbeitskämpfe richten, die zur Wahrung und Förderung der Arbeits- und Wirtschaftsbedingungen von Vereinigungen im Sinne des Satzes 1 geführt werden.

Artikel 10
[Brief-, Post- und Fernmeldegeheimnis]

(1) Das Briefgeheimnis sowie das Post- und Fernmeldegeheimnis sind unverletzlich.

(2) Beschränkungen dürfen nur auf Grund eines Gesetzes angeordnet werden. Dient die Beschränkung dem Schutze der freiheitlichen demokratischen Grundordnung oder des Bestandes oder der Sicherung des Bundes oder eines Landes, so kann das Gesetz bestimmen, daß sie dem Betroffenen nicht mitgeteilt wird und daß an die Stelle des Rechtsweges die Nachprüfung durch von der Volksvertretung bestellte Organe und Hilfsorgane tritt.

Artikel 11
[Freizügigkeit]

(1) Alle Deutschen genießen Freizügigkeit im ganzen Bundesgebiet.

(2) Dieses Recht darf nur durch Gesetz oder auf Grund eines Gesetzes und nur für die Fälle eingeschränkt werden, in denen eine ausreichende Lebensgrundlage nicht vorhanden ist und der Allgemeinheit daraus besondere Lasten entstehen würden oder in denen es zur Abwehr einer drohenden Gefahr für den Bestand oder die freiheitliche demokratische Grundordnung des Bundes oder eines Landes, zur Bekämpfung von Seuchengefahr, Naturkatastrophen oder besonders schweren Unglücksfällen, zum Schutze der Jugend vor Verwahrlosung oder um strafbaren Handlungen vorzubeugen, erforderlich ist.

Artikel 12
[Berufsfreiheit, Verbot der Zwangsarbeit]

(1) Alle Deutschen haben das Recht, Beruf, Arbeitsplatz und Ausbildungsstätte frei zu wählen. Die Berufsausübung kann durch Gesetz oder auf Grund eines Gesetzes geregelt werden.

(2) Niemand darf zu einer bestimmten Arbeit gezwungen werden, außer im Rahmen einer herkömmlichen allgemeinen, für alle gleichen öffentlichen Dienstleistungspflicht.

(3) Zwangsarbeit ist nur bei einer gerichtlich angeordneten Freiheitsentziehung zulässig.

Artikel 12 a
[Wehr- und Dienstpflicht]

(1) Männer können vom vollendeten achtzehnten Lebensjahr an zum Dienst in den Streitkräften, im Bundesgrenzschutz oder in einem Zivilschutzverband verpflichtet werden.

(2) Wer aus Gewissensgründen den Kriegsdienst mit der Waffe verweigert, kann zu einem Ersatzdienst verpflichtet werden. Die Dauer des Ersatzdienstes darf die Dauer des Wehrdienstes nicht übersteigen. Das Nähere regelt ein Gesetz, das die Freiheit der Gewissensentscheidung nicht beeinträchtigen darf und auch eine Möglichkeit des Ersatzdienstes vorsehen muß, die in keinem Zusammenhang mit den Verbänden der Streitkräfte und des Bundesgrenzschutzes steht.

(3) Wehrpflichtige, die nicht zu einem Dienst nach Absatz 1 oder 2 herangezogen sind, können im Verteidigungsfalle durch Gesetz oder auf Grund eines Gesetzes zu zivilen Dienstleistungen für Zwecke der Verteidigung einschließlich des Schutzes der Zivilbevölkerung in Arbeitsverhältnisse verpflichtet werden; Verpflichtungen in öffentlich-rechtliche Dienstverhältnisse sind nur zur Wahrnehmung polizeilicher Aufgaben oder solcher hoheitlichen Aufgaben der öffentlichen Verwaltung, die nur in einem öffentlich-rechtlichen Dienstverhältnis erfüllt werden können, zulässig. Arbeitsverhältnisse nach Satz 1 können bei den Streitkräften, im Bereich ihrer Versorgung sowie bei der öffentlichen Verwaltung begründet werden; Verpflichtungen in Arbeitsverhältnisse im Bereich der Versorgung der Zivilbevölkerung sind nur zulässig, um ihren lebensnotwendigen Bedarf zu decken oder ihren Schutz sicherzustellen.

(4) Kann im Verteidigungsfalle der Bedarf an zivilen Dienstleistungen im zivilen Sanitäts- und Heilwesen sowie in der ortsfesten militärischen Lazarettorganisation nicht auf freiwilliger Grundlage gedeckt werden, so können Frauen vom vollendeten achtzehnten bis zum vollendeten fünfundfünfzigsten Lebensjahr durch Gesetz oder auf Grund eines Gesetzes zu derartigen Dienstleistungen herangezogen werden. Sie dürfen auf keinen Fall Dienst mit der Waffe leisten.

(5) Für die Zeit vor dem Verteidigungsfalle können Verpflichtungen nach Absatz 3 nur nach Maßgabe des Artikels 80 a Abs. 1 begründet werden. Zur Vorbereitung auf Dienstleistungen nach Absatz 3, für die besondere Kenntnisse oder Fertigkeiten erforderlich sind, kann durch Gesetz oder auf Grund eines Gesetzes die Teilnahme an Ausbildungsveranstaltungen zur Pflicht gemacht werden. Satz 1 findet insoweit keine Anwendung.

(6) Kann im Verteidigungsfalle der Bedarf an Arbeitskräften für die in Absatz 3 Satz 2 genannten Bereiche auf freiwilliger Grundlage nicht gedeckt werden, so kann zur Sicherung dieses Bedarfs die Freiheit der Deutschen, die Ausübung eines Berufs oder den Arbeitsplatz aufzugeben, durch Gesetz oder auf Grund eines Gesetzes eingeschränkt werden. Vor Eintritt des Verteidigungsfalles gilt Absatz 5 Satz 1 entsprechend.

Artikel 13
[Unverletzlichkeit der Wohnung]

(1) Die Wohnung ist unverletzlich.

(2) Durchsuchungen dürfen nur durch den Richter, bei Gefahr im Verzuge auch durch die in den Gesetzen vorgesehenen anderen Organe angeordnet und nur in der dort vorgeschriebenen Form durchgeführt werden.

(3) Eingriffe und Beschränkungen dürfen im übrigen nur zur Abwehr einer gemeinen Gefahr oder einer Lebensgefahr für einzelne Personen, auf Grund eines Gesetzes auch zur Verhütung dringender Gefahren für die öffentliche Sicherheit und Ordnung, insbesondere zur Behebung der Raumnot, zur Bekämpfung von Seuchengefahr oder zum Schutze gefährdeter Jugendlicher vorgenommen werden.

Artikel 14
[Eigentum, Erbrecht, Enteignung]

(1) Das Eigentum und das Erbrecht werden gewährleistet. Inhalt und Schranken werden durch die Gesetze bestimmt.

(2) Eigentum verpflichtet. Sein Gebrauch soll zugleich dem Wohle der Allgemeinheit dienen.

(3) Eine Enteignung ist nur zum Wohle der Allgemeinheit zulässig. Sie darf nur durch Gesetz oder auf Grund eines Gesetzes erfolgen, das Art und Ausmaß der Entschädigung regelt. Die Entschädigung ist unter gerechter Abwägung der Interessen der Allgemeinheit und der Beteiligten zu bestimmen. Wegen der Höhe der Entschädigung steht im Streitfalle der Rechtsweg vor den ordentlichen Gerichten offen.

Artikel 15
[Sozialisierung]

Grund und Boden, Naturschätze und Produktionsmittel können zum Zwecke der Vergesellschaftung durch ein Gesetz, das Art und Ausmaß der Entschädigung regelt, in Gemeineigentum oder in andere Formen der Gemeinwirtschaft überführt werden. Für die Entschädigung gilt Artikel 14 Abs. 3 Satz 3 und 4 entsprechend.

Artikel 16
[Staatsangehörigkeit, Auslieferung, Asylrecht]

(1) Die deutsche Staatsangehörigkeit darf nicht entzogen werden. Der Verlust der Staatsangehörigkeit darf nur auf Grund eines Gesetzes und gegen den Willen des Betroffenen nur dann eintreten, wenn der Betroffene dadurch nicht staatenlos wird.

(2) Kein Deutscher darf an das Ausland ausgeliefert werden. Politisch Verfolgte genießen Asylrecht.

Artikel 17
[Petitionsrecht]

Jedermann hat das Recht, sich einzeln oder in Gemeinschaft mit anderen schriftlich mit Bitten oder Beschwerden an die zuständigen Stellen und an die Volksvertretung zu wenden.

Artikel 17 a
[Einschränkung einzelner Grundrechte durch Gesetze für Zwecke der Verteidigung und über Ersatzdienst]
(1) Gesetze über Wehrdienst und Ersatzdienst können bestimmen, daß für die Angehörigen der Streitkräfte und des Ersatzdienstes während der Zeit des Wehr- oder Ersatzdienstes das Grundrecht, seine Meinung in Wort, Schrift und Bild frei zu äußern und zu verbreiten (Artikel 5 Abs. 1 Satz 1 erster Halbsatz), das Grundrecht der Versammlungsfreiheit (Artikel 8) und das Petitionsrecht (Artikel 17), soweit es das Recht gewährt, Bitten oder Beschwerden in Gemeinschaft mit anderen vorzubringen, eingeschränkt werden.
(2) Gesetze, die der Verteidigung einschließlich des Schutzes der Zivilbevölkerung dienen, können bestimmen, daß die Grundrechte der Freizügigkeit (Artikel 11) und der Unverletzlichkeit der Wohnung (Artikel 13) eingeschränkt werden.

Artikel 18
[Verwirkung von Grundrechten]
Wer die Freiheit der Meinungsäußerung, insbesondere die Pressefreiheit (Artikel 5 Abs. 1), die Lehrfreiheit (Artikel 5 Abs. 3), die Versammlungsfreiheit (Artikel 8), die Vereinigungsfreiheit (Artikel 9), das Brief-, Post- und Fernmeldegeheimnis (Artikel 10), das Eigentum (Artikel 14) oder das Asylrecht (Artikel 16 Abs. 2) zum Kampfe gegen die freiheitliche demokratische Grundordnung mißbraucht, verwirkt diese Grundrechte. Die Verwirkung und ihr Ausmaß werden durch das Bundesverfassungsgericht ausgesprochen.

Artikel 19
[Einschränkung von Grundrechten]
(1) Soweit nach diesem Grundgesetz ein Grundrecht durch Gesetz oder auf Grund eines Gesetzes eingeschränkt werden kann, muß das Gesetz allgemein und nicht nur für den Einzelfall gelten. Außerdem muß das Gesetz das Grundrecht unter Angabe des Artikels nennen.
(2) In keinem Falle darf ein Grundrecht in seinem Wesensgehalt angetastet werden.
(3) Die Grundrechte gelten auch für inländische juristische Personen, soweit sie ihrem Wesen nach auf diese anwendbar sind.
(4) Wird jemand durch die öffentliche Gewalt in seinen Rechten verletzt, so steht ihm der Rechtsweg offen. Soweit eine andere Zuständigkeit nicht begründet ist, ist der ordentliche Rechtsweg gegeben. Artikel 10 Abs. 2 Satz 2 bleibt unberührt.

II. Der Bund und die Länder

Artikel 20
[Grundlagen staatlicher Ordnung, Widerstandsrecht]
(1) Die Bundesrepublik Deutschland ist ein demokratischer und sozialer Bundesstaat.

(2) Alle Staatsgewalt geht vom Volke aus. Sie wird vom Volke in Wahlen und Abstimmungen und durch besondere Organe der Gesetzgebung, der vollziehenden Gewalt und der Rechtsprechung ausgeübt.
(3) Die Gesetzgebung ist an die verfassungsmäßige Ordnung, die vollziehende Gewalt und die Rechtsprechung sind an Gesetz und Recht gebunden.
(4) Gegen jeden, der es unternimmt, diese Ordnung zu beseitigen, haben alle Deutschen das Recht zum Widerstand, wenn andere Abhilfe nicht möglich ist.

Artikel 21
[Parteien]
(1) Die Parteien wirken bei der politischen Willensbildung des Volkes mit. Ihre Gründung ist frei. Ihre innere Ordnung muß demokratischen Grundsätzen entsprechen. Sie müssen über die Herkunft und Verwendung ihrer Mittel sowie über ihr Vermögen öffentlich Rechenschaft geben.
(2) Parteien, die nach ihren Zielen oder nach dem Verhalten ihrer Anhänger darauf ausgehen, die freiheitliche demokratische Grundordnung zu beeinträchtigen oder zu beseitigen oder den Bestand der Bundesrepublik Deutschland zu gefährden, sind verfassungswidrig. Über die Frage der Verfassungswidrigkeit entscheidet das Bundesverfassungsgericht.
(3) Das Nähere regeln Bundesgesetze.

Artikel 22
[Bundesflagge]

Artikel 23
[Geltungsbereich des Grundgesetzes]
Dieses Grundgesetz gilt zunächst im Gebiete der Länder Baden, Bayern, Bremen, Groß-Berlin, Hamburg, Hessen, Niedersachsen, Nordrhein-Westfalen, Rheinland-Pfalz, Schleswig-Holstein, Württemberg-Baden und Württemberg-Hohenzollern. In anderen Teilen Deutschlands ist es nach deren Beitritt in Kraft zu setzen.

Artikel 24
[Zwischenstaatliche Einrichtungen]
(1) Der Bund kann durch Gesetz Hoheitsrechte auf zwischenstaatliche Einrichtungen übertragen.
(2) Der Bund kann sich zur Wahrung des Friedens einem System gegenseitiger kollektiver Sicherheit einordnen; er wird hierbei in die Beschränkungen seiner Hoheitsrechte einwilligen, die eine friedliche und dauerhafte Ordnung in Europa und zwischen den Völkern der Welt herbeiführen und sichern.
(3) Zur Regelung zwischenstaatlicher Streitigkeiten wird der Bund Vereinbarungen über eine allgemeine, umfassende, obligatorische, internationale Schiedsgerichtsbarkeit beitreten.

Artikel 25
[Völkerrecht und Bundesrecht]
Die allgemeinen Regeln des Völkerrechtes sind Bestandteil des Bundesrechtes.

Sie gehen den Gesetzen vor und erzeugen Rechte und Pflichten unmittelbar für die Bewohner des Bundesgebietes.

Artikel 26
[Verbot der Vorbereitung eines Angriffskrieges]

Artikel 27
[Handelsflotte]

Artikel 28
[Bundesgarantie für die Landesverfassungen, Gewährleistung der kommunalen Selbstverwaltung]
(1) Die verfassungsmäßige Ordnung in den Ländern muß den Grundsätzen des republikanischen, demokratischen und sozialen Rechtsstaates im Sinne dieses Grundgesetzes entsprechen. In den Ländern, Kreisen und Gemeinden muß das Volk eine Vertretung haben, die aus allgemeinen, unmittelbaren, freien, gleichen und geheimen Wahlen hervorgegangen ist. In Gemeinden kann an die Stelle einer gewählten Körperschaft die Gemeindeversammlung treten.
(2) Den Gemeinden muß das Recht gewährleistet sein, alle Angelegenheiten der örtlichen Gemeinschaft im Rahmen der Gesetze in eigener Verantwortung zu regeln. Auch die Gemeindeverbände haben im Rahmen ihres gesetzlichen Aufgabenbereiches nach Maßgabe der Gesetze das Recht der Selbstverwaltung.
(3) Der Bund gewährleistet, daß die verfassungsmäßige Ordnung der Länder den Grundrechten und den Bestimmungen der Absätze 1 und 2 entspricht.

Artikel 29
[Neugliederung des Bundesgebietes]

Artikel 30
[Kompetenzverteilung zwischen Bund und Ländern]
Die Ausübung der staatlichen Befugnisse und die Erfüllung der staatlichen Aufgaben ist Sache der Länder, soweit dieses Grundgesetz keine andere Regelung trifft oder zuläßt.

Artikel 31
[Vorrang des Bundesrechtes]
Bundesrecht bricht Landesrecht.

Artikel 32
[Auswärtige Beziehungen]

Artikel 33
[Staatsbürgerliche Gleichstellung der Deutschen, Berufsbeamtentum]
(1) Jeder Deutsche hat in jedem Lande die gleichen staatsbürgerlichen Rechte und Pflichten.
(2) Jeder Deutsche hat nach seiner Eignung, Befähigung und fachlichen Leistung gleichen Zugang zu jedem öffentlichen Amte.
(3) Der Genuß bürgerlicher und staatsbürgerlicher Rechte, die Zulassung zu öffentlichen Ämtern sowie die im öffentlichen Dienste erworbenen Rechte

sind unabhängig von dem religiösen Bekenntnis. Niemandem darf aus seiner Zugehörigkeit oder Nichtzugehörigkeit zu einem Bekenntnisse oder einer Weltanschauung ein Nachteil erwachsen.
(4) Die Ausübung hoheitsrechtlicher Befugnisse ist als ständige Aufgabe in der Regel Angehörigen des öffentlichen Dienstes zu übertragen, die in einem öffentlich-rechtlichen Dienst- und Treueverhältnis stehen.
(5) Das Recht des öffentlichen Dienstes ist unter Berücksichtigung der hergebrachten Grundsätze des Berufsbeamtentums zu regeln.

Artikel 34
[Haftung bei Amtspflichtverletzungen]

Artikel 35
[Rechts- und Amtshilfe, Katastrophenhilfe]

Artikel 36
[Personal der Bundesbehörden]

Artikel 37
[Bundeszwang]

III. Der Bundestag

Artikel 38
[Wahl]
(1) Die Abgeordneten des Deutschen Bundestages werden in allgemeiner, unmittelbarer, freier, gleicher und geheimer Wahl gewählt. Sie sind Vertreter des ganzen Volkes, an Aufträge und Weisungen nicht gebunden und nur ihrem Gewissen unterworfen.
(2) Wahlberechtigt ist, wer das achtzehnte Lebensjahr vollendet hat; wählbar ist, wer das Alter erreicht hat, mit dem die Volljährigkeit eintritt.
(3) Das Nähere bestimmt ein Bundesgesetz.

Artikel 39
[Wahlperiode, Zusammentritt, Einberufung]
(1) Der Bundestag wird auf vier Jahre gewählt. Seine Wahlperiode endet mit dem Zusammentritt eines neuen Bundestages. Die Neuwahl findet frühestens fünfundvierzig, spätestens siebenundvierzig Monate nach Beginn der Wahlperiode statt. Im Falle einer Auflösung des Bundestages findet die Neuwahl innerhalb von sechzig Tagen statt.
(2) Der Bundestag tritt spätestens am dreißigsten Tage nach der Wahl zusammen.
(3) Der Bundestag bestimmt den Schluß und den Wiederbeginn seiner Sitzungen. Der Präsident des Bundestages kann ihn früher einberufen. Er ist hierzu verpflichtet, wenn ein Drittel der Mitglieder, der Bundespräsident oder der Bundeskanzler es verlangen.

Artikel 40
[Präsident, Geschäftsordnung]
(1) Der Bundestag wählt seinen Präsidenten, dessen Stellvertreter und die Schriftführer. Er gibt sich eine Geschäftsordnung.
(2) Der Präsident übt das Hausrecht und die Polizeigewalt im Gebäude des Bundestages aus. Ohne seine Genehmigung darf in den Räumen des Bundestages keine Durchsuchung oder Beschlagnahme stattfinden.

Artikel 41
[Wahlprüfung]

Artikel 42
[Verhandlung, Abstimmung]
(1) Der Bundestag verhandelt öffentlich. Auf Antrag eines Zehntels seiner Mitglieder oder auf Antrag der Bundesregierung kann mit Zweidrittelmehrheit die Öffentlichkeit ausgeschlossen werden. Über den Antrag wird in nichtöffentlicher Sitzung entschieden.
(2) Zu einem Beschlusse des Bundestages ist die Mehrheit der abgegebenen Stimmen erforderlich, soweit dieses Grundgesetz nichts anderes bestimmt. Für die vom Bundestage vorzunehmenden Wahlen kann die Geschäftsordnung Ausnahmen zulassen.
(3) Wahrheitsgetreue Berichte über die öffentlichen Sitzungen des Bundestages und seiner Ausschüsse bleiben von jeder Verantwortlichkeit frei.

Artikel 43
[Anwesenheit der Regierungs- und Bundesratsmitglieder]

Artikel 44
[Untersuchungsausschüsse]

Artikel 45
[aufgehoben]

Artikel 45 a
[Ausschüsse für Auswärtiges und für Verteidigung]

Artikel 45 b
[Wehrbeauftragter]

Artikel 45 c
[Petitionsausschuß]

Artikel 46
[Indemnität und Immunität]
(1) Ein Abgeordneter darf zu keiner Zeit wegen seiner Abstimmung oder wegen einer Äußerung, die er im Bundestage oder in einem seiner Ausschüsse getan hat, gerichtlich oder dienstlich verfolgt oder sonst außerhalb des Bundestages zur Verantwortung gezogen werden. Dies gilt nicht für verleumderische Beleidigungen.

(2) Wegen einer mit Strafe bedrohten Handlung darf ein Abgeordneter nur mit Genehmigung des Bundestages zur Verantwortung gezogen oder verhaftet werden, es sei denn, daß er bei Begehung der Tat oder im Laufe des folgenden Tages festgenommen wird.
(3) Die Genehmigung des Bundestages ist ferner bei jeder anderen Beschränkung der persönlichen Freiheit eines Abgeordneten oder zur Einleitung eines Verfahrens gegen einen Abgeordneten gemäß Artikel 18 erforderlich.
(4) Jedes Strafverfahren und jedes Verfahren gemäß Artikel 18 gegen einen Abgeordneten, jede Haft und jede sonstige Beschränkung seiner persönlichen Freiheit sind auf Verlangen des Bundestages auszusetzen.

Artikel 47
[Zeugnisverweigerungsrecht der Abgeordneten]

Artikel 48
[Ansprüche der Abgeordneten]

Artikel 49
[aufgehoben]

IV. Der Bundesrat

Artikel 50
[Aufgaben]
Durch den Bundesrat wirken die Länder bei der Gesetzgebung und Verwaltung des Bundes mit.

Artikel 51
[Zusammensetzung]
(1) Der Bundesrat besteht aus Mitgliedern der Regierungen der Länder, die sie bestellen und abberufen. Sie können durch andere Mitglieder ihrer Regierungen vertreten werden.
(2) Jedes Land hat mindestens drei Stimmen, Länder mit mehr als zwei Millionen Einwohner haben vier, Länder mit mehr als sechs Millionen Einwohner fünf Stimmen.
(3) Jedes Land kann so viele Mitglieder entsenden, wie es Stimmen hat. Die Stimmen eines Landes können nur einheitlich und nur durch anwesende Mitglieder oder deren Vertreter abgegeben werden.

Artikel 52
[Präsident, Geschäftsordnung]
(1) Der Bundesrat wählt seinen Präsidenten auf ein Jahr.
(2) Der Präsident beruft den Bundesrat ein. Er hat ihn einzuberufen, wenn die Vertreter von mindestens zwei Ländern oder die Bundesregierung es verlangen.
(Abs. 3–4 hier nicht abgedruckt).

Artikel 53
[Anwesenheit der Regierungsmitglieder]

IV a. Gemeinsamer Ausschuß

Artikel 53 a
[Zusammensetzung, Geschäftsordnung, Informationsrecht]
(1) Der Gemeinsame Ausschuß besteht zu zwei Dritteln aus Abgeordneten des Bundestages, zu einem Drittel aus Mitgliedern des Bundesrates. Die Abgeordneten werden vom Bundestage entsprechend dem Stärkeverhältnis der Fraktionen bestimmt; sie dürfen nicht der Bundesregierung angehören. Jedes Land wird durch ein von ihm bestelltes Mitglied des Bundesrates vertreten; diese Mitglieder sind nicht an Weisungen gebunden. Die Bildung des Gemeinsamen Ausschusses und sein Verfahren werden durch eine Geschäftsordnung geregelt, die vom Bundestage zu beschließen ist und der Zustimmung des Bundesrates bedarf.
(2) Die Bundesregierung hat den Gemeinsamen Ausschuß über ihre Planungen für den Verteidigungsfall zu unterrichten. Die Rechte des Bundestages und seiner Ausschüsse nach Artikel 43 Abs. 1 bleiben unberührt.

V. Der Bundespräsident

Artikel 54
[Wahl]
(1) Der Bundespräsident wird ohne Aussprache von der Bundesversammlung gewählt. Wählbar ist jeder Deutsche, der das Wahlrecht zum Bundestage besitzt und das vierzigste Lebensjahr vollendet hat.
(2) Das Amt des Bundespräsidenten dauert fünf Jahre. Anschließende Wiederwahl ist nur einmal zulässig.
(3) Die Bundesversammlung besteht aus den Mitgliedern des Bundestages und einer gleichen Anzahl von Mitgliedern, die von den Volksvertretungen der Länder nach den Grundsätzen der Verhältniswahl gewählt werden.
(Abs. 4 – 7 nicht abgedruckt)

Artikel 55
[Unvereinbarkeiten]

Artikel 56
[Amtseid]

Artikel 57
[Vertretung]

Artikel 58
[Gegenzeichnung]
Anordnungen und Verfügungen des Bundespräsidenten bedürfen zu ihrer Gültigkeit der Gegenzeichnung durch den Bundeskanzler oder durch den zuständigen Bundesminister. Dies gilt nicht für die Ernennung und Entlassung des Bundeskanzlers, die Auflösung des Bundestages gemäß Artikel 63 und das Ersuchen gemäß Artikel 69 Abs. 3.

Artikel 59
[Völkerrechtliche Vertretung des Bundes]
(1) Der Bundespräsident vertritt den Bund völkerrechtlich. Er schließt im Namen des Bundes die Verträge mit auswärtigen Staaten. Er beglaubigt und empfängt die Gesandten.
(2) Verträge, welche die politischen Beziehungen des Bundes regeln oder sich auf Gegenstände der Bundesgesetzgebung beziehen, bedürfen der Zustimmung oder der Mitwirkung der jeweils für die Bundesgesetzgebung zuständigen Körperschaften in der Form eines Bundesgesetzes. Für Verwaltungsabkommen gelten die Vorschriften über die Bundesverwaltung entsprechend.

Artikel 59 a
[aufgehoben]

Artikel 60
[Ernennung und Entlassung der Bundesrichter, Bundesbeamten und Soldaten; Begnadigungsrecht]

Artikel 61
[Anklage vor dem Bundesverfassungsgericht]

VI. Die Bundesregierung

Artikel 62
[Zusammensetzung]
Die Bundesregierung besteht aus dem Bundeskanzler und aus den Bundesministern.

Artikel 63
[Wahl und Ernennung des Bundeskanzlers]
(1) Der Bundeskanzler wird auf Vorschlag des Bundespräsidenten vom Bundestage ohne Aussprache gewählt.
(2) Gewählt ist, wer die Stimmen der Mehrheit der Mitglieder des Bundestages auf sich vereinigt. Der Gewählte ist vom Bundespräsidenten zu ernennen.
(3) Wird der Vorgeschlagene nicht gewählt, so kann der Bundestag binnen vierzehn Tagen nach dem Wahlgange mit mehr als der Hälfte seiner Mitglieder einen Bundeskanzler wählen.
(4) Kommt eine Wahl innerhalb dieser Frist nicht zustande, so findet unverzüglich ein neuer Wahlgang statt, in dem gewählt ist, wer die meisten Stimmen erhält. Vereinigt der Gewählte die Stimmen der Mehrheit der Mitglieder des Bundestages auf sich, so muß der Bundespräsident ihn binnen sieben Tagen nach der Wahl ernennen. Erreicht der Gewählte diese Mehrheit nicht, so hat der Bundespräsident binnen sieben Tagen entweder ihn zu ernennen oder den Bundestag aufzulösen.

Artikel 64
[Ernennung und Entlassung der Bundesminister]
(1) Die Bundesminister werden auf Vorschlag des Bundeskanzlers vom Bundespräsidenten ernannt und entlassen.
(2) Der Bundeskanzler und die Bundesminister leisten bei der Amtsübernahme vor dem Bundestage den in Artikel 56 vorgesehenen Eid.

Artikel 65
[Befugnisse in der Bundesregierung]
Der Bundeskanzler bestimmt die Richtlinien der Politik und trägt dafür die Verantwortung. Innerhalb dieser Richtlinien leitet jeder Bundesminister seinen Geschäftsbereich selbständig und unter eigener Verantwortung. Über Meinungsverschiedenheiten zwischen den Bundesministern entscheidet die Bundesregierung. Der Bundeskanzler leitet ihre Geschäfte nach einer von der Bundesregierung beschlossenen und vom Bundespräsidenten genehmigten Geschäftsordnung.

Artikel 65 a
[Befehls- und Kommandogewalt]

Artikel 66
[Unvereinbarkeiten mit anderem Amt]

Artikel 67
[Konstruktives Mißtrauensvotum]

Artikel 68
[Vertrauensfrage, Auflösung des Bundestages]

Artikel 69
[Stellvertreter des Bundeskanzlers, Amtsdauer für Regierungsmitglieder]
(1) Der Bundeskanzler ernennt einen Bundesminister zu seinem Stellvertreter.
(2) Das Amt des Bundeskanzlers oder eines Bundesministers endigt in jedem Falle mit dem Zusammentritt eines neuen Bundestages, das Amt eines Bundesministers auch mit jeder anderen Erledigung des Amtes des Bundeskanzlers.
(3) Auf Ersuchen des Bundespräsidenten ist der Bundeskanzler, auf Ersuchen des Bundeskanzlers oder des Bundespräsidenten ein Bundesminister verpflichtet, die Geschäfte bis zur Ernennung seines Nachfolgers weiterzuführen.

VII. Die Gesetzgebung des Bundes

Artikel 70
[Verteilung der Gesetzgebungskompetenzen zwischen Bund und Ländern]
(1) Die Länder haben das Recht der Gesetzgebung, soweit dieses Grundgesetz nicht dem Bunde Gesetzgebungsbefugnisse verleiht.
(2) Die Abgrenzung der Zuständigkeit zwischen Bund und Ländern bemißt sich nach den Vorschriften dieses Grundgesetzes über die ausschließliche und die konkurrierende Gesetzgebung.

Artikel 71
[Ausschließliche Gesetzgebung des Bundes, Begriff]
Im Bereich der ausschließlichen Gesetzgebung des Bundes haben die Länder die Befugnis zur Gesetzgebung nur, wenn und soweit sie hierzu in einem Bundesgesetze ausdrücklich ermächtigt werden.

Artikel 72
[Konkurrierende Gesetzgebung des Bundes, Begriff]
(1) Im Bereiche der konkurrierenden Gesetzgebung haben die Länder die Befugnis zur Gesetzgebung, solange und soweit der Bund von seinem Gesetzgebungsrechte keinen Gebrauch macht.
(2) Der Bund hat in diesem Bereiche das Gesetzgebungsrecht, soweit ein Bedürfnis nach bundesgesetzlicher Regelung besteht, weil
1. eine Angelegenheit durch die Gesetzgebung einzelner Länder nicht wirksam geregelt werden kann oder
2. die Regelung einer Angelegenheit durch ein Landesgesetz die Interessen anderer Länder oder der Gesamtheit beeinträchtigen könnte oder
3. die Wahrung der Rechts- oder Wirtschaftseinheit, insbesondere die Wahrung der Einheitlichkeit der Lebensverhältnisse über das Gebiet eines Landes hinaus sie erfordert.

Artikel 73
[Ausschließliche Gesetzgebung des Bundes, Katalog]
Der Bund hat die ausschließliche Gesetzgebung über:
1. die auswärtigen Angelegenheiten sowie die Verteidigung einschließlich des Schutzes der Zivilbevölkerung;
2. die Staatsangehörigkeit im Bunde;
3. die Freizügigkeit, das Paßwesen, die Ein- und Auswanderung und die Auslieferung;
4. das Währungs-, Geld- und Münzwesen, Maße und Gewichte sowie die Zeitbestimmung;
5. die Einheit des Zoll- und Handelsgebietes, die Handels- und Schiffahrtsverträge, die Freizügigkeit des Warenverkehrs und den Waren- und Zahlungsverkehr mit dem Auslande einschließlich des Zoll- und Grenzschutzes;
6. die Bundeseisenbahnen und den Luftverkehr;
7. das Post- und Fernmeldewesen;
8. die Rechtsverhältnisse der im Dienste des Bundes und der bundesunmittelbaren Körperschaften des öffentlichen Rechtes stehenden Personen;
9. den gewerblichen Rechtsschutz, das Urheberrecht und das Verlagsrecht;
10. die Zusammenarbeit des Bundes und der Länder
    a) in der Kriminalpolizei,
    b) zum Schutze der freiheitlichen demokratischen Grundordnung, des Bestandes und der Sicherheit des Bundes oder eines Landes (Verfassungsschutz) und
    c) zum Schutze gegen Bestrebungen im Bundesgebiet, die durch Anwendung von Gewalt oder darauf gerichtete Vorbereitungshandlungen aus-

wärtige Belange der Bundesrepublik Deutschland gefährden,
sowie die Einrichtung eines Bundeskriminalpolizeiamtes und die internationale Verbrechensbekämpfung;
11. die Statistik für Bundeszwecke.

Artikel 74
[Konkurrierende Gesetzgebung des Bundes, Katalog]

Die konkurrierende Gesetzgebung erstreckt sich auf folgende Gebiete:

1. das bürgerliche Recht, das Strafrecht und den Strafvollzug, die Gerichtsverfassung, das gerichtliche Verfahren, die Rechtsanwaltschaft, das Notariat und die Rechtsberatung;
2. das Personenstandswesen;
3. das Vereins- und Versammlungsrecht;
4. das Aufenthalts- und Niederlassungsrecht der Ausländer;

4 a. das Waffen- und Sprengstoffrecht;

5. den Schutz deutschen Kulturgutes gegen Abwanderung in das Ausland;
6. die Angelegenheiten der Flüchtlinge und Vertriebenen;
7. die öffentliche Fürsorge;
8. die Staatsangehörigkeit in den Ländern;
9. die Kriegsschäden und die Wiedergutmachung;
10. die Versorgung der Kriegsbeschädigten und Kriegshinterbliebenen und die Fürsorge für die ehemaligen Kriegsgefangenen;

10 a. die Kriegsgräber und Gräber anderer Opfer des Krieges und Opfer von Gewaltherrschaft;

11. das Recht der Wirtschaft (Bergbau, Industrie, Energiewirtschaft, Handwerk, Gewerbe, Handel, Bank- und Börsenwesen, privatrechtliches Versicherungswesen);

11 a. die Erzeugung und Nutzung der Kernenergie zu friedlichen Zwecken, die Errichtung und den Betrieb von Anlagen, die diesen Zwecken dienen, den Schutz gegen Gefahren, die bei Freiwerden von Kernenergie oder durch ionisierende Strahlen entstehen, und die Beseitigung radioaktiver Stoffe;

12. das Arbeitsrecht einschließlich der Betriebsverfassung, des Arbeitsschutzes und der Arbeitsvermittlung sowie die Sozialversicherung einschließlich der Arbeitslosenversicherung;
13. die Regelung der Ausbildungsbeihilfen und die Förderung der wissenschaftlichen Forschung;
14. das Recht der Enteignung, soweit sie auf den Sachgebieten der Artikel 73 und 74 in Betracht kommt;
15. die Überführung von Grund und Boden, von Naturschätzen und Produktionsmitteln in Gemeineigentum oder in andere Formen der Gemeinwirtschaft;
16. die Verhütung des Mißbrauchs wirtschaftlicher Machtstellung;
17. die Förderung der land- und forstwirtschaftlichen Erzeugung, die Sicherung der Ernährung, die Ein- und Ausfuhr land- und forstwirtschaftlicher

Erzeugnisse, die Hochsee- und Küstenfischerei und den Küstenschutz;

18. den Grundstücksverkehr, das Bodenrecht und das landwirtschaftliche Pachtwesen, das Wohnungswesen, das Siedlungs- und Heimstättenwesen;
19. die Maßnahmen gegen gemeingefährliche und übertragbare Krankheiten bei Menschen und Tieren, die Zulassung zu ärztlichen und anderen Heilberufen und zum Heilgewerbe, den Verkehr mit Arzneien, Heil- und Betäubungsmitteln und Giften;

19 a. die wirtschaftliche Sicherung der Krankenhäuser und die Regelung der Krankenhauspflegesätze;

20. den Schutz beim Verkehr mit Lebens- und Genußmitteln, Bedarfsgegenständen, Futtermitteln und land- und forstwirtschaftlichem Saat- und Pflanzgut, den Schutz der Pflanzen gegen Krankheiten und Schädlinge sowie den Tierschutz;
21. die Hochsee- und Küstenschiffahrt sowie die Seezeichen, die Binnenschiffahrt, den Wetterdienst, die Seewasserstraßen und die dem allgemeinen Verkehr dienenden Binnenwasserstraßen;
22. den Straßenverkehr, das Kraftfahrwesen, den Bau und die Unterhaltung von Landstraßen für den Fernverkehr sowie die Erhebung und Verteilung von Gebühren für die Benutzung öffentlicher Straßen mit Fahrzeugen;
23. die Schienenbahnen, die nicht Bundeseisenbahnen sind, mit Ausnahme der Bergbahnen;
24. die Abfallbeseitigung, die Luftreinhaltung und die Lärmbekämpfung.

Artikel 74 a
[Konkurrierende Gesetzgebung des Bundes, Besoldung und Versorgung der Angehörigen des öffentlichen Dienstes]

Artikel 75
[Rahmengesetzgebung des Bundes, Katalog]

Der Bund hat das Recht, unter den Voraussetzungen des Artikels 72 Rahmenvorschriften zu erlassen über:

1. die Rechtsverhältnisse der im öffentlichen Dienste der Länder, Gemeinden und anderen Körperschaften des öffentlichen Rechtes stehenden Personen, soweit Artikel 74 a nichts anderes bestimmt;

1 a. die allgemeinen Grundsätze des Hochschulwesens;

2. die allgemeinen Rechtsverhältnisse der Presse und des Films;
3. das Jagdwesen, den Naturschutz und die Landschaftspflege;
4. die Bodenverteilung, die Raumordnung und den Wasserhaushalt;
5. das Melde- und Ausweiswesen.

Artikel 76
[Gesetzesvorlagen]

(1) Gesetzesvorlagen werden beim Bundestage durch die Bundesregierung, aus der Mitte des Bundestages oder durch den Bundesrat eingebracht.

(2) Vorlagen der Bundesregierung sind zunächst dem Bundesrate zuzuleiten.

Der Bundesrat ist berechtigt, innerhalb von sechs Wochen zu diesen Vorlagen Stellung zu nehmen. Die Bundesregierung kann eine Vorlage, die sie bei der Zuleitung an den Bundesrat ausnahmsweise als besonders eilbedürftig bezeichnet hat, nach drei Wochen dem Bundestage zuleiten, auch wenn die Stellungnahme des Bundesrates noch nicht bei ihr eingegangen ist; sie hat die Stellungnahme des Bundesrates unverzüglich nach Eingang dem Bundestage nachzureichen.
(3) Vorlagen des Bundesrates sind dem Bundestage durch die Bundesregierung innerhalb von drei Monaten zuzuleiten. Sie hat hierbei ihre Auffassung darzulegen.

Artikel 77
[Gesetzgebungsverfahren]
(1) Die Bundesgesetze werden vom Bundestage beschlossen. Sie sind nach ihrer Annahme durch den Präsidenten des Bundestages unverzüglich dem Bundesrate zuzuleiten.
(2) Der Bundesrat kann binnen drei Wochen nach Eingang des Gesetzesbeschlusses verlangen, daß ein aus Mitgliedern des Bundestages und des Bundesrates für die gemeinsame Beratung von Vorlagen gebildeter Ausschuß einberufen wird. Die Zusammensetzung und das Verfahren dieses Ausschusses regelt eine Geschäftsordnung, die vom Bundestag beschlossen wird und der Zustimmung des Bundesrates bedarf. Die in diesen Ausschuß entsandten Mitglieder des Bundesrates sind nicht an Weisungen gebunden. Ist zu einem Gesetze die Zustimmung des Bundesrates erforderlich, so können auch der Bundestag und die Bundesregierung die Einberufung verlangen. Schlägt der Ausschuß eine Änderung des Gesetzesbeschlusses vor, so hat der Bundestag erneut Beschluß zu fassen.
(3) Soweit zu einem Gesetze die Zustimmung des Bundesrates nicht erforderlich ist, kann der Bundesrat, wenn das Verfahren nach Absatz 2 beendigt ist, gegen ein vom Bundestage beschlossenes Gesetz binnen zwei Wochen Einspruch einlegen. Die Einspruchsfrist beginnt im Falle des Absatzes 2 letzter Satz mit dem Eingange des vom Bundestage erneut gefaßten Beschlusses, in allen anderen Fällen mit dem Eingange der Mitteilung des Vorsitzenden des in Absatz 2 vorgesehenen Ausschusses, daß das Verfahren vor dem Ausschusse abgeschlossen ist.
(4) Wird der Einspruch mit der Mehrheit der Stimmen des Bundesrates beschlossen, so kann er durch Beschluß der Mehrheit der Mitglieder des Bundestages zurückgewiesen werden. Hat der Bundesrat den Einspruch mit einer Mehrheit von mindestens zwei Dritteln seiner Stimmen beschlossen, so bedarf die Zurückweisung durch den Bundestag einer Mehrheit von zwei Dritteln, mindestens der Mehrheit der Mitglieder des Bundestages.

Artikel 78
[Zustandekommen der Bundesgesetze]
Ein vom Bundestage beschlossenes Gesetz kommt zustande, wenn der Bundesrat zustimmt, den Antrag gemäß Artikel 77 Abs. 2 nicht stellt, innerhalb der Frist des Artikels 77 Abs. 3 keinen Einspruch einlegt oder ihn zurücknimmt oder wenn der Einspruch vom Bundestage überstimmt wird.

Artikel 79
[Änderung des Grundgesetzes]

(1) Das Grundgesetz kann nur durch ein Gesetz geändert werden, das den Wortlaut des Grundgesetzes ausdrücklich ändert oder ergänzt. Bei völkerrechtlichen Verträgen, die eine Friedensregelung, die Vorbereitung einer Friedensregelung oder den Abbau einer besatzungsrechtlichen Ordnung zum Gegenstand haben oder der Verteidigung der Bundesrepublik zu dienen bestimmt sind, genügt zur Klarstellung, daß die Bestimmungen des Grundgesetzes dem Abschluß und dem Inkraftsetzen der Verträge nicht entgegenstehen, eine Ergänzung des Wortlautes des Grundgesetzes, die sich auf diese Klarstellung beschränkt.

(2) Ein solches Gesetz bedarf der Zustimmung von zwei Dritteln der Mitglieder des Bundestages und zwei Dritteln der Stimmen des Bundesrates.

(3) Eine Änderung dieses Grundgesetzes, durch welche die Gliederung des Bundes in Länder, die grundsätzliche Mitwirkung der Länder bei der Gesetzgebung oder die in den Artikeln 1 und 20 niedergelegten Grundsätze berührt werden, ist unzulässig.

Artikel 80
[Erlaß von Rechtsverordnungen]

(1) Durch Gesetz können die Bundesregierung, ein Bundesminister oder die Landesregierungen ermächtigt werden, Rechtsverordnungen zu erlassen. Dabei müssen Inhalt, Zweck und Ausmaß der erteilten Ermächtigung im Gesetze bestimmt werden. Die Rechtsgrundlage ist in der Verordnung anzugeben. Ist durch Gesetz vorgesehen, daß eine Ermächtigung weiter übertragen werden kann, so bedarf es zur Übertragung der Ermächtigung einer Rechtsverordnung.

(2) Der Zustimmung des Bundesrates bedürfen, vorbehaltlich anderweitiger bundesgesetzlicher Regelung, Rechtsverordnungen der Bundesregierung oder eines Bundesministers über Grundsätze und Gebühren für die Benutzung der Einrichtungen der Bundeseisenbahnen und des Post- und Fernmeldewesens, über den Bau und Betrieb der Eisenbahnen, sowie Rechtsverordnungen auf Grund von Bundesgesetzen, die der Zustimmung des Bundesrates bedürfen oder die von den Ländern im Auftrage des Bundes oder als eigene Angelegenheit ausgeführt werden.

Artikel 80 a
[Anwendung von Rechtsvorschriften im Spannungsfall]

Artikel 81
[Gesetzgebungsnotstand]

Artikel 82
[Ausfertigung, Verkündung und Inkrafttreten von Rechtsvorschriften]

(1) Die nach den Vorschriften dieses Grundgesetzes zustande gekommenen Gesetze werden vom Bundespräsidenten nach Gegenzeichnung ausgefertigt und im Bundesgesetzblatte verkündet. Rechtsverordnungen werden von der Stelle, die sie erläßt, ausgefertigt und vorbehaltlich anderweitiger gesetzlicher

Regelung im Bundesgesetzblatte verkündet.
(2) Jedes Gesetz und jede Rechtsverordnung soll den Tag des Inkrafttretens bestimmen. Fehlt eine solche Bestimmung, so treten sie mit dem vierzehnten Tage nach Ablauf des Tages in Kraft, an dem das Bundesgesetzblatt ausgegeben worden ist.

VIII. Die Ausführung der Bundesgesetze und die Bundesverwaltung

Artikel 83
[Verteilung der Kompetenzen zwischen Bund und Ländern]
Die Länder führen die Bundesgesetze als eigene Angelegenheit aus, soweit dieses Grundgesetz nichts anderes bestimmt oder zuläßt.

Artikel 84
[Ausführung als eigene Angelegenheit der Länder, Bundesaufsicht]
(1) Führen die Länder die Bundesgesetze als eigene Angelegenheit aus, so regeln sie die Einrichtung der Behörden und das Verwaltungsverfahren, soweit nicht Bundesgesetze mit Zustimmung des Bundesrates etwas anderes bestimmen.
(2) Die Bundesregierung kann mit Zustimmung des Bundesrates allgemeine Verwaltungsvorschriften erlassen.
(3) Die Bundesregierung übt die Aufsicht darüber aus, daß die Länder die Bundesgesetze dem geltenden Rechte gemäß ausführen. Die Bundesregierung kann zu diesem Zwecke Beauftragte zu den obersten Landesbehörden entsenden, mit deren Zustimmung und, falls diese Zustimmung versagt wird, mit Zustimmung des Bundesrates auch zu den nachgeordneten Behörden.
(4) Werden Mängel, die die Bundesregierung bei der Ausführung der Bundesgesetze in den Ländern festgestellt hat, nicht beseitigt, so beschließt auf Antrag der Bundesregierung oder des Landes der Bundesrat, ob das Land das Recht verletzt hat. Gegen den Beschluß des Bundesrates kann das Bundesverfassungsgericht angerufen werden.
(5) Der Bundesregierung kann durch Bundesgesetz, das der Zustimmung des Bundesrates bedarf, zur Ausführung von Bundesgesetzen die Befugnis verliehen werden, für besondere Fälle Einzelweisungen zu erteilen. Sie sind, außer wenn die Bundesregierung den Fall für dringlich erachtet, an die obersten Landesbehörden zu richten.

Artikel 85
[Ausführung im Auftrage des Bundes]
(1) Führen die Länder die Bundesgesetze im Auftrage des Bundes aus, so bleibt die Einrichtung der Behörden Angelegenheit der Länder, soweit nicht Bundesgesetze mit Zustimmung des Bundesrates etwas anderes bestimmen.
(2) Die Bundesregierung kann mit Zustimmung des Bundesrates allgemeine Verwaltungsvorschriften erlassen. Sie kann die einheitliche Ausbildung der Beamten und Angestellten regeln. Die Leiter der Mittelbehörden sind mit ihrem Einvernehmen zu bestellen.

(3) Die Landesbehörden unterstehen den Weisungen der zuständigen obersten Bundesbehörden. Die Weisungen sind, außer wenn die Bundesregierung es für dringlich erachtet, an die obersten Landesbehörden zu richten. Der Vollzug der Weisung ist durch die obersten Landesbehörden sicherzustellen.
(4) Die Bundesaufsicht erstreckt sich auf Gesetzmäßigkeit und Zweckmäßigkeit der Ausführung. Die Bundesregierung kann zu diesem Zwecke Bericht und Vorlage der Akten verlangen und Beauftragte zu allen Behörden entsenden.

Artikel 86
[Bundeseigene Verwaltung]
Führt der Bund die Gesetze durch bundeseigene Verwaltung oder durch bundesunmittelbare Körperschaften oder Anstalten des öffentlichen Rechtes aus, so erläßt die Bundesregierung, soweit nicht das Gesetz Besonderes vorschreibt, die allgemeinen Verwaltungsvorschriften. Sie regelt, soweit das Gesetz nichts anderes bestimmt, die Einrichtung der Behörden.

Artikel 87
[Gegenstände bundeseigener Verwaltung]
(1) In bundeseigener Verwaltung mit eigenem Verwaltungsunterbau werden geführt der Auswärtige Dienst, die Bundesfinanzverwaltung, die Bundeseisenbahnen, die Bundespost und nach Maßgabe des Artikels 89 die Verwaltung der Bundeswasserstraßen und der Schiffahrt. Durch Bundesgesetz können Bundesgrenzschutzbehörden, Zentralstellen für das polizeiliche Auskunfts- und Nachrichtenwesen, für die Kriminalpolizei und zur Sammlung von Unterlagen für Zwecke des Verfassungsschutzes und des Schutzes gegen Bestrebungen im Bundesgebiet, die durch Anwendung von Gewalt oder darauf gerichtete Vorbereitungshandlungen auswärtige Belange der Bundesrepublik Deutschland gefährden, eingerichtet werden.
(2) Als bundesunmittelbare Körperschaften des öffentlichen Rechtes werden diejenigen sozialen Versicherungsträger geführt, deren Zuständigkeitsbereich sich über das Gebiet eines Landes hinaus erstreckt.
(3) Außerdem können für Angelegenheiten, für die dem Bunde die Gesetzgebung zusteht, selbständige Bundesoberbehörden und neue bundesunmittelbare Körperschaften und Anstalten des öffentlichen Rechtes durch Bundesgesetz errichtet werden. Erwachsen dem Bunde auf Gebieten, für die ihm die Gesetzgebung zusteht, neue Aufgaben, so können bei dringendem Bedarf bundeseigene Mittel- und Unterbehörden mit Zustimmung des Bundesrates und der Mehrheit der Mitglieder des Bundestages errichtet werden.

Artikel 87 a
[Aufstellung und Befugnisse der Streitkräfte]

Artikel 87 b
[Bundeswehrverwaltung]

Artikel 87 c
[Auftragsverwaltung auf dem Gebiet der Kernenergie]

Artikel 87 d
[Luftverkehrsverwaltung]

Artikel 88
[Bundesbank]

Artikel 89
[Bundeswasserstraßen]

Artikel 90
[Bundesstraßen und -autobahnen]

Artikel 91
[Innerer Notstand]

VIII a. Gemeinschaftsaufgaben

Artikel 91 a
[Mitwirkung des Bundes auf Grund von Bundesgesetzen]
(1) Der Bund wirkt auf folgenden Gebieten bei der Erfüllung von Aufgaben der Länder mit, wenn diese Aufgaben für die Gesamtheit bedeutsam sind und die Mitwirkung des Bundes zur Verbesserung der Lebensverhältnisse erforderlich ist (Gemeinschaftsaufgaben):
1. Ausbau und Neubau von Hochschulen einschließlich der Hochschulkliniken,
2. Verbesserung der regionalen Wirtschaftsstruktur,
3. Verbesserung der Agrarstruktur und des Küstenschutzes.

(2) Durch Bundesgesetz mit Zustimmung des Bundesrates werden die Gemeinschaftsaufgaben näher bestimmt. Das Gesetz soll allgemeine Grundsätze für ihre Erfüllung enthalten.
(3) Das Gesetz trifft Bestimmungen über das Verfahren und über Einrichtungen für eine gemeinsame Rahmenplanung. Die Aufnahme eines Vorhabens in die Rahmenplanung bedarf der Zustimmung des Landes, in dessen Gebiet es durchgeführt wird.
(4) Der Bund trägt in den Fällen des Absatzes 1 Nr. 1 und 2 die Hälfte der Ausgaben in jedem Land. In den Fällen des Absatzes 1 Nr. 3 trägt der Bund mindestens die Hälfte; die Beteiligung ist für alle Länder einheitlich festzusetzen. Das Nähere regelt das Gesetz. Die Bereitstellung der Mittel bleibt der Feststellung in den Haushaltsplänen des Bundes und der Länder vorbehalten.
(5) Bundesregierung und Bundesrat sind auf Verlangen über die Durchführung der Gemeinschaftsaufgaben zu unterrichten.

Artikel 91 b
[Zusammenwirken von Bund und Ländern auf Grund von Vereinbarungen]
Bund und Länder können auf Grund von Vereinbarungen bei der Bildungsplanung und bei der Förderung von Einrichtungen und Vorhaben der wissenschaftlichen Forschung von überregionaler Bedeutung zusammenwirken. Die Aufteilung der Kosten wird in der Vereinbarung geregelt.

IX. Die Rechtsprechung

Artikel 92
[Gerichtsorganisation]
Die rechtsprechende Gewalt ist den Richtern anvertraut; sie wird durch das Bundesverfassungsgericht, durch die in diesem Grundgesetze vorgesehenen Bundesgerichte und durch die Gerichte der Länder ausgeübt.

Artikel 93
[Zuständigkeit des Bundesverfassungsgerichts]
(1) Das Bundesverfassungsgericht entscheidet:
1. über die Auslegung dieses Grundgesetzes aus Anlaß von Streitigkeiten über den Umfang der Rechte und Pflichten eines obersten Bundesorgans oder anderer Beteiligter, die durch dieses Grundgesetz oder in der Geschäftsordnung eines obersten Bundesorgans mit eigenen Rechten ausgestattet sind;
2. bei Meinungsverschiedenheiten oder Zweifeln über die förmliche und sachliche Vereinbarkeit von Bundesrecht oder Landesrecht mit diesem Grundgesetze oder die Vereinbarkeit von Landesrecht mit sonstigem Bundesrechte auf Antrag der Bundesregierung, einer Landesregierung oder eines Drittels der Mitglieder des Bundestages;
3. bei Meinungsverschiedenheiten über Rechte und Pflichten des Bundes und der Länder, insbesondere bei der Ausführung von Bundesrecht durch die Länder und bei der Ausübung der Bundesaufsicht;
4. in anderen öffentlich-rechtlichen Streitigkeiten zwischen dem Bunde und den Ländern, zwischen verschiedenen Ländern oder innerhalb eines Landes, soweit nicht ein anderer Rechtsweg gegeben ist;

4 a. über Verfassungsbeschwerden, die von jedermann mit der Behauptung erhoben werden können, durch die öffentliche Gewalt in einem seiner Grundrechte oder in einem seiner in Artikel 20 Abs. 4, 33, 38, 101, 103 und 104 enthaltenen Rechte verletzt zu sein;

4 b. über Verfassungsbeschwerden von Gemeinden und Gemeindeverbänden wegen Verletzung des Rechts auf Selbstverwaltung nach Artikel 28 durch ein Gesetz, bei Landesgesetzen jedoch nur, soweit nicht Beschwerde beim Landesverfassungsgericht erhoben werden kann;

5. in den übrigen in diesem Grundgesetze vorgesehenen Fällen.

(2) Das Bundesverfassungsgericht wird ferner in den ihm sonst durch Bundesgesetz zugewiesenen Fällen tätig.

Artikel 94
[Zusammensetzung des Bundesverfassungsgerichts]
(1) Das Bundesverfassungsgericht besteht aus Bundesrichtern und anderen Mitgliedern. Die Mitglieder des Bundesverfassungsgerichtes werden je zur Hälfte vom Bundestage und vom Bundesrate gewählt. Sie dürfen weder dem Bundestage, dem Bundesrate, der Bundesregierung noch entsprechenden Organen eines Landes angehören.

(2) Ein Bundesgesetz regelt seine Verfassung und das Verfahren und bestimmt, in welchen Fällen seine Entscheidungen Gesetzeskraft haben. Es kann für Verfassungsbeschwerden die vorherige Erschöpfung des Rechtsweges zur Voraussetzung machen und ein besonderes Annahmeverfahren vorsehen.

Artikel 95
[Oberste Gerichtshöfe des Bundes, Gemeinsamer Senat]
(1) Für die Gebiete der ordentlichen, der Verwaltungs-, der Finanz-, der Arbeits- und der Sozialgerichtsbarkeit errichtet der Bund als oberste Gerichtshöfe den Bundesgerichtshof, das Bundesverwaltungsgericht, den Bundesfinanzhof, das Bundesarbeitsgericht und das Bundessozialgericht.
(2) Über die Berufung der Richter dieser Gerichte entscheidet der für das jeweilige Sachgebiet zuständige Bundesminister gemeinsam mit einem Richterwahlausschuß, der aus den für das jeweilige Sachgebiet zuständigen Ministern der Länder und einer gleichen Anzahl von Mitgliedern besteht, die vom Bundestage gewählt werden.
(3) Zur Wahrung der Einheitlichkeit der Rechtsprechung ist ein Gemeinsamer Senat der in Absatz 1 genannten Gerichte zu bilden. Das Nähere regelt ein Bundesgesetz.

Artikel 96
[Andere Bundesgerichte, Ausübung von Bundesgerichtsbarkeit durch Gerichte der Länder]
(1) Der Bund kann für Angelegenheiten des gewerblichen Rechtsschutzes ein Bundesgericht errichten.
(2) Der Bund kann Wehrstrafgerichte für die Streitkräfte als Bundesgerichte errichten. Sie können die Strafgerichtsbarkeit nur im Verteidigungsfalle sowie über Angehörige der Streitkräfte ausüben, die in das Ausland entsandt oder an Bord von Kriegsschiffen eingeschifft sind. Das Nähere regelt ein Bundesgesetz. Diese Gerichte gehören zum Geschäftsbereich des Bundesjustizministers. Ihre hauptamtlichen Richter müssen die Befähigung zum Richteramt haben.
(3) Oberster Gerichtshof für die in Absatz 1 und 2 genannten Gerichte ist der Bundesgerichtshof.
(4) Der Bund kann für Personen, die zu ihm in einem öffentlich-rechtlichen Dienstverhältnis stehen, Bundesgerichte zur Entscheidung in Disziplinarverfahren und Beschwerdeverfahren errichten.
(5) Für Strafverfahren auf den Gebieten des Artikels 26 Abs. 1 und des Staatsschutzes kann ein Bundesgesetz mit Zustimmung des Bundesrates vorsehen, daß Gerichte der Länder Gerichtsbarkeit des Bundes ausüben.

Artikel 97
[Richterliche Unabhängigkeit]
(1) Die Richter sind unabhängig und nur dem Gesetze unterworfen.
(2) Die hauptamtlich und planmäßig endgültig angestellten Richter können wider ihren Willen nur kraft richterlicher Entscheidung und nur aus Gründen und unter den Formen, welche die Gesetze bestimmen, vor Ablauf ihrer Amts-

zeit entlassen oder dauernd oder zeitweise ihres Amtes enthoben oder an eine andere Stelle oder in den Ruhestand versetzt werden. Die Gesetzgebung kann Altersgrenzen festsetzen, bei deren Erreichung auf Lebenszeit angestellte Richter in den Ruhestand treten. Bei Veränderung der Einrichtung der Gerichte oder ihrer Bezirke können Richter an ein anderes Gericht versetzt oder aus dem Amte entfernt werden, jedoch nur unter Belassung des vollen Gehaltes.

Artikel 98
[Rechtsstellung der Richter in Bund und Ländern]
(1) Die Rechtsstellung der Bundesrichter ist durch besonderes Bundesgesetz zu regeln.
(2) Wenn ein Bundesrichter im Amte oder außerhalb des Amtes gegen die Grundsätze des Grundgesetzes oder gegen die verfassungsmäßige Ordnung eines Landes verstößt, so kann das Bundesverfassungsgericht mit Zweidrittelmehrheit auf Antrag des Bundestages anordnen, daß der Richter in ein anderes Amt oder in den Ruhestand zu versetzen ist. Im Falle eines vorsätzlichen Verstosses kann auf Entlassung erkannt werden.
(3) Die Rechtsstellung der Richter in den Ländern ist durch besondere Landesgesetze zu regeln. Der Bund kann Rahmenvorschriften erlassen, soweit Artikel 74 a Abs. 4 nichts anderes bestimmt.
(4) Die Länder können bestimmen, daß über die Anstellung der Richter in den Ländern der Landesjustizminister gemeinsam mit einem Richterwahlausschuß entscheidet.
(5) Die Länder können für Landesrichter eine Absatz 2 entsprechende Regelung treffen. Geltendes Landesverfassungsrecht bleibt unberührt. Die Entscheidung über eine Richteranklage steht dem Bundesverfassungsgericht zu.

Artikel 99
[Entscheidung landesrechtlicher Streitigkeiten durch das Bundesverfassungsgericht und die obersten Gerichtshöfe des Bundes]
Dem Bundesverfassungsgerichte kann durch Landesgesetz die Entscheidung von Verfassungsstreitigkeiten innerhalb eines Landes, den in Artikel 95 Abs. 1 genannten obersten Gerichtshöfen für den letzten Rechtszug die Entscheidung in solchen Sachen zugewiesen werden, bei denen es sich um die Anwendung von Landesrecht handelt.

Artikel 100
[Konkrete Normenkontrolle]
(1) Hält ein Gericht ein Gesetz, auf dessen Gültigkeit es bei der Entscheidung ankommt, für verfassungswidrig, so ist das Verfahren auszusetzen und, wenn es sich um die Verletzung der Verfassung eines Landes handelt, die Entscheidung des für Verfassungsstreitigkeiten zuständigen Gerichtes des Landes, wenn es sich um die Verletzung dieses Grundgesetzes handelt, die Entscheidung des Bundesverfassungsgerichtes einzuholen. Dies gilt auch, wenn es sich um die Verletzung dieses Grundgesetzes durch Landesrecht oder um die Unvereinbarkeit eines Landesgesetzes mit einem Bundesgesetze handelt.

(2) Ist in einem Rechtsstreite zweifelhaft, ob eine Regel des Völkerrechtes Bestandteil des Bundesrechtes ist und ob sie unmittelbar Rechte und Pflichten für den Einzelnen erzeugt (Artikel 25), so hat das Gericht die Entscheidung des Bundesverfassungsgerichtes einzuholen.
(3) Will das Verfassungsgericht eines Landes bei der Auslegung des Grundgesetzes von einer Entscheidung des Bundesverfassungsgerichtes oder des Verfassungsgerichtes eines anderen Landes abweichen, so hat das Verfassungsgericht die Entscheidung des Bundesverfassungsgerichtes einzuholen.

Artikel 101
[Verbot von Ausnahmegerichten]

Artikel 102
[Abschaffung der Todesstrafe]

Artikel 103
[Rechtliches Gehör, Verbot rückwirkender Strafgesetze und der Doppelbestrafung]
(1) Vor Gericht hat jedermann Anspruch auf rechtliches Gehör.
(2) Eine Tat kann nur bestraft werden, wenn die Strafbarkeit gesetzlich bestimmt war, bevor die Tat begangen wurde.
(3) Niemand darf wegen derselben Tat auf Grund der allgemeinen Strafgesetze mehrmals bestraft werden.

Artikel 104
[Rechtsgarantien bei Freiheitsentziehung]
(1) Die Freiheit der Person kann nur auf Grund eines förmlichen Gesetzes und nur unter Beachtung der darin vorgeschriebenen Formen beschränkt werden. Festgehaltene Personen dürfen weder seelisch noch körperlich mißhandelt werden.
(2) Über die Zulässigkeit und Fortdauer einer Freiheitsentziehung hat nur der Richter zu entscheiden. Bei jeder nicht auf richterlicher Anordnung beruhenden Freiheitsentziehung ist unverzüglich eine richterliche Entscheidung herbeizuführen. Die Polizei darf aus eigener Machtvollkommenheit niemanden länger als bis zum Ende des Tages nach dem Ergreifen in eigenem Gewahrsam halten. Das Nähere ist gesetzlich zu regeln.
(3) Jeder wegen des Verdachtes einer strafbaren Handlung vorläufig Festgenommene ist spätestens am Tage nach der Festnahme dem Richter vorzuführen, der ihm die Gründe der Festnahme mitzuteilen, ihn zu vernehmen und ihm Gelegenheit zu Einwendungen zu geben hat. Der Richter hat unverzüglich entweder einen mit Gründen versehenen schriftlichen Haftbefehl zu erlassen oder die Freilassung anzuordnen.
(4) Von jeder richterlichen Entscheidung über die Anordnung oder Fortdauer einer Freiheitsentziehung ist unverzüglich ein Angehöriger des Festgehaltenen oder eine Person seines Vertrauens zu benachrichtigen.

X. Das Finanzwesen

Artikel 104a
[Verteilung der Ausgaben auf Bund und Länder]
(1) Der Bund und die Länder tragen gesondert die Ausgaben, die sich aus der Wahrnehmung ihrer Aufgaben ergeben, soweit dieses Grundgesetz nichts anderes bestimmt.
(2) Handeln die Länder im Auftrage des Bundes, trägt der Bund die sich daraus ergebenden Ausgaben.
(3) Bundesgesetze, die Geldleistungen gewähren und von den Ländern ausgeführt werden, können bestimmen, daß die Geldleistungen ganz oder zum Teil vom Bund getragen werden. Bestimmt das Gesetz, daß der Bund die Hälfte der Ausgaben oder mehr trägt, wird es im Auftrage des Bundes durchgeführt. Bestimmt das Gesetz, das die Länder ein Viertel der Ausgaben oder mehr tragen, so bedarf es der Zustimmung des Bundesrates.
(4) Der Bund kann den Ländern Finanzhilfen für besonders bedeutsame Investitionen der Länder und Gemeinden (Gemeindeverbände) gewähren, die zur Abwehr einer Störung des gesamtwirtschaftlichen Gleichgewichts oder zum Ausgleich unterschiedlicher Wirtschaftskraft im Bundesgebiet oder zur Förderung des wirtschaftlichen Wachstums erforderlich sind. Das Nähere, insbesondere die Arten der zu fördernden Investitionen, wird durch Bundesgesetz, das der Zustimmung des Bundesrates bedarf, oder auf Grund des Bundeshaushaltsgesetzes durch Verwaltungsvereinbarung geregelt.
(5) Der Bund und die Länder tragen die bei ihren Behörden entstehenden Verwaltungsaufgaben und haften im Verhältnis zueinander für eine ordnungsmäßige Verwaltung. Das Nähere bestimmt ein Bundesgesetz, das der Zustimmung des Bundesrates bedarf.

Artikel 105
[Gesetzgebungskompetenz]
(1) Der Bund hat die ausschließliche Gesetzgebung über die Zölle und Finanzmonopole.
(2) Der Bund hat die konkurrierende Gesetzgebung über die übrigen Steuern, wenn ihm das Aufkommen dieser Steuern ganz oder zum Teil zusteht oder die Voraussetzungen des Artikel 72 Abs. 2 vorliegen.
(2a) Die Länder haben die Befugnis zur Gesetzgebung über die örtlichen Verbrauch- und Aufwandsteuern, solange und soweit die nicht bundesgesetzlich geregelten Steuern gleichartig sind.
(3) Bundesgesetze über Steuern, deren Aufkommen den Ländern oder den Gemeinden (Gemeindeverbänden) ganz oder zum Teil zufließt, bedürfen der Zustimmung des Bundesrates.

Artikel 106
[Verteilung des Steueraufkommens]
(1) Der Ertrag der Finanzmonopole und das Aufkommen der folgenden Steuern stehen dem Bund zu:

1. die Zölle,
2. die Verbrauchsteuern, soweit sie nicht nach Absatz 2 den Ländern, nach Absatz 3 Bund und Ländern gemeinsam oder nach Absatz 6 den Gemeinden zustehen,
3. die Straßengüterverkehrsteuer,
4. die Kapitalverkehrsteuern, die Versicherungsteuer und die Wechselsteuer,
5. die einmaligen Vermögensabgaben und die zur Durchführung des Lastenausgleichs erhobenen Ausgleichsabgaben,
6. die Ergänzungsabgabe zur Einkommensteuer und zur Körperschaftsteuer,
7. Abgaben im Rahmen der Europäischen Gemeinschaften.

(2) Das Aufkommen der folgenden Steuern steht den Ländern zu:

1. die Vermögensteuer,
2. die Erbschaftsteuer,
3. die Kraftfahrzeugsteuer,
4. die Verkehrsteuern, soweit sie nicht nach Absatz 1 dem Bund oder nach Absatz 3 Bund und Ländern gemeinsam zustehen,
5. die Biersteuer,
6. die Abgabe von Spielbanken.

(3) Das Aufkommen der Einkommensteuer, der Körperschaftsteuer und der Umsatzsteuer steht dem Bund und den Ländern gemeinsam zu (Gemeinschaftsteuern), soweit das Aufkommen der Einkommensteuer nicht nach Absatz 5 den Gemeinden zugewiesen wird. Am Aufkommen der Einkommensteuer und der Körperschaftsteuer sind der Bund und die Länder je zur Hälfte beteiligt. Die Anteile von Bund und Ländern an der Umsatzsteuer werden durch Bundesgesetz, das der Zustimmung des Bundesrates bedarf, festgesetzt. Bei der Festsetzung ist von folgenden Grundsätzen auszugehen:

1. Im Rahmen der laufenden Einnahmen haben der Bund und die Länder gleichmäßig Anspruch auf Deckung ihrer notwendigen Ausgaben. Dabei ist der Umfang der Ausgaben unter Berücksichtigung einer mehrjährigen Finanzplanung zu ermitteln.
2. Die Deckungsbedürfnisse des Bundes und der Länder sind so aufeinander abzustimmen, daß ein billiger Ausgleich erzielt, eine Überbelastung der Steuerpflichtigen vermieden und die Einheitlichkeit der Lebensverhältnisse im Bundesgebiet gewahrt wird.

(4) Die Anteile von Bund und Ländern an der Umsatzsteuer sind neu festzusetzen, wenn sich das Verhältnis zwischen den Einnahmen und Ausgaben des Bundes und der Länder wesentlich anders entwickelt. Werden den Ländern durch Bundesgesetz zusätzliche Ausgaben auferlegt oder Einnahmen entzogen, so kann die Mehrbelastung durch Bundesgesetz, das der Zustimmung des Bundesrates bedarf, auch mit Finanzzuweisungen des Bundes ausgeglichen werden, wenn sie auf einen kurzen Zeitraum begrenzt ist. In dem Gesetz sind die Grundsätze für die Bemessung dieser Finanzzuweisungen und für ihre Verteilung auf die Länder zu bestimmen.

(5) Die Gemeinden erhalten einen Anteil an dem Aufkommen der Einkommensteuer, der von den Ländern an ihre Gemeinden auf der Grundlage der Einkom-

mensteuerleistungen ihrer Einwohner weiterzuleiten ist. Das Nähere bestimmt ein Bundesgesetz, das der Zustimmung des Bundesrates bedarf. Es kann bestimmen, daß die Gemeinden Hebesätze für den Gemeindeanteil festsetzen.

(6) Das Aufkommen der Realsteuern steht den Gemeinden, das Aufkommen der örtlichen Verbrauch- und Aufwandsteuern steht den Gemeinden oder nach Maßgabe der Landesgesetzgebung den Gemeindeverbänden zu. Den Gemeinden ist das Recht einzuräumen, die Hebesätze der Realsteuern im Rahmen der Gesetze festzusetzen. Bestehen in einem Land keine Gemeinden, so steht das Aufkommen der Realsteuern und der örtlichen Verbrauch- und Aufwandsteuern dem Land zu. Bund und Länder können durch eine Umlage an dem Aufkommen der Gewerbesteuer beteiligt werden. Das Nähere über die Umlage bestimmt ein Bundesgesetz, das der Zustimmung des Bundesrates bedarf. Nach Maßgabe der Landesgesetzgebung können die Realsteuern und der Gemeindeanteil vom Aufkommen der Einkommensteuer als Bemessungsgrundlagen für Umlagen zugrunde gelegt werden.

(7) Von dem Länderanteil am Gesamtaufkommen der Gemeinschaftsteuern fließt den Gemeinden und Gemeindeverbänden insgesamt ein von der Landesgesetzgebung zu bestimmender Hundertsatz zu. Im übrigen bestimmt die Landesgesetzgebung, ob und inwieweit das Aufkommen der Landessteuern den Gemeinden (Gemeindeverbänden) zufließt.

(Abs. 8 u. 9 nicht abgedruckt)

Artikel 107
[Finanzausgleich]

(1) Das Aufkommen der Landessteuern und der Länderanteil am Aufkommen der Einkommensteuer und der Körperschaftsteuer stehen den einzelnen Ländern insoweit zu, als die Steuern von den Finanzbehörden in ihrem Gebiet vereinnahmt werden (örtliches Aufkommen). Durch Bundesgesetz, das der Zustimmung des Bundesrates bedarf, sind für die Körperschaftsteuer und die Lohnsteuer nähere Bestimmungen über die Abgrenzung sowie über Art und Umfang der Zerlegung des örtlichen Aufkommens zu treffen. Das Gesetz kann auch Bestimmungen über die Abgrenzung und Zerlegung des örtlichen Aufkommens anderer Steuern treffen. Der Länderanteil am Aufkommen der Umsatzsteuer steht den einzelnen Ländern nach Maßgabe ihrer Einwohnerzahl zu; für einen Teil, höchstens jedoch für ein Viertel dieses Länderanteils, können durch Bundesgesetz, das der Zustimmung des Bundesrates bedarf, Ergänzungsanteile für die Länder vorgesehen werden, deren Einnahmen aus den Landessteuern und aus der Einkommensteuer und der Körperschaftsteuer je Einwohner unter dem Durchschnitt der Länder liegen.

(2) Durch das Gesetz ist sicherzustellen, daß die unterschiedliche Finanzkraft der Länder angemessen ausgeglichen wird; hierbei sind die Finanzkraft und der Finanzbedarf der Gemeinden (Gemeindeverbände) zu berücksichtigen. Die Voraussetzungen für die Ausgleichsansprüche der ausgleichsberechtigten Länder und für die Ausgleichsverbindlichkeiten der ausgleichspflichtigen Länder sowie die Maßstäbe für die Höhe der Ausgleichsleistungen sind in dem Gesetz zu

bestimmen. Es kann auch bestimmen, daß der Bund aus seinen Mitteln leistungsschwachen Ländern Zuweisungen zur ergänzenden Deckung ihres allgemeinen Finanzbedarfs (Ergänzungszuweisungen) gewährt.

Artikel 108
[Finanzverwaltung]

Artikel 109
[Haushaltswirtschaft in Bund und Ländern]
(1) Bund und Länder sind in ihrer Haushaltswirtschaft selbständig und voneinander unabhängig. (Absatz 2–4 nicht abgedruckt)

Artikel 110
[Haushaltsplan und Haushaltsgesetz des Bundes]

Artikel 111
[Vorläufige Haushaltswirtschaft]

Artikel 112
[Über- und außerplanmäßige Ausgaben]

Artikel 113
[Zustimmung der Bundesregierung bei Ausgabenerhöhungen oder Einnahmeminderungen]

Artikel 114
[Rechnungslegung, Rechnungsprüfung]
(1) Der Bundesminister der Finanzen hat dem Bundestage und dem Bundesrate über alle Einnahmen und Ausgaben sowie über das Vermögen und die Schulden im Laufe des nächsten Rechnungsjahres zur Entlastung der Bundesregierung Rechnung zu legen.
(2) Der Bundesrechnungshof, dessen Mitglieder richterliche Unabhängigkeit besitzen, prüft die Rechnung sowie die Wirtschaftlichkeit und Ordnungsmäßigkeit der Haushalts- und Wirtschaftsführung. Er hat außer der Bundesregierung unmittelbar dem Bundestage und dem Bundesrate jährlich zu berichten. Im übrigen werden die Befugnisse des Bundesrechnungshofes durch Bundesgesetz geregelt.

Artikel 115
[Kreditbeschaffung]

Xa. Verteidigungsfall

Artikel 115a
[Begriff und Feststellung]

Artikel 115b
[Übergang der Befehls- und Kommandogewalt auf den Bundeskanzler]

Artikel 115c
[Erweiterte Gesetzgebungskompetenz des Bundes]

Artikel 115d
[Gesetzgebungsverfahren bei dringlichen Vorlagen]

Artikel 115e
[Befugnisse des Gemeinsamen Ausschusses]

Artikel 115f
[Befugnisse der Bundesregierung]

Artikel 115g
[Stellung des Bundesverfassungsgerichts]

Artikel 115h
[Funktionsfähigkeit von Verfassungsorganen]

Artikel 115i
[Befugnisse der Landesregierungen]

Artikel 115k
[Geltungsdauer von außerordentlichen Rechtsvorschriften]

Artikel 115l
[Aufhebung von außerordentlichen Gesetzen und Maßnahmen, Beendigung des Verteidigungsfalles, Friedensschluß]

XI. Übergangs- und Schlußbestimmungen

Artikel 116
[Begriff »Deutscher«, Wiedereinbürgerung]
(1) Deutscher im Sinne dieses Grundgesetzes ist vorbehaltlich anderweitiger gesetzlicher Regelung, wer die deutsche Staatsangehörigkeit besitzt oder als Flüchtling oder Vertriebener deutscher Volkszugehörigkeit oder als dessen Ehegatte oder Abkömmling in dem Gebiete des Deutschen Reiches nach dem Stande vom 31. Dezember 1937 Aufnahme gefunden hat.
(2) Frühere deutsche Staatsangehörige, denen zwischen dem 30. Januar 1933 und dem 8. Mai 1945 die Staatsangehörigkeit aus politischen, rassischen oder religiösen Gründen entzogen worden ist, und ihre Abkömmlinge sind auf Antrag wieder einzubürgern. Sie gelten als nicht ausgebürgert, sofern sie nach dem 8. Mai 1945 ihren Wohnsitz in Deutschland genommen haben und nicht einen entgegengesetzten Willen zum Ausdruck gebracht haben.

Artikel 117
[Übergangsregelung für Art. 3 Abs. 2 und Art. 11]

Artikel 118
[Neugliederung der Länder im Südwesten]

Artikel 119
[Gesetzvertretende Verordnungen in Angelegenheiten der Flüchtlinge und Vertriebenen]
In Angelegenheiten der Flüchtlinge und Vertriebenen, insbesondere zu ihrer Verteilung auf die Länder, kann bis zu einer bundesgesetzlichen Regelung die Bundesregierung mit Zustimmung des Bundesrates Verordnungen mit Gesetzeskraft erlassen. Für besondere Fälle kann dabei die Bundesregierung ermächtigt werden, Einzelweisungen zu erteilen. Die Weisungen sind außer bei Gefahr im Verzuge an die obersten Landesbehörden zu richten.

Artikel 120
[Besatzungskosten und Kriegsfolgelasten]

Artikel 120a
[Durchführung des Lastenausgleichs]

Artikel 121
[Begriff »Mehrheit der Mitglieder«]
Mehrheit der Mitglieder des Bundestages und der Bundesversammlung im Sinne dieses Grundgesetzes ist die Mehrheit ihrer gesetzlichen Mitgliederzahl.

Artikel 122
[Überleitung bisheriger Gesetzgebungskompetenzen]

Artikel 123
[Fortgeltung früheren Rechts und früherer Staatsverträge]
(1) Recht aus der Zeit vor dem Zusammentritt des Bundestages gilt fort, soweit es dem Grundgesetze nicht widerspricht.
(2) Die vom Deutschen Reich abgeschlossenen Staatsverträge, die sich auf Gegenstände beziehen, für die nach diesem Grundgesetze die Landesgesetzgebung zuständig ist, bleiben, wenn sie nach allgemeinen Rechtsgrundsätzen gültig sind und fortgelten, unter Vorbehalt aller Rechte und Einwendungen der Beteiligten in Kraft, bis neue Staatsverträge durch die nach diesem Grundgesetze zuständigen Stellen abgeschlossen werden oder ihre Beendigung auf Grund der in ihnen enthaltenen Bestimmungen anderweitig erfolgt.

Artikel 124
[Fortgeltung als Bundesrecht auf dem Gebiet der ausschließlichen Gesetzgebung]

Artikel 125
[Fortgeltung als Bundesrecht auf dem Gebiet der konkurrierenden Gesetzgebung]

Artikel 126
[Meinungsverschiedenheiten über das Fortgelten von Recht als Bundesrecht]

Artikel 127
[Recht des Vereinigten Wirtschaftsgebietes]

Artikel 128
[Fortgeltung von Weisungsrechten]

Artikel 129
[Fortgeltung von Ermächtigungen]

Artikel 130
[Unterstellung bestehender Einrichtungen]

Artikel 131
[Rechtsverhältnisse ehemaliger Angehöriger des öffentlichen Dienstes]

Artikel 132
[Vorübergehende Aufhebung von Rechten von Angehörigen des öffentlichen Dienstes]

Artikel 133
[Rechtsnachfolge der Verwaltung des Vereinigten Wirtschaftsgebietes]

Artikel 134
[Rechtsnachfolge in das Reichsvermögen]

Artikel 135
[Rechtsnachfolge in das Vermögen früherer Länder und Körperschaften]

Artikel 135a
[Alte Verbindlichkeiten]

Artikel 136
[Erster Zusammentritt des Bundesrates]

Artikel 137
[Wählbarkeit von Angehörigen des öffentlichen Dienstes]

Artikel 138
[Süddeutsches Notariat]

Artikel 139
[Weitergeltung der Entnazifizierungsvorschriften]

Artikel 140
[Recht der Religionsgesellschaften]

Artikel 141
[Bremer Klausel]

Artikel 142
[Grundrechte in Landesverfassungen]
Ungeachtet der Vorschrift des Artikels 31 bleiben Bestimmungen der Landesverfassungen auch insoweit in Kraft, als sie in Übereinstimmung mit den Artikeln 1 bis 18 dieses Grundgesetzes Grundrechte gewährleisten.

Artikel 142a
[aufgehoben]

Artikel 143
[aufgehoben]

Artikel 144
[Annahme des Grundgesetzes]

Artikel 145
[Verkündung des Grundgesetzes]

Artikel 146
[Geltungsdauer des Grundgesetzes]
Dieses Grundgesetz verliert seine Gültigkeit an dem Tage, an dem eine Verfassung in Kraft tritt, die von dem deutschen Volke in freier Entscheidung beschlossen worden ist.

Bonn a. Rhein, am 23. Mai 1949

Dr. Adenauer
Präsident des Parlamentarischen Rates

Schönfelder
1. Vizepräsident

Dr. Schäfer
2. Vizepräsident

III. Das Verfassungsrecht

Das Verfassungsrecht ist Kernstück des Staatsrechts und die höchstrangige Rechtsquelle im bundesdeutschen Rechtssystem.

Da unser Staatswesen als Bundesstaat (Art. 20 Abs. 1 GG) organisiert ist, gibt es neben der Verfassung für die Bundesrepublik Deutschland, dem Grundgesetz, noch die Verfassungen der Länder. Insgesamt haben wir also 12 Verfassungsurkunden, in denen das Verfassungsrecht niedergelegt ist.

1. Verfassungsrecht als politisches Recht

Wie jede Verfassung, so ist auch das Grundgesetz politisches Recht. Es enthält das politische Glaubensbekenntnis unseres Gemeinwesens, die grundlegenden politischen Wertentscheidungen, auf denen unser Staat beruht.

Diese Grundwerte manifestieren sich vor allem in der Präambel sowie in den Artikeln 1 und 20 GG, deren Grundsätze in der Wertordnung der Verfassung an der Spitze stehen und – eine verfassungspolitisch bedeutsame Entscheidung – als im Kern unabänderlich festgeschrieben worden sind (Art. 79 Abs. 3 GG).

Politisches Recht ist das Verfassungsrecht des weiteren auch insofern, als es das Recht der politischen Machtverteilung und Machtbeschränkung darstellt, als es ein Ordnungskonzept liefert, das der Politik rechtsverbindliche Maßstäbe und Rahmenbedingungen setzt.

Der politische Charakter des Verfassungsrechts schlägt auch bei seiner Auslegung durch. Verfassungsinterpretation, die diesen Namen verdient, muß die Verfassungsnormen als historisch-politische Wertentscheidungen erkennen und darf weder die politischen Realitäten, die auf das Recht einwirken, noch die politischen Konsequenzen, die vom Recht und dessen Interpretation ausgehen, außer Betracht lassen.

2. Funktion und Ziele

Dem Grundgesetz als moderner Verfassung sind folgende Funktionen und Ziele zuzuschreiben:

- Es will dem staatlichen Leben eine »neue Ordnung« geben (Präambel, Satz 1), die in Abkehr vom nationalsozialistischen Unrechtsstaat eine »freiheitliche demokratische Grundordnung« (vgl. Art. 18 und 21 Abs. 2 GG) sein soll.

- Das Grundgesetz will der grundlegende Konstruktions-, Organisations- und Funktionsplan des Staatswesens sein.

- Es will der Garant für den Schutz der Menschenwürde und Menschenrechte sein, deren Anerkennung die »Grundlage« der »menschlichen Gemeinschaft« sein soll (Art. 1 Abs. 2 GG).

- Das Grundgesetz will die Staatsmacht so ausgestalten und begrenzen, daß die Freiheitsrechte der Bürger optimal gesichert werden.

- Es will Wegweiser sein für die Leitideen der Staatlichkeit (Demokratie, Rechtsstaat, Sozialstaat, Art. 20 Abs. 1 GG).

- Es will eine freie politische Auseinandersetzung ermöglichen, dabei aber gleichzeitig sicherstellen, daß die rechtsverbindlichen Grundwerte der Verfassung unangetastet bleiben (Art. 79 Abs. 3 GG).

Das Grundgesetz stellt Instrumente zur Sicherung der von ihm festgeschriebenen freiheitlichen demokratischen Grundordnung bereit (vgl. exemplarisch Art. 18, 21 Abs. 2 GG).

3. Verfassunggebung und Verfassungsänderung

Träger der verfassunggebenden Gewalt war bei der Schaffung des Grundgesetzes das »deutsche Volk« (Präambel, Satz 1). Daß das Volk Träger dieser Gewalt sei, leitet sich aus der Idee der Volkssouveränität (vgl. Art. 20 Abs. 2 GG) ab. Organ der verfassunggebenden Gewalt des Volkes war bei uns seinerzeit der Parlamentarische Rat.

Die Befugnis zur Verfassungsänderung liegt bei der gesetzgebenden Gewalt (Art. 79 Abs. 1 u. Abs. 2 GG). Verfassungsänderungen sind, um die stabilisierende Kraft und Dauerhaftigkeit der Verfassung zu sichern, verfahrensrechtlich erschwert; im Bereich der Grundsätze der Art. 1 und 20 GG sind sie völlig ausgeschlossen. Nach BVerfGE 30, 1 ff verbietet Art. 79 Abs. 3 GG nur die prinzipielle Preisgabe der dort genannten Grundsätze, läßt dagegen, sofern die Grundsätze im allgemeinen gewahrt werden, zu, daß diese für eine Sonderlage entsprechend deren Eigenart aus evident sachgerechten Gründen modifiziert werden.

B. DER AUFBAU DES STAATSWESENS

I. Der Föderalismus

In der Bezeichnung »Bundesrepublik Deutschland« kommt bereits das verfassungsrechtliche Gestaltungsprinzip des Föderalismus zum Ausdruck, der dadurch gekennzeichnet ist, daß sich Einzelstaaten unter Wahrung ihrer Eigenstaatlichkeit zu einem Bund zusammenschließen. Indem das Grundgesetz die Bundesrepublik Deutschland in Art. 20 Abs. 1 als »Bundesstaat« bezeichnet, hat es sich für eine Staatsform entschieden, die nicht nur den Ländern als Gliedstaaten, sondern auch dem Gesamtstaat »Bund« Eigenstaatlichkeit gewährt. Dies hat zur Folge, daß Bund und Länder bei Erfüllung ihrer staatlichen Aufgaben zusammenwirken und aufeinander Rücksicht nehmen müssen, sich auf der anderen Seite aber auch wechselseitig kontrollieren und begrenzen.

II. Das Verhältnis zwischen Bund und Ländern

Ein Bundesstaat ist wesentlich dadurch gekennzeichnet, daß die staatlichen Aufgaben sowohl vom Gesamtstaat als auch von den Gliedstaaten wahrgenommen werden. Die Eigenstaatlichkeit von Bund und Ländern darf jedoch nicht zu willkürlicher Konkurrenz bei der Aufgabenerfüllung führen. Um die Funktionsfähigkeit des föderalistischen Prinzips aufrechtzuerhalten, bedarf es einer klaren Festlegung und Abgrenzung der Zuständigkeiten und Aufgaben von Bund und Ländern. Zahlreiche Bestimmungen, die das Verhältnis zwischen Bund und Ländern regeln, ziehen sich deshalb wie ein roter Faden durch das Grundgesetz.

1. Homogenitätsprinzip

An erster Stelle ist Art. 28 Abs. 1 Satz 1 GG zu nennen, der für den Föderalismus in der BRD den Grundsatz der verfassungsmäßigen Homogenität festschreibt. Das Homogenitätsprinzip beinhaltet, daß die Landesverfassungen mit den Grundsätzen des republikanischen, demokratischen und sozialen Rechtsstaates im Sinne des Grundgesetzes übereinstimmen müssen.

2. Grundsatz der Landeszuständigkeit

Art. 30 GG weist die Ausübung der staatlichen Befugnisse und die Erfüllung der staatlichen Aufgaben grundsätzlich in die Zuständigkeit der Länder. Diese Allzuständigkeit der Länder ist zugunsten des Bundes nur eingeschränkt, wenn ihm das Grundgesetz bestimmte Aufgaben oder Zuständigkeiten ausdrücklich vorbehält. Die Bundesorgane sollen demnach nur in verfassungsrechtlich bestimmten staatlichen Aufgabenbereichen tätig werden dürfen. Allerdings finden sich im Grundgesetz nicht wenige Regelungen, die dem Bund die Ausübung staatlicher Befugnisse und die Erfüllung staatlicher Aufgaben zuweisen.
Gleichsam »dazwischen« liegen die sog. Gemeinschaftsaufgaben von Bund und Ländern nach Art. 91 a GG, der erst 1969 ins Grundgesetz eingefügt wurde. Danach wirkt der Bund bei der Erfüllung bestimmter Aufgaben der Länder mit, wenn sie für die Gesamtheit bedeutsam sind und die Mitwirkung des Bundes zur Verbesserung der Lebensverhältnisse erforderlich ist. Die Gemeinschaftsaufgaben beschränken sich auf den Aus- und Neubau von Hochschulen, auf die Verbesserung der Wirtschafts- und Agrarstruktur und auf den Küstenschutz. Der wohl wichtigste Aspekt der Mitwirkung ist die finanzielle Beteiligung des Bundes an Maßnahmen auf diesen Gebieten.

Diese nunmehr institutionalisierte Aufgabenverflechtung zwischen Bund und Ländern wurde notwendig, um die bis dahin ohnehin schon gängige Praxis des Bundes, einige Länder finanziell zu unterstützen, um in allen Ländern etwa gleiche Bedingungen zu schaffen, einheitlich festzulegen.

3. »Bundesrecht bricht Landesrecht«

Dieser Grundsatz räumt dem Bundesrecht Vorrang vor dem Landesrecht ein. Hat der Bund eine Angelegenheit aufgrund ihm eingeräumter Zuständigkeit durch Gesetz oder Rechtsverordnung geregelt, dann sind entgegenstehende landesrechtliche Vorschriften nichtig.

4. Vorrang der Gesetzgebungskompetenzen des Bundes

Für den Bereich der Gesetzgebung knüpft Art. 70 Abs. 1 GG vom Grundsatz an Art. 30 GG an, indem er den Ländern das Recht zur Gesetzgebung zuweist, soweit das Grundgesetz nicht dem Bund die Gesetzgebungskompetenz einräumt. Letzteres ist jedoch in umfangreichem Maße geschehen: Art. 73 GG verleiht dem Bund in zahlreichen Bereichen die ausschließliche Gesetzgebungsbefugnis. Im Bereich der konkurrierenden Gesetzgebung, Art. 74 GG, hat der Bund von seiner Möglichkeit zur Gesetzgebung umfangreich Gebrauch gemacht, so daß für eine Gesetzgebung durch die Länder nur wenige Gebiete verbleiben. Art. 75 GG räumt dem Bund darüber hinaus das Recht ein, auf bestimmten Gebieten, z. B. dem Hochschulwesen, Rahmenvorschriften zu erlassen, die von den Ländern (nur noch) ausgefüllt werden können.

5. Vorrang der Landesverwaltung

Auch für den Bereich der Verwaltung wird der Grundgedanke des Art. 30 GG fortgeführt, indem Art. 83 GG bestimmt, daß die Länder die Bundesgesetze als eigene Angelegenheit ausführen. Dies reicht von der Sozialhilfe über den Umweltschutz bis hin zur Stadtsanierung. Der Bund übt insoweit nur die Aufsicht darüber aus, ob die Länder die Bundesgesetze rechtmäßig ausführen, und kann im Einzelfall Weisungen erteilen (Rechts- und Fachaufsicht des Bundes). Einige Angelegenheiten nehmen die Länder im Auftrage des Bundes wahr (sog. Bundesauftragsangelegenheiten). Hierhin gehören die Verwaltung der Bundesstraßen und Bundeswasserstraßen sowie die Genehmigung von Kernkraftwerken. Die Verwaltung ist somit das Hauptbetätigungsfeld der Länder, zumal der Bund nur in wenigen Ausnahmefällen eine eigene Verwaltung aufgebaut hat. Diese beschränkt sich auf die in Art. 87–91 GG genannten Bereiche sowie auf die Sonderverwaltung durch Bundesoberbehörden (z. B. Bundeskartellamt) und bundesunmittelbare Körperschaften und Anstalten (z. B. Bundesversicherungsanstalt für Angestellte).

6. Gerichtsbarkeit

Auch im Bereich der Gerichtsbarkeit wird dem föderalistischen Prinzip Rechnung getragen.
Zum einen ist das Bundesverfassungsgericht als Hüter der Verfassung zu nennen. Eine seiner wichtigsten Aufgaben besteht darin, über Meinungsverschiedenheiten und Streitigkeiten zwischen Bund und Ländern zu entscheiden, die trotz aller verfassungsrechtlichen Regelungen nicht zu vermeiden sind.

Zum anderen wird das föderalistische Prinzip in Form der Aufgabenverteilung zwischen Bund und Ländern beim Gerichtsaufbau erlebbar. Während die unteren Instanzen wie Amtsgericht, Landgericht, Oberlandesgericht oder Verwaltungsgericht, Oberverwaltungsgericht Ländergerichte sind, ist die oberste Instanz immer ein Bundesgericht, also Bundesgerichtshof, Bundesverwaltungsgericht u. a.

III. Die Verfassungsorgane des Bundes und der Länder

Die beschriebene föderalistische Struktur bedingt einen doppelgleisigen Staatsaufbau. Die drei Staatsfunktionen (Art. 20 Abs. 2 GG)

- Legislative (gesetzgebende Gewalt)
- Exekutive (vollziehende Gewalt) und
- Judikative (rechtsprechende Gewalt)

sind jeweils eigenen Bundes- und Landesorganen zugewiesen. So gibt es

- Bundestag und Landtage (in Berlin: Abgeordnetenhaus, in Hamburg und Bremen: Bürgerschaften genannt)
- Bundesregierung und Landesregierungen
- Bundesgerichte und Gerichte der Länder (s. o. II. 6.).

1. Der Bund

Als besondere Organe, die die vom Volk ausgehende Staatsgewalt ausüben (Art. 20 Abs. 2 GG) oder den deutschen Staat repräsentieren, sind im Grundgesetz folgende Verfassungsorgane des Bundes verankert:

a. Bundespräsident (Art. 54–61 GG)

Der Bundespräsident ist das Staatsoberhaupt der Bundesrepublik Deutschland. Er bekleidet ein politisch neutrales Amt, dessen wesentliche Funktion in der Repräsentation des gesamten Staates nach außen besteht. Neben dieser völkerrechtlichen Vertretung des Bundes obliegt ihm die Ausfertigung und Verkündigung der Bundesgesetze, die Mitwirkung bei der Regierungsbildung, die Auflösung des Bundestages im Falle des Art. 68 Abs. 1 GG sowie die Ernennung und Entlassung von Bundesrichtern und Bundesbeamten. Des weiteren steht ihm das Begnadigungsrecht zu. Der Bundespräsident wird von der eigens hierfür gebildeten Bundesversammlung auf die Dauer von 5 Jahren gewählt. Eine Wiederwahl ist nur einmal möglich. Richard von Weizsäcker amtiert nach Heuss, Lübke, Heinemann, Scheel und Carstens als sechster Bundespräsident.

b. Bundestag (Art. 38–49 GG)

Der Bundestag ist das oberste Organ der politischen Willensbildung. Er setzt sich aus den vom Volk gewählten Abgeordneten zusammen, die an Aufträge und Weisungen nicht gebunden sind (freies Mandat), und verkörpert damit die repräsentative, parlamentarische Demokratie. Die Zusammensetzung des Bundestages ist durch das Parteiensystem (Art. 21 GG) gekennzeichnet. Um eine Zersplitterung des Parlaments in eine Vielzahl von Parteien zu verhindern, wurde frühzeitig die auf das Bundeswahlgebiet bezogene »Fünf-Prozent-Klausel« eingeführt. Danach sind Parteien, die diese 5 % der Wählerstimmen nicht erreichen, im Bundestag nicht vertreten. Diese Klausel bietet Anlaß zu der Kritik, daß hierdurch die Wähler solcher Parteien nicht repräsentiert werden. Sie hat andererseits aber sicher Anteil an der kontinuierlichen Politik.

Um die natürliche Meinungsvielfalt im Kern zu bündeln und so den parlamentarischen Alltag funktionsfähig zu gestalten, organisieren sich die Abgeordneten der im Bundestag vertretenen Parteien (derzeit: CDU/CSU, FDP, SPD und GRÜNE) jeweils zu Fraktionen. Diese sind von ihrer Rechtsnatur bürgerlich-rechtliche Vereine und üben über die Mitgliedschaft einen gewissen Fraktionszwang in der Weise aus, daß abweichendes Abstimmungsverhalten einzelner Mitglieder/Abgeordneter im Bundestag mit einem Ausschluß aus der Fraktion sanktioniert werden kann. Für den ausgeschlossenen Abgeordneten bedeutet das Einschränkungen seiner parlamentarischen Tätigkeit (z.B. Rederecht im Bundestag, keine Mitgliedschaft in den Ausschüssen). Das freie Mandat des Abgeordneten wird hierdurch – wie das BVerfG bestätigt hat – jedoch nicht berührt.

Der Bundestag spaltet sich in eine Mehrheitsfraktion oder Koalition auf der einen Seite und eine Opposition auf der anderen Seite. Mehrheitsfraktion oder Koalition (als Zusammenschluß mehrerer Fraktionen) sind diejenigen, die die Regierung stützen. Die Opposition, also die übrigen Fraktionen, übt in der parlamentarischen Demokratie eine ebenso wichtige Funktion aus: Sie ist die eigentliche Kontrollinstanz gegenüber der Regierung.

Die Hauptaufgabe des Bundestages besteht in der (Bundes-)Gesetzgebung. Daneben ist er Bestellungsorgan für den Bundeskanzler und übt die Kontrolle über die Bundesregierung durch Anfragen, Einsetzung von Untersuchungsausschüssen sowie die Feststellung des Haushaltsplans aus.

c. Bundesregierung (Art. 62–69 GG)

Die Bundesregierung ist das oberste Exekutivorgan des Bundes, also die Spitze der vollziehenden Gewalt. Sie besteht aus dem Bundeskanzler, der auf Vorschlag des Bundespräsidenten vom Bundestag gewählt wird, und den Bundesministern, die auf Vorschlag des Bundeskanzlers vom Bundespräsidenten ernannt werden.
Die Arbeitsweise der Bundesregierung, die als Repräsentations-, Führungs- und Leitungsorgan der Bundesrepublik Deutschland fungiert, wird durch drei verfassungsrechtliche Grundsätze bestimmt:

- Das Kanzlerprinzip, wonach der Kanzler als Regierungschef die Richtlinien der Politik bestimmt. Er entscheidet über Art, Zahl und Abgrenzung der Geschäftsbereiche (Ressorts) der Bundesminister.
- Das Ressortprinzip, wonach jeder Bundesminister innerhalb der vom Kanzler vorgegebenen Richtlinien seinen Geschäftsbereich selbständig und eigenverantwortlich leitet.
- Das Kollegialprinzip, wonach über Meinungsverschiedenheiten zwischen Bundesministern die Bundesregierung (das Kabinett) entscheidet.
  Hierbei darf nicht übersehen werden, daß das Kanzlerprinzip dominiert: Der Kanzler hat nicht nur die Richtlinienkompetenz, sondern faktisch auch den größeren, notwendigen politischen Rückhalt, da nur er vom Bundestag gewählt worden ist.

  Betätigungsfeld der Bundesregierung sind alle Bereiche, in denen der Bund die ausschließliche Gesetzeskompetenz besitzt.

d. Bundesgerichtsbarkeit (Art. 92–96 GG)

Die Gerichtsbarkeit des Bundes beschränkt sich auf die obersten Gerichte in einzelnen Gerichtszweigen. Neben dem Bundesverfassungsgericht gibt es gem. Art. 95 GG fünf oberste Bundesgerichte:

- den BGH (Bundesgericht für Zivil- und Strafsachen in Karlsruhe),
- das BVerwG (Bundesgericht für Verwaltungsstreitfälle in Berlin, soweit die Verletzung vom Bundesrecht geltend gemacht wird),
- das BAG (Bundesarbeitsgericht in Berlin und Kassel),
- das BSG (Bundessozialgericht in Kassel),
- den BFH (Bundesfinanzhof in München).

Im übrigen wird auf die Ausführungen unter Teil 1, B II 6. verwiesen.

e. Bundesrat (Art. 50–53 GG)

Der Bundesrat verkörpert eine für einen föderalistischen Staat typische und notwendige Institution. Er ist ein oberstes Verfassungsorgan des Bundes, durch welches die Länder bei der Gesetzgebung und Verwaltung des Bundes mitwirken und so ein Gegengewicht zu Bundestag und Bundesregierung bilden. Die Mitwirkung der Länder, die je nach Einwohnerzahl 3 bis 5 weisungsgebundene Mitglieder der Landesregierung entsenden, gestaltet sich für den praktisch wichtigsten Bereich der Gesetzgebung folgendermaßen:

- Der Bundesrat kann - ebenso wie die Bundesregierung - einen Gesetzentwurf einbringen, Art. 76 Abs. 1 GG; hiervon wurde allerdings bislang nur wenig Gebrauch gemacht.

- Ein auf Initiative der Bundesregierung vorgeschlagener Gesetzentwurf ist zunächst dem Bundesrat vorzulegen, der Einwendungen hiergegen erheben oder Änderungsvorschläge machen kann. Wird der Gesetzentwurf anschließend - nach Würdigung der Einwendungen des Bundesrates und der Gegendarstellung der Bundesregierung - vom Bundestag beschlossen, ist er dem Bundesrat erneut zuzuleiten, Art. 77 Abs. 1 GG. Je nach Art des Gesetzes muß der Bundesrat zustimmen oder innerhalb einer bestimmten Frist Einwendungen erheben.

  Bestimmte Gesetze, die die Länderinteressen in besonderem Maße berühren, bedürfen der ausdrücklichen Zustimmung des Bundesrates. Dies sind insbesondere solche Gesetze, die die Finanzen der Länder beeinflussen können (Art. 104 a ff. GG) oder ihre Verwaltungshoheit (Art. 84, 85 GG) berühren. Etwa die Hälfte aller Gesetze sind Zustimmungsgesetze. Alle übrigen Gesetze sind Einspruchsgesetze.

Verweigert der Bundesrat die Zustimmung oder erhebt er innerhalb der Zwei-Wochen-Frist Einspruch, kommt das Gesetz nicht zustande, Art. 78 GG. Daran kann man die Macht des Bundesrates im Gesetzgebungsverfahren ermessen.
Diese kommt insbesondere dann zum Tragen, wenn die Mehrheit der im Bundesrat vertretenen Landesregierungen von der Partei gestellt wird, die im Bundestag die Opposition bildet (wie derzeit seit den Landtagswahlen im Juni 1990).

- Zeichnet sich ab, daß der Bundesrat einem vom Bundestag beschlossenen Gesetzentwurf nicht zustimmen oder ihm widersprechen will, kann der Bundesrat die Einberufung eines Vermittlungsausschusses verlangen, Art. 77 Abs. 2 GG. Dieser besteht aus Mitgliedern des Bundestages und des Bundesrates und hat die Aufgabe, einen kompromißfähigen Gesetzentwurf zu erarbeiten, der anschließend erneut in Bundestag und Bundesrat behandelt werden muß.

Der Bundesrat regelt seine Organisation und Arbeitsweise selbst. Insbesondere bildet er – wie der Bundestag – ständige Ausschüsse, die die Entscheidungen im Bundesrat auf fachlich-politischer Ebene vorbereiten.
An der Spitze des Bundesrates steht der Bundesratspräsident, dessen vornehmliche Aufgabe darin besteht, die Sitzungen einzuberufen, vorzubereiten und zu leiten. Im Verhinderungsfall vertritt er außerdem den Bundespräsidenten, Art. 57 GG.

2. Die Länder

Die Bundesrepublik Deutschland gliedert sich z. Zt. in 11 Bundesländer. Dies sind (von Norden nach Süden):

- Schleswig-Holstein
- Freie Hansestadt Hamburg als Stadtstaat
- Niedersachsen
- Freie Hansestadt Bremen als Stadtstaat
- Groß-Berlin (Berlin-West)
- Nordrhein-Westfalen
- Hessen
- Rheinland-Pfalz
- Saarland

- Freistaat Bayern
- Baden-Württemberg

Art. 23 Satz 1 GG, der noch die Gebiete Baden, Württemberg-Baden und Württemberg-Hohenzollern nennt, ist insofern überholt, als sich diese drei Gebiete am 25. 4. 1952 zu dem Bundesland »Baden-Württemberg« zusammengeschlossen haben und das Saarland durch Beitritt nach Art. 23 Satz 2 GG am 1. 1. 1957 als weiteres Bundesland hinzugekommen ist.

Wie bereits erwähnt, besitzen die Länder gegenüber dem Bund Eigenstaatlichkeit. Demzufolge haben sie je eine eigene Landesverfassung, die aufgrund des Homogenitätsprinzips den Staatsstrukturprinzipien des Art. 20 GG entsprechen muß. Damit ist den Ländern der Regierungstypus einer repräsentativ-parlamentarischen Demokratie vorgeschrieben, d. h., daß das Volk durch ein von ihm gewähltes Parlament vertreten wird, aus dessen Mitte die Regierung hervorgeht. In den Ländern gibt es als Verfassungsorgane somit die Landtage, die Landesregierungen und - als dritte Staatsgewalt - die Verfassungsgerichte der Länder.

a. Landtage

Die Landtage bzw. Bürgerschaften (in Hamburg und Bremen) und das Abgeordnetenhaus (Berlin) sind Landesparlamente, die sich aus den vom Volk gewählten Abgeordneten zusammensetzen. Aus ihrer Mitte wählen sie die Landesregierungen und bestimmen damit indirekt auch die personelle Zusammensetzung des Bundesrates, über den sie die Bundesgesetzgebung beeinflussen (s. o. B III. 1. e).

Wie dem Bundestag obliegt auch den Landesparlamenten die Landesgesetzgebung. Allerdings können die Länder nur noch gesetzgeberisch tätig werden,

- soweit sie die ausschließliche Gesetzgebungskompetenz haben, was lediglich für die Bereiche Kultur, Polizeiwesen, Gesundheitswesen, Gemeindewesen und Bildungswesen gilt,
- soweit der Bund von seiner konkurrierenden Gesetzgebungskompetenz keinen Gebrauch gemacht hat, was aber überwiegend der Fall ist,
- soweit der Bund Rahmengesetze erlassen hat, die die Länder ausfüllen können (z. B. Beamtengesetz, Hochschulgesetz).

Angesichts der Tatsache, daß der Bund von seinen Gesetzgebungsbefugnissen weitgehend Gebrauch gemacht hat und die verbleibenden Bereiche bereits landesrechtlich geregelt und ausgefüllt sind, kommt der gesetzgeberischen Aufgabe der Landesparlamente - im Vergleich zum Bundestag - keine besondere Bedeutung mehr zu. Um so stärker nehmen sie ihre Kontrollbefugnisse gegenüber der Landesregierung wahr. Über diesen Weg nehmen sie insbesondere Einfluß auf das Abstimmungsverhalten der Landesregierung im Bundesrat und haben so die Möglichkeit, sich - mittelbar - auch mit Bundesangelegenheiten zu befassen. Des weiteren konzentriert sich die Kontrolle der Landesparlamente insbesondere durch Anfragen zunehmend auf die Landesverwaltung, die Hauptaufgabe der Länder ist (s. o. B II. 5.).

b. Landesregierungen

Die Landesregierungen (in den Stadtstaaten Hamburg, Bremen und Berlin: Senate) sind das oberste Exekutivorgan der Länder und gehören somit der gesetzvollziehenden Gewalt an. Sie nehmen zugleich die Repräsentations- und Vertretungsbefugnisse ihres Landes gegenüber dem Bund, den anderen Bundesländern sowie anderen Staaten wahr, da die Länder auf ein dem Bundespräsidenten vergleichbares Landesoberhaupt verzichtet haben.

Die Landesregierungen bestehen aus den Ministerpräsidenten (in den Stadtstaaten: Bürgermeister bzw. Regierender Bürgermeister) und den Landesministern (in den Stadtstaaten: Senatoren). Der Ministerpräsident wird aus der Mitte des Landtages - in der Regel mit den Stimmen der Mehrheitsfraktion oder der Koalitionsfraktionen - gewählt. Dieser bestimmt dann nach seinem politischen Ermessen, wenn auch gegebenenfalls durch eine Koalitionsabrede gebunden, die Landesminister und deren Geschäftsbereiche (Ressorts). Wie auf Bundesebene leitet jeder Landesminister innerhalb der vom Ministerpräsidenten bestimmten Richtlinien der Politik seinen Geschäftsbereich selbständig und in eigener Verantwortung.

Die Führungs- und Leitungsaufgaben der Landesregierung erstrecken sich nur auf die Bereiche, die ausschließlich der Landesgesetzgebung vorbehalten sind. Sie bringt Gesetzesvorlagen in den Landtag ein und erläßt die zur Ausführung von Gesetzen notwendigen Verwaltungsverordnungen. Ihre politische Hauptaufgabe besteht aber vor allem darin, die Gesetzgebung und Verwaltung des Bundes über den Bundesrat zu beeinflussen (s. o. B. III. 1. e).

c. Landesgerichtsbarkeit

Die Länder haben eigene Verfassungsgerichte bzw. Staatsgerichtshöfe, die Streitigkeiten über die Einhaltung und Wahrung der Landesverfassung zu entscheiden haben. Des weiteren stellen sie - aufgrund der Aufgabenteilung zwischen Bund und Ländern - die unteren und mittleren Instanzen für alle Gerichtzweige. Dies sind:

- im Bereich der Zivil- und Strafgerichtsbarkeit die Amtsgerichte, Landesgerichte und Oberlandesgerichte,
- im Bereich der Verwaltungsgerichtsbarkeit die Verwaltungsgerichte und Oberverwaltungsgerichte (bzw. Verwaltungsgerichtshöfe),
- im Bereich der Arbeitsgerichtsbarkeit die Arbeitsgerichte und Landesarbeitsgerichte,
- im Bereich der Sozialgerichtsbarkeit die Sozialgerichte und Landessozialgerichte,
- im Bereich der Finanzgerichtsbarkeit das Finanzgericht.

Im übrigen wird auf die Ausführungen unter (B III. 1 d) verwiesen.

IV. Die Gemeinden

1. Einordnung im Staatsaufbau

»Die Gemeinden sind die Grundlagen des demokratischen Staatsaufbaus. Sie fördern das Wohl der Einwohner in freier Selbstverwaltung durch ihre von der Bürgerschaft gewählten Organe.« Mit dieser Definition nimmt § 1 Abs. 1 GO NW, der hier stellvertretend für andere Gemeindeverfassungen zitiert wird, Bezug auf Art. 28 GG, der in

- Abs. 1 Satz 2 vorschreibt, daß das Volk in den Ländern, Kreisen und Gemeinden eine Vertretung haben muß, die aus allgemeinen, unmittelbaren, freien, gleichen und geheimen Wahlen hervorgegangen ist

und in

- Abs. 2 Satz 1 gewährleistet, daß die Gemeinden alle Angelegenheiten der örtlichen Gemeinschaft im Rahmen der Gesetze in eigener Verantwortung regeln können.

Um die Stellung der Gemeinden im Staatsgefüge zu verdeutlichen, muß zwischen drei Gesichtspunkten unterschieden werden:

- Im »demokratischen Staatsaufbau« (§ 1 Abs. 1 GO NW) stellen die Gemeinden eine »dritte Entscheidungsebene« dar, indem die Bürger unterhalb der Bundes- und Landesebene eine örtliche Vertretung wählen. Ihr Volkswille wird auf kommunaler Ebene durch die gewählten Organe repräsentiert.

- Unter dem hier maßgeblichen bundesstaatlichen Gesichtspunkt bilden die Gemeinden jedoch keine dritte Stufe im Staatsaufbau. Hier bleibt es bei der Zweiteilung zwischen Bund und Ländern. Die Gemeinden sind lediglich Bestandteile der Länder ohne eigene Staatsqualität, ausgestattet mit dem durch die Länder zu gewährleistenden Selbstverwaltungsrecht (Art. 28 Ab. 2 S. 1 GG) und den von ihnen abgeleiteten Hoheitsbefugnissen.

- Unter dem Gesichtspunkt des rechtsstaatlichen Gewaltenteilungsprinzips gehören die Gemeindevertretungen – anders als die gewählten Bundes- oder Landesparlamente – auch nicht der Legislative, d. h. der gesetzgebenden Gewalt, sondern der Exekutive, also der vollziehenden Gewalt an. Zwar sind die Gemeindevertretungen aufgrund und im Rahmen ihres Selbstverwaltungsrechts befugt, Ortsrecht in Form von Satzungen zu erlassen und damit »quasi-legislativ« tätig zu werden. Hierbei handelt es sich aber nicht um ein originäres Recht, sondern es beruht auf einer Ermächtigung des Landes in der jeweiligen Landesverfassung (z. B. § 4 Abs. 1 GO NW). Zudem steht die Erledigung von Verwaltungsaufgaben ganz im Vordergrund der Aufgaben einer Gemeindevertretung, nicht der Erlaß von Ortsrecht. Die daraus folgende Zuordnung der Gemeinden zur vollziehenden Gewalt stellt z. B. § 3 Abs. 2 LVerf NW ausdrücklich klar, indem es dort heißt: »Die Verwaltung (= Exekutive) liegt in den Händen ... der Gemeinden und Gemeindeverbände.«

2. Wahrnehmung hoheitlicher Aufgaben

Wie bereits erwähnt, besteht die Hauptaufgabe der Gemeinde in der Erfüllung von Verwaltungsaufgaben. Diese resultieren zum einen aus dem Selbstverwaltungsrecht (Art. 28 Abs. 2 GG), zum anderen aus Hoheitsaufgaben, die den Gemeinden als unterste organisatorische Verwaltungsebene von Bund und Ländern übertragen werden.

a. Selbstverwaltungsaufgaben

Das durch Art. 28 Abs. 2 Satz 1 GG garantierte Selbstverwaltungsrecht räumt den Gemeinden Hoheitsrechte in »Angelegenheiten der örtlichen Gemeinschaft« ein. Diese erstrecken sich auf die

- Gebietshoheit, d. h. alle Eingriffe in das Gemeindegebiet - insbesondere durch Bund, Land oder benachbarte Gemeinden - abwehren zu dürfen,
- Finanzhoheit, d. h. das Recht auf eigene Einnahmen sowie die Befugnis, über die Ausgaben und die Verwaltung des Gemeindevermögens selbst zu bestimmen,
- Abgabenhoheit, d. h. Gebühren, Beiträge und Steuern auf bestimmten Gebieten erheben zu dürfen,
- Rechtssetzungshoheit im Rahmen des Selbstverwaltungsrechts (Satzungsautonomie),
- Organisations- und Personalhoheit, d. h. das Recht auf eigene Wahl der Gemeindeorgane sowie auf Einstellung, Entlassung und Ausbildung von Beamten, Angestellten und Arbeitern,
- Planungshoheit, d. h. die städtebauliche Entwicklung durch Bauleitpläne (Flächennutzungsplan, Bebauungsplan) ordnen sowie öffentliche Einrichtungen zum Wohl der Einwohner (z. B. Schwimmbad) schaffen zu können.

Grundsätzlich steht es den Gemeinden frei, Aufgaben aus den vorgenannten Selbstverwaltungsbereichen wahrzunehmen. Sie werden deshalb als »freiwillige Aufgaben« bezeichnet. Die Gemeinden können selbst entscheiden, was, warum, wie und mit welchem Kostenaufwand getan werden soll. Hier gibt es allerdings sowohl rechtliche als auch tatsächliche Einschränkungen: So sind die Gemeinden z. B. verpflichtet, einen Bauleitplan aufzustellen, sobald dies für die städtebauliche Entwicklung erforderlich ist, § 1 Abs. 3 BauGB (Planungshoheit) oder Erschließungsbeiträge zu erheben, § 127 Abs. 1 BauGB (Finanzhoheit); ohne rechtlichen Zwang ergeben sich aber auch faktische Notwendigkeiten, eine Aufgabe wahrzunehmen. Wurde z. B. in früheren Jahren freiwillig ein Theater errichtet und ist es stark sanierungsbedürftig, dann hat die Gemeinde wohl kaum eine Wahl zwischen der Einstellung des Theaterbetriebes oder der Sanierung. Das öffentliche Bedürfnis zwingt zur Aufrechterhaltung dieser öffentlichen Einrichtung. Hinsichtlich der Erfüllung ihrer Selbstverwaltungsaufgaben unterliegen die Gemeinden der Kommunalaufsicht durch das Land, die sich aber lediglich auf die Rechtmäßigkeit des gemeindlichen Handelns erstreckt.

b. Übertragene Hoheitsaufgaben

Neben den Selbstverwaltungsaufgaben nehmen die Gemeinden zahlreiche Hoheitsaufgaben wahr, die ihnen der Staat (Bund oder Land) durch Gesetz zur Erledigung nach Weisung überträgt. Sie sind verpflichtet, diese Aufgaben im übertragenen Wirkungskreis als Auftragungsangelegenheiten zu erfüllen (Pflichtaufgaben zur Erfüllung nach Weisung). Hierzu gehören z. B. die Aufgaben der Bauüberwachung, des Straßenverkehrswesens, des Sozialwesens und vieles andere mehr. Indem der Staat sich der Gemeinden als unterste organisatorische Verwaltungsebene bedient, kann er auf eigene Behörden weitgehend verzichten (sog. mittelbare Staatsverwaltung).

Hinsichtlich der Erfüllung dieser Aufgaben im übertragenen, weisungsgebundenen Wirkungskreis üben die Länder die Rechts- und Fachaufsicht über das gemeindliche Handeln aus. Diese erstreckt sich nicht nur auf die Rechtmäßigkeit, sondern auch auf die Zweckmäßigkeit des Verwaltungshandelns der Gemeinde.

Einen guten Überblick über die von einer Gemeinde insgesamt zu erfüllenden Aufgaben im eigenen und übertragenen Wirkungskreis gibt die Organisationsübersicht einer Gemeindeverwaltung, die die »Kommunale Gemeinschaftsstelle für Verwaltungsvereinfachung« (Adresse s. 9. Teil dieses Buches) erstellt hat.

3. Organisation

Nach Art. 28 Abs. 1 Satz 2 GG muß das Volk in den Kreisen und Gemeinden eine aus freien Wahlen hervorgegangene Vertretung haben. Weitergehende Forderungen darüber, wie diese Volksvertretung organisiert sein muß, enthält das Grundgesetz nicht. Dies haben die Länder deshalb in eigener Zuständigkeit durch die jeweiligen Gemeindeverfassungen geregelt. Im allgemeinen sehen die Gemeindeverfassungen (Gemeindeordnungen) eine Verteilung der Verwaltungsaufgaben auf zwei Vertretungsorgane vor, nämlich den Rat als die eigentliche, gewählte »Vertretung« und ein Hauptverwaltungsorgan. In Hessen und Schleswig-Holstein gibt es dazwischen ein weiteres Organ, den Magistrat. Je nachdem, wie die Zuständigkeiten im Verhältnis dieser Organe untereinander geregelt sind, lassen sich 4 Gemeindeverfassungstypen unterscheiden:

Organisationsübersicht einer Gemeindeverwaltung

Chef der Verwaltung: Magistrat, Bürgermeister, Gemeinde-/Stadtdirektor

1 Allgemeine Verwaltung	2 Finanzverwaltung	3 Rechts-, Sicherheits- u. Ordnungsverwaltung	4 Schul- und Kulturverwaltung	5 Sozial- und Gesundheitsverwaltung	6 Bauverwaltung	7 Verwaltung für öffentliche Einrichtungen	8 Verwaltung für Wirtschaft und Verkehr
10 Hauptamt	20 Stadtkämmerei	30 Rechtsamt	40 Schulverwaltungsamt	50 Sozialamt	60 Bauverwaltungsamt	70 Stadtreinigungsamt	80 Amt für Wirtschafts- und Verkehrsförderung
11 Personalamt	21 Stadtkasse	31 Polizei	41 Kulturamt	51 Jugendamt	61 Stadtplanungsamt	71 Schlacht- und Viehhof	81 Eigenbetriebe
12 Statistisches Amt	22 Stadtsteueramt	32 Amt für öfftl. Ordnung		52 Sportamt	62 Vermessungs- und Katasteramt	72 Marktamt	82 Forstamt
13 Presseamt	23 Liegenschaftsamt	33 Einwohnermeldeamt		53 Gesundheitsamt	63 Bauordnungsamt	73 Leihamt	
14 Rechnungsprüfungsamt	24 Amt für Verteidigungslasten	34 Standesamt		54 Amt für Krankenanstalten	64 Amt für Wohnungswesen	74 Bäderamt	
		35 Versicherungsamt		55 Ausgleichsamt	65 Hochbauamt		
		36 Feuerwehr			66 Tiefbauamt		
		37 Amt für Zivilschutz			67 Garten- und Friedhofsamt		

- die norddeutsche Ratsverfassung (Nordrhein-Westfalen, Niedersachsen),
- die Magistratsverfassung (Hessen, Schleswig-Holstein),
- die Bürgermeisterverfassung (Rheinland-Pfalz, Saarland),
- die süddeutsche Ratsverfassung (Baden-Württemberg, Bayern).

Trotz der bestehenden Unterschiede dieser Gemeindeverfassungen, auf die nicht näher eingegangen werden soll, läßt sich durchaus Übereinstimmung in den Grundzügen feststellen:

- Die gewählte Gemeindevertretung ist für die politische Willensbildung zuständig, während der hauptamtlichen Verwaltung die Ausführung der Ratsbeschlüsse obliegt, in denen sich der politische Wille manifestiert.

- Die wesentlichen Entscheidungsbefugnisse behalten sich die gewählten Gemeindevertretungen vor; sie bestimmen somit die Richtlinien der Kommunalpolitik und -verwaltung. So heißt es z. B. im § 28 Abs. 1 GO NW: »Der Rat der Gemeinde ist für alle Angelegenheiten der Gemeindeverwaltung zuständig, soweit dieses Gesetz nichts anderes bestimmt.«
  Entscheidungsbefugnisse in weniger bedeutsamen Angelegenheiten delegiert der Rat zu seiner Entlastung auf die von ihm gebildeten Ausschüsse, die ansonsten die Aufgabe haben, die Arbeit und Entscheidungsfindung des Rates vorzubereiten.
  Der Hauptverwaltungsbeamte (Gemeinde- oder Stadtdirektor nach der norddeutschen Ratsverfassung, Bürgermeister nach den übrigen Gemeindeverfassungen) trifft lediglich die Entscheidungen über »einfache Geschäfte der laufenden Verwaltung«, die überwiegend im Rahmen der Pflichtaufgaben anstehen.

- Die hauptamtlichen Verwaltungen haben die Beschlüsse des Rates vorzubereiten und auszuführen. Unter der Verantwortung des Hauptverwaltungsbeamten erarbeiten sie Beschlußvorlagen, die nach Beratung in den zuständigen Fachausschüssen dem Rat zur Entscheidung vorgelegt werden.
  Die überwiegende Zahl der Vorlagen beruht auf einer Initiative der Verwaltung, die übrigen Vorlagen gehen auf Anträge der Stadtratsfraktionen zurück. Damit sind die hauptamtlichen Verwaltungen letztendlich die größere innovative Kraft.

4. Beteiligung der Bürger an der Gemeindepolitik

Auch in den Gemeindeverfassungen herrscht das Prinzip der repräsentativen Demokratie vor (vgl. oben B III 2.). Aufgrund der größeren sachlichen und räumlichen Nähe der Bürger zu den Gemeindeangelegenheiten gibt es jedoch auch direkt - demokratische Elemente, die es den Bürgern ermöglichen, unmittelbar selbst auf die Entscheidungen Einfluß zu nehmen.

In diesen Zusammenhang gehören der in einigen Gemeindeordnungen vorgesehene Bürgerentscheid, die Bürgeranregung mit dem Zweck, den von einer Entscheidung Betroffenen zuvor anzuhören, die Bürgerbeschwerde oder Bürgerfragestunden in der Ratssitzung.
Von großer Bedeutung sind die Bürgerversammlungen, die von der Gemeinde zur Information der Bürger über wichtige städtische Planungen (z.B. Straßenplanung, Bauleitplanung) abgehalten werden. Nicht selten führen Einwendungen der Bürger zu Modifizierungen, gelegentlich gar zur Aufgabe der Planung. Durch § 3 Abs. 1 und 2 BauGB ist die Bürgerbeteiligung im Bebauungsplanverfahren zwingend vorgeschrieben.

Zunehmendes Gewicht erlangen seit geraumer Zeit die sich häufig aufgrund anstehender Entscheidungen des Rates bildenden Bürgerinitiativen. Ihre bevorzugten Betätigungsfelder sind die Ablehnung konkreter Bauvorhaben, Straßenplanungen, Industrieansiedlungen und vieles andere mehr. In diesen Bürgerinitiativen schließt sich eine größere Zahl von - meist betroffenen - Bürgern zusammen, um auf ihr gemeinsames Anliegen aufmerksam zu machen und ihre Interessen wirkungsvoller durchzusetzen. Die Ursache für die zunehmende Verbreitung von Bürgerinitiativen mag in einer gewissen Parteiverdrossenheit und einem damit verbundenen Mißtrauen gegen die gewählten Ratsmitglieder, aber auch in einem aktiveren politischen Bewußtsein zu suchen sein.

5. Finanzierung der Gemeindeaufgaben

Die Erfüllung der vielfältigen gemeindlichen Aufgaben ist mit hohen Kosten verbunden, die durch Einnahmen gedeckt werden müssen. Um eine solide Finanzwirtschaft zu gewährleisten, ist die Gemeinde gesetzlich verpflichtet, einen Haushaltsplan aufzustellen, der alle im Haushaltsjahr zu erwartenden Einnahmen, alle voraussichtlichen Ausgaben und die wahrscheinlich benötigten Verpflichtungsermächtigungen ausweist. Ohne Ansatz im Haushaltsplan dürfen grundsätzlich keine Ausgaben geleistet oder Verpflichtungen eingegangen werden. Wichtigste Aufgabe des Haushaltsplans ist es, Einnahmen und Ausgaben auszugleichen, so daß sich ein Jahresergebnis von 0,00 DM ergibt. Anders als bei Wirtschaftsunternehmen ist die Finanzwirtschaft der Gemeinden also nicht auf Gewinnerzielung angelegt.

Die zur Finanzierung der Ausgaben notwendigen Einnahmen erzielt die Gemeinde durch:

a. Gebühren und Beiträge

Gebühren erhebt die Gemeinde als Gegenleistung für individuelle, konkrete Leistungen gegenüber dem Bürger, z. B. für die Ausstellung eines Passes. Beiträge können die Gemeinden von denjenigen verlangen, die durch bestimmte Maßnahmen, wie z. B. die Erschließung eines Baugebietes durch den Bau einer neuen Straße, einen allgemeinen Vorteil erlangen. Da die Gemeinde daraus keinen Gewinn abschöpfen darf, dürfen Gebühren und Beiträge den tatsächlichen Kostenaufwand der Gemeinde nicht übersteigen.

b. Steuern

Nach Art. 106 Abs. 6 GG ist das Aufkommen aus Gewerbe- und Grundsteuern ausschließlich den Gemeinden zugewiesen. Diese legen die Höhe der Steuer fest. Darüber hinaus steht ihnen ein Anteil an der Lohn- und Einkommensteuer (15 %) zu. Außerdem können die Gemeinden sog. »Bagatellsteuern« erheben. Dies sind Verbrauchssteuern (z. B. Getränkesteuer), Aufwandsteuern (z. B. Hundesteuer, Vergnügungssteuer) und Verkehrssteuern (z. B. Kurtaxe).

c. Einnahmen aus fiskalischer Verwaltung

Gemeinden besitzen ebenso wie Privatpersonen sog. fiskalisches Vermögen. Hierzu gehören Mietobjekte, Grundstücke und Beteiligungen an wirtschaftlichen Unternehmen. Aus der Vermietung oder Veräußerung von Grundstücken sowie den Erlösen aus wirtschaftlichen Unternehmen erzielt die Gemeinde Einnahmen, die ebenfalls für die Erfüllung ihrer öffentlichen Aufgaben eingesetzt werden.

d. Schlüsselzuweisungen

Da durch die vorgenannten Einnahmen i. d. R. nicht alle kommunalen Aufgaben finanziert werden können und wesentliche Ausgaben gerade durch die den Gemeinden übertragenen Bundes- und Landesaufgaben entstehen, erhalten die Gemeinden von Bund und Land Zuweisungen, die unter Berücksichtigung des jeweiligen Bedarfs nach einem bestimmten Schlüssel berechnet werden, sog. Schlüsselzuweisungen.

e. Förderung konkreter Maßnahmen

Nicht zu vergessen sind die Bundes- und Landeszuschüsse, die der Gemeinde zur Durchführung konkreter Maßnahmen gewährt werden. Hierzu gehören u. a. die Zuschüsse für Straßenbaumaßnahmen nach dem Gemeindeverkehrsfinanzierungsgesetz (GVFG) und für stadtbildverbessernde Maßnahmen nach dem Städtebauförderungsgesetz (StBauFG), die zwischen 70–80 % der Kosten betragen sowie Zuschüsse auf dem Gebiet der Jugendwohlfahrtspflege.

Hinweis:
Nähere Auskünfte über Zuschußfragen können bei den zuständigen Bundes- und Landesministerien erbeten werden (s. 9. Teil, hier: Bundesbauministerium, Bundesministerium für Jugend, Familie, Frauen und Gesundheit).

C. DER AUFBAU DES RECHTSSYSTEMS

I. Überblick

Über dem gesamten objektiven Recht steht das GG als höchstrangiges Recht. Alle geschriebenen Normen und ungeschriebenen Rechtssätze (Gewohnheitsrecht) müssen mit der Verfassung in Einklang stehen, Art. 20 Abs. 3 GG. Das deshalb »unter« der Verfassung stehende - einfache - Recht läßt sich in zwei große Gruppen einteilen:
- das Privatrecht
  und
- das öffentliche Recht.

Als Privatrecht bezeichnet man die Gesamtheit aller Rechtsnormen, die die Rechtsbeziehungen zwischen natürlichen und juristischen Personen (z. B. GmbH, AG) des Privatrechts betreffen.

Das öffentliche Recht dagegen regelt das Rechtsverhältnis zwischen juristischen Personen des öffentlichen Rechts (z. B. Bund, Länder, Gemeinden) untereinander oder zwischen einer Person des öffentlichen Rechts und einer Privatperson. Es kann aufgrund der aufgeteilten Gesetzeskompetenzen nach Art. 73–75 GG in Bundesrecht und Landesrecht untergliedert werden.

Siehe hierzu das nachfolgende Schema.

II. Einführung in praktisch bedeutsame Rechtsgebiete

1. Bürgerliches Gesetzbuch

a. Der Geist des BGB

Das Bürgerliche Gesetzbuch ist am 1. 1. 1900 in Kraft getreten. Die Entstehungszeit des BGB war die Blüte des wirtschaftlichen Liberalismus in Deutschland, und es ist nur natürlich, daß sich dies auch inhaltlich im Gesetz widerspiegelt. Außer der Prägung durch die Ideenwelt des Liberalismus hat der Antagonismus von Romanisten und Germanisten deutlich die Entstehung des BGB mitbestimmt. Als drittes Merkmal ist – quasi deren Kehrseite – das soziale Defizit als kennzeichnend für das BGB zu nennen. Die sozialen Gegensätze, die durch fortschreitende technische Entwicklungen und darauf beruhende Industrialisierung eine neue Qualität erhalten haben, wurden vom BGB nur unzulänglich zur Kenntnis genommen.

b. Die Entwicklung des BGB seit 1900

Manches von diesem sozialen Defizit ist seither durch das BGB ändernde oder ergänzende Gesetze ausgefüllt worden. Erwähnt sei in diesem Zusammenhang insbesondere die Einführung des sozialen Mietrechts (§§ 554 ff. BGB) durch die drei Mietrechtsänderungsgesetze, ergänzt durch das Kündigungsschutzgesetz und das Gesetz zur Regelung der Miethöhe (MHG). Die Vertragsfreiheit wurde zu Lasten des Vermieters und zur Stärkung der Rechtsposition des Mieters von Wohnraum erheblich eingeschränkt. Kernstück des sozialen Mietrechts ist die Sozialklausel gemäß § 556 a BGB, wonach der Mieter einer Kündigung widersprechen und die Fortsetzung des Mietverhältnisses verlangen kann, wenn die Kündigung für ihn oder seine Familie eine soziale Härte bedeuten würde, weil angemessener Ersatzwohnraum zu zumutbaren Bedingungen nicht zu beschaffen ist.

Daneben hat die Rechtsprechung erhebliche Leistungen zur Anpassung des Normengefüges des BGB an gewandelte soziale Verhältnisse erbracht. So ist die Entwicklung eines eigenständigen Rechts der Arbeitsbeziehungen ganz der Rechtsprechung und der Kautelarpraxis überlassen geblieben – sie hat diese Aufgabe in geradezu bewundernswerter Weise bewältigt. Arbeitsrecht ist nur noch rudimentär im BGB verankert.

Bei allen staatspolitischen Bedenken gegen die Schaffung rechtlicher Regelungen durch die Rechtsanwender selbst ist gerade im modernen demokratischen Staat mit seinen spezifischen Gesetzgebungsbedingungen rechtlicher, gesellschaftlicher und politischer Art ohne Richterrecht nicht auszukommen. Die verfassungsrechtliche Legitimation des Richterrechts ist die Rechtsstaats- und damit die Rechtsschutzgewährleistung. Die verfassungspolitische Legitimation ist das Erfordernis der Anpassung des Rechts an die sich ständig wandelnden wirtschaftlich-sozialen Verhältnisse, mit anderen (Schlag-)Worten: die Verpflichtung zum richtigen Recht.

AUFBAU DES RECHTSSYSTEMS
in der BRD
und wesentliche Rechtsquellen

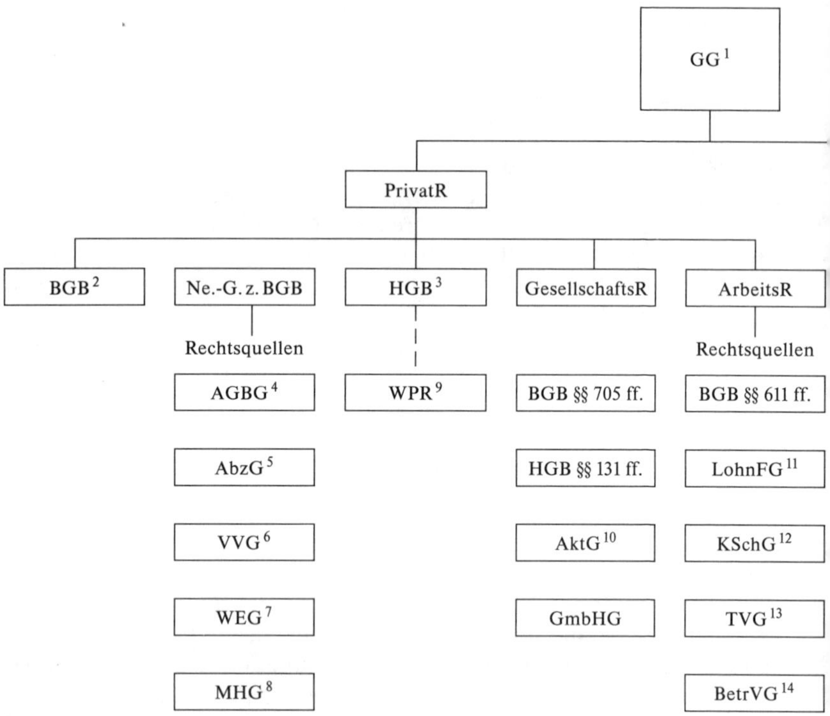

1) Grundgesetz
2) Bürgerliches Gesetzbuch
3) Handelsgesetzbuch
4) Gesetz über Allg. Geschäftsbedingungen
5) Abzahlungsgesetz
6) Versicherungsvertragsgesetz
7) Wohnungseigentumsgesetz
8) Miethöhengesetz
9) Wertpapierrecht (Wechsel- und ScheckG)
10) Aktiengesetz
11) Lohnfortzahlungsgesetz
12) Kündigungsschutzgesetz
13) Tarifvertragsgesetz
14) Betriebsverfassungsgesetz
15) Verwaltungsrecht
16) Baugesetzbuch
17) Gewerbeordnung/ Handwerksordnung
18) Bundesbeamtengesetz
19) Abfallgesetz

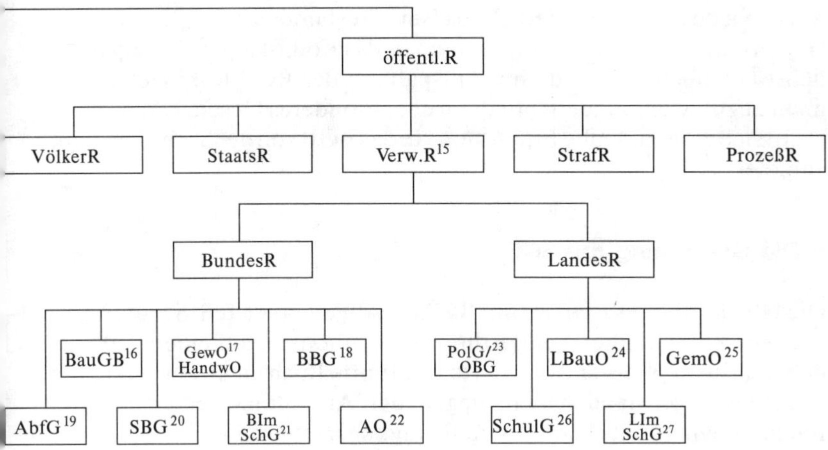

20) Sozialgesetzbuch
21) Bundesimmissionsschutzgesetz
22) Abgabenordnung
23) Polizeigesetz/Ordnungsbehördengesetz
24) Landesbauordnung
25) Gemeindeordnung
26) Schulgesetz
27) Landesimmissionsschutzgesetz

Trotz der Fortentwicklung des Bürgerlichen Rechts durch Gesetzgebung und Rechtsprechung sind die grundlegenden rechtspolitischen und rechtstechnischen Entscheidungen des Gesetzgebers vor 90 Jahren unangetastet geblieben. Das BGB ist trotz der vielfältigen gesetzgeberischen und richterlichen Modifikationen und Interpretationen ein dem wirtschaftlichen Liberalismus verpflichtetes Gesetz geblieben.

Die Reformen des Bürgerlichen Rechts durch den Gesetzgeber haben sich zum Teil im Rahmen, zum Teil außerhalb des BGB vollzogen. Es wurden Regelungsmaterien aus dem BGB ausgegliedert und später teilweise wieder rückgegliedert (Ehegesetz, Testamentsgesetz). Gegenwärtig ist die Tendenz erkennbar, das Kodifikationsprinzip möglichst beizubehalten und eine Aufspaltung des BGB in Einzelgesetze nicht zuzulassen, sondern nur dann ein besonderes Gesetz vorzusehen, wenn sich eine sinnvolle Einordnung in das BGB von der Sache her nicht anbietet.

c. Die Gliederung des BGB

Die Gliederung des BGB in fünf Bücher (Allgemeiner Teil, Schuldrecht, Sachenrecht, Familienrecht, Erbrecht) beruht nicht auf einem einheitlichen Prinzip. Während das vierte und fünfte Buch einen abgegrenzten Regelungsgegenstand haben, liegen der Aufteilung der ersten drei Bücher dogmatisch-theoretische Erwägungen zugrunde.

Im Allgemeinen Teil sind all die Regelungen enthalten, die Geltung für das gesamte BGB haben. Gründe der Regelungsökonomie haben den Gesetzgeber dazu bewogen, nicht in jedem Buch die Probleme, die in allen Büchern Bedeutung erlangen, gesondert zu regeln, sondern sie sozusagen herauszuziehen und in einem allgemeinen Teil zusammenzufassen. Es sind dies z.B. Probleme der Zurechnung von rechtsgeschäftlichen Akten, der Wirksamkeit von Rechtsgeschäften, des Zustandekommens von Rechtsgeschäften, der Vertretung bei Rechtsgeschäften, der Verjährung von Ansprüchen usw.

Im Zweiten Buch, dem Schuldrecht, sind im Siebten Abschnitt einzelne Schuldverhältnisse in 25 Titeln geregelt. Die vorhergehenden sechs Abschnitte enthalten demgegenüber allgemeine Regelungen des Schuldverhältnisses, die also, soweit nicht durch Sonderregelungen bei den einzelnen Schuldverhältnissen verdrängt, für alle Schuldverhältnisse gelten. Man faßt daher die ersten sechs Abschnitte des Zweiten Buches auch unter dem Titel Allgemeines Schuldrecht zusammen, demgegenüber der siebte Abschnitt als das Besondere Schuldrecht erscheint. In der Sache handelt es sich bei den Vorschriften des Allgemeinen Schuldrechts um einen echten Allgemeinen Teil des BGB. Die dort enthaltenen schuldrechtlichen Regelungen gelten nämlich nicht nur für die im Besonderen Schuldrecht geregelten, sondern auch für die in den übrigen Büchern des BGB verankerten Schuldverhältnisse. Das gilt insbesondere für die Vorschrift des § 242 BGB (Treu und Glauben), die sich zu einer zentralen Norm des Bürgerlichen Gesetzbuches entfaltet hat und Grundlage für vielfältige Rechtsfortbildungen geworden ist.

Die Abhebung des Sachenrechts vom Schuldrecht ist eine Besonderheit des Deutschen Bürgerlichen Rechts, die bedingt ist durch die Geltung des Abstraktionsprinzips. Danach ist die Wirksamkeit eines Verfügungsgeschäfts rechtlich unabhängig davon zu beurteilen, ob die zugrundeliegende schuldrechtliche Verpflichtung wirksam ist oder nicht. Das Abstraktionsprinzip zerreißt sozusagen das Vermögensrecht in ein Schuldrecht und ein Sachenrecht. Demgemäß kennen Kodifikationen, die nicht das Abstraktionsprinzip beinhalten, die Trennung von Schuld- und Sachenrecht nicht (vgl. den französischen Code Civil von 1804).

Einen relativ klar abgegrenzten Regelungsbereich haben die letzten beiden Bücher des BGB, das Familienrecht und das Erbrecht. Während das Familienrecht sich mit der Ehe, der Verwandtschaft und schließlich der Vormundschaft befaßt, ist Gegenstand des Erbrechts die Gestaltung der Rechtsverhältnisse aus Anlaß des Todes einer natürlichen Person. Daß Familien- und Erbrecht gegenständlich klarer ausgegrenzt sind als die ersten drei Bücher des BGB, bedeutet nicht, daß sie isoliert neben den übrigen Teilen des BGB stünden. Vielmehr sind alle Bücher des Bürgerlichen Gesetzbuches eng miteinander verzahnt. Die Regelungen greifen vielfältig ineinander; keines der einzelnen Bücher ist aus sich heraus interpretierbar; alle fünf sind vielmehr umfassend ineinander verwoben.

(Text: Jura-Poster Nr. 1, überarbeitet von C. Wittek.)

Zur weiteren Vertiefung werden aus dem Programm der Verlagsgruppe Luchterhand empfohlen:

1. Eike Schmidt, Gert Brüggemeier
   Zivilrechtlicher Grundkurs
   3. überarbeitete und erweiterte Auflage 1989, 416 Seiten, kartoniert, DM 40,00
   ISBN 3-472-00025-2 AMV

2. zum BGB Allgemeiner Teil
   Kommentar zum Bürgerlichen Gesetzbuch
   Band 1: Allgemeiner Teil
   Alternativkommentare
   1987, 958 Seiten, Leinen, DM 148,00
   ISBN 3-472-07021-8 AMV

3. zum BGB Schuldrecht
   Karl Heinz Fezer/Wolfgang Thiele
   Schuldrecht Besonderer Teil
   4. Auflage 1990, ca. 160 Seiten, kartoniert, ca. DM 28,00
   ISBN 3-472-63350-6 AMV

4. zum Kaufrecht
   Dietrich Reinicke/Klaus Tiedtke
   Kaufrecht
   einschl. Abzahlungsgeschäfte, AGB-Gesetz, Eigentumsvorbehalt, Factoring, finanzierter Kaufvertrag, Leasing, Pool-Vereinbarungen und Produzentenhaftung
   4. Auflage 1989, 471 Seiten, kartoniert, DM 49,00
   ISBN 3-472-00009-0 HLV

5. zum Mietrecht
   Miet- und Wohnungsrecht
   Texte und Erläuterungen
   Herausgegeben von Michael J. Schmid
   Loseblattwerk, 2 Ordner, z. Z. ca. 2760 Seiten, DM 98,00
   (Seitenpreis der Ergänzungen DM 0,24)
   ISBN 3-472-20100-2 HLV

6. zum Kreditsicherungsrecht
   Dietrich Reinicke/Klaus Tiedtke
   Gesamtschuld und Schuldsicherung durch Bürgschaft, Hypothek, Grundschuld, Pfandrecht an beweglichen Sachen und Rechten.
   2. Auflage 1988, 298 Seiten, kartoniert, DM 52,00
   ISBN 3-472-01033-9 AMV

7. zum Sachenrecht
   Kommentar zum Bürgerlichen Gesetzbuch
   Band 4: Sachenrecht
   Alternativkommentare
   1988, 1092 Seiten, Leinen, DM 148,00
   ISBN 3-472-07024-2 AMV

8. zum Familienrecht
   Michael Lemke/Rainer Glockner
   Tabellen zum Familienrecht - TzFamR -
   Zur Vorbereitung und Durchführung aller für die familiengerichtliche Entscheidung notwendigen Berechnungen. Stand 1. März 1990
   5. Auflage 1990, 164 Seiten, Kunststoffeinband, DM 24,80
   ISBN 3-472-00117-8 HLV

9. zum Erbrecht
   Kommentar zum Bürgerlichen Gesetzbuch
   Band 6: Erbrecht
   Alternativkommentare
   1990, 1306 Seiten, Leinen, DM 248,00
   (Subskriptionspreis DM 198,00)
   ISBN 3-472-07026-9 AMV

Neuerscheinung:

Kommentar zum Bürgerlichen Gesetzbuch
Band 5: Familienrecht
Reihe Alternativkommentare
2. Auflage 1990, ca. 1200 Seiten, Leinen, ca. DM 198,00
ISBN 3-472-07028-5
Erscheint IV. Quartal

2. Arbeitsrecht

a. Das System

Arbeitsrecht ist das Recht der abhängigen Arbeit. Mit »abhängiger Arbeit« ist eine Arbeitsleistung gemeint, die jemand für einen anderen einbringt, zu dem er in einem persönlichen Abhängigkeitsverhältnis steht. Man spricht deshalb auch von »fremdbestimmter Arbeit«. Derjenige, der die Arbeitsleistung erbringt, heißt Arbeitnehmer, derjenige, der sie empfängt, heißt Arbeitgeber. Das Arbeitsrecht dient in erster

Linie dem Schutz des Arbeitnehmers. Der Arbeitnehmer ist meist wirtschaftlich schwächer als der Arbeitgeber. Diese wirtschaftliche Lage der Parteien des Arbeitsvertrages bringt es mit sich, daß der Arbeitgeber dem Arbeitnehmer oft die Bedingungen des Arbeitsvertrages aufdrängen kann und der Arbeitnehmer sich mit Vorschlägen des Arbeitgebers notgedrungen einverstanden erklärt. Dieser ungleichen Stellung der Parteien des Arbeitsvertrages wollen die arbeitsrechtlichen Vorschriften entgegenwirken.

Die schrittweise Fortentwicklung der arbeitsrechtlichen Gesetzgebung seit Beginn dieses Jahrhunderts hat dazu geführt, daß das Arbeitsrecht mittlerweile in eine unübersehbare Zahl gesetzlicher Sonderregelungen zersplittert ist. Zur Systematisierung läßt es sich jedoch in vier große Teilbereiche einteilen.

aa. Individualarbeitsrecht

Das allgemeine Arbeitsvertragsrecht (Individualarbeitsrecht) ist der Teil des Arbeitsrechts, der die sich aus dem Abschluß eines Arbeitsvertrages ergebenden privatrechtlichen Beziehungen zwischen Arbeitgeber und Arbeitnehmer regelt.

bb. Arbeitsschutzrecht

Unter Arbeitsschutzrecht versteht man die Gesamtheit der Rechtsnormen, die dem Arbeitgeber öffentlich-rechtliche Pflichten auferlegen, um die Arbeitnehmer vor Gefahren zu schützen. »Öffentlich-rechtliche« Pflicht bedeutet, daß der Arbeitgeber in erster Linie gegenüber dem Staat und nicht gegenüber dem einzelnen Arbeitnehmer zur Einhaltung der Arbeitsschutzvorschriften verpflichtet ist. Der Verstoß gegen Arbeitsschutzvorschriften ist in der Regel mit Strafe bedroht. Zum Arbeitsschutzrecht gehören auch der Arbeitszeitschutz und das Arbeitnehmerüberlassungsgesetz.

cc. Kollektives Arbeitsrecht

Das kollektive Arbeitsrecht ist der Teil des Arbeitsrechts, der das Recht der Arbeitsverbände in Beruf und Betrieb, ihrer Verträge und Kämpfe regelt. Zu den Arbeitsverbänden gehören die Gewerkschaften, die Arbeitgeberverbände und die Betriebsräte bzw. (im öffentlichen Dienst) die Personalräte. Innerhalb des kollektiven Arbeitsrechts lassen sich unterscheiden:

- das Berufsverbandsrecht, das sind die Rechtsnormen, die die interne Organisation der Arbeitgeberverbände und Gewerkschaften regeln;
- das Tarifvertragsrecht, das sind die Vorschriften, die die Befugnisse der Tarifvertragsparteien zur Schaffung arbeitsrechtlicher Normen und die Wirkung dieser Normen regeln;
- das Arbeitskampfrecht;
- das Schlichtungsrecht; Schlichtung im Arbeitsrecht ist die Hilfeleistung zur Beendigung einer Gesamtstreitigkeit der Sozialpartner (z.B. Streik) durch Abschluß einer Gesamtvereinbarung (z.B. Tarifvertrag). Eine staatliche Zwangsschlichtung zur Beendigung von Arbeitskämpfen ist nach geltendem Recht unzulässig, weil sie gegen die durch Art. 9 GG garantierte Tarifautonomie, d.h. die kollektive Selbstbestimmung der Tarifpartner, verstoßen würde. Schlichtung und Schlichtungsverfahren richten sich also allein nach den Vereinbarungen der Tarifvertragsparteien;
- das Betriebsverfassungsrecht bzw. Personalvertretungsrecht.

dd. Arbeitsrechtliches Verfahrensrecht

Das arbeitsrechtliche Verfahrensrecht umfaßt die Vorschriften, die Sonderregelungen für das Verfahren vor den Gerichten für Arbeitssachen enthalten.

b. Die Rechtsquellen

Rechtsquellen sind der Oberbegriff für die Arten der Normen, die ein bestimmtes Rechtsgebiet (hier: das Arbeitsrecht) beherrschen. Rechtsquellen des Arbeitsrechts sind Gesetze, Rechtsverordnungen, Gewohnheitsrecht, sog. autonomes Recht und – in gewissem Sinne – Richterrecht. In der nachfolgenden Auflistung fehlen notwendigerweise die Rechtssätze, die auf anderen Rechtsquellen als Gesetzen und Rechtsverordnungen beruhen, insbesondere die wichtigen auf Richterrecht beruhenden Rechtssätze.

aa. Gesetze

Oberste Rechtsquelle ist das Grundgesetz, dessen Vorschriften allen anderen Arten von Normen vorgehen. Unter den Vorschriften des Grundgesetzes sind für das Arbeitsrecht von maßgebender Bedeutung

die Grundrechte der Gleichheit vor dem Gesetz (Art. 3 GG), der Koalitionsfreiheit (Art. 9 GG), der Freizügigkeit (Art. 11 GG) und der Berufsfreiheit (Art. 12 GG) sowie der Grundsatz des sozialen Rechtsstaates (Art. 20 und 28 GG).
Das Arbeitsrecht gehört im übrigen zur konkurrierenden Gesetzgebung des Bundes (Art. 74 Nr. 12 GG). Das heißt: Dem Bund steht das Gesetzgebungsrecht zu, soweit er von ihm Gebrauch machen will; soweit und solange der Bund für einzelne arbeitsrechtliche Fragen von seinem Gesetzgebungsrecht keinen Gebrauch macht, können die Länder diese Fragen durch Ländergesetze regeln. Tatsächlich hat der Bund auf dem Gebiet des Arbeitsrechts von seinem Gesetzgebungsrecht in weitgehendem Maße Gebrauch gemacht, so daß die wichtigsten arbeitsrechtlichen Gesetze für das gesamte Bundesgebiet einheitlich gelten.

Insbesondere sind anzuführen:

- Bürgerliches Gesetzbuch (§§ 611–630 BGB)
- Beschäftigungsförderungsgesetz (BeschFG)
- Gewerbeordnung (§§ 105–139b GeWO)
- Zivilprozeßordnung (§§ 850–851 ZPO)
- Gesetz über Arbeitnehmererfindungen (Arbeitnehmererfindungsgesetz)
- Gesetz über die Fortzahlung des Arbeitsentgelts im Krankheitsfall (Lohnfortzahlungsgesetz, LohnFG)
- Bundesurlaubsgesetz (BUrlG)
- Gesetz zur Regelung der Lohnfortzahlung an Feiertagen (Feiertagslohnzahlungsgesetz)
- Berufsbildungsgesetz (BBiG)
- Jugendarbeitsschutzgesetz (JArbSchG)
- Arbeitsplatzschutzgesetz (ArbPlSchG)
- Schwerbehindertengesetz (SchwbG)
- Mutterschutzgesetz (MuSchG)
- Bundeserziehungsgeldgesetz (BErzGG)
- Arbeitnehmerüberlassungsgesetz (AÜG)
- Kündigungsschutzgesetz (KSchG)
- Gesetz über die Fristen für die Kündigung von Angestellten (Angestelltenkündigungsschutzgesetz, AngKSchG)
- Gesetz zur Verbesserung der betrieblichen Altersversorgung (Betriebsrentengesetz, BetrAVG)
- Vorruhestandsgesetz (VRG)
- Altersteilzeitgesetz

- Arbeitssicherheitsgesetz (ASiG)
- Arbeitszeitordnung (AZO)
- Heimarbeitsgesetz (HAG)
- Gesetz über die Mitbestimmung der Arbeitnehmer (Mitbestimmungsgesetz)
- Tarifvertragsgesetz (TVG)
- Betriebsverfassungsgesetz (BetrVG)
- Sprecherausschußgesetz (SprAuG)
- Bundespersonalvertretungsgesetz (BPersVG)
- Arbeitsgerichtsgesetz (ArbGG)

Nur wenige Bereiche sind heute noch dem Gesetzgebungsrecht der Länder überlassen; als wichtigste Beispiele hierfür sind zu nennen der Bildungsurlaub (siehe die Bildungsurlaubsgesetze der Länder Berlin, Bremen, Hamburg, Niedersachsen, Nordrhein-Westfalen und Hessen) sowie der Hausarbeitstag (siehe Hausarbeitstagsgesetze der Länder Bremen, Hamburg, Niedersachsen und Nordrhein-Westfalen).
Wenn auch die Länder in den ihnen noch verbleibenden Bereichen ihr Gesetzgebungsrecht nicht in Anspruch nehmen, sind notfalls die Gerichte aufgerufen, Gesetzeslücken durch Aufstellung neuer Rechtssätze zu schließen.

bb. Rechtsverordnungen

In den Bundesgesetzen können die Bundesregierung, ein Bundesminister oder die Landesregierungen ermächtigt werden, Rechtsverordnungen zu erlassen. Dabei muß in dem Gesetz Inhalt, Zweck und Ausmaß der erteilten Ermächtigung bestimmt werden (Art. 80 Abs. 1 GG). Arbeitsrechtlich bedeutsame Rechtsverordnungen sind die Ausführungsverordnung zur Arbeitszeitordnung, die Verordnung über ärztliche Untersuchungen nach dem Jugendarbeitsschutzgesetz, die Wahlordnung (WahlO) zum Schwerbehindertengesetz, die 3. Durchführungsverordnung (DVO) zum Schwerbehindertengesetz, die 1. DVO zum Tarifvertragsgesetz sowie die Wahlordnung (WahlO) zum Betriebsverfassungsgesetz.

cc. Gewohnheitsrecht

Gewohnheitsrecht ist im Gegensatz zu Gesetzen und Rechtsverordnungen ungeschriebenes Recht. Es kann sich nur auf Fragen erstrecken, die durch geschriebenes Recht nicht geregelt sind. Das ungeschriebene Gewohnheitsrecht kommt dadurch zustande, daß innerhalb einer

Gemeinschaft eine tatsächliche, nicht bloß vorübergehende gleichmäßige Übung besteht und diese Übung auf der Überzeugung ihrer rechtlichen Verbindlichkeit beruht. Gewohnheitsrechtliche Rechtssätze sind im Arbeitsrecht selten. Der Grund hierfür dürfte darin liegen, daß das Arbeitsrecht noch ein verhältnismäßig junges Rechtsgebiet ist.

dd. Autonomes Recht

Unter autonomem Recht versteht man Rechtssätze, die von außerstaatlichen Stellen, denen der Staat eine Rechtsetzungsbefugnis verliehen hat, erlassen werden. Zu den autonomen Rechtsquellen im Bereich des Arbeitsrechts gehören insbesondere die Tarifverträge, die von den Tarifpartnern abgeschlossen werden (§ 2 Abs. 1 TVG), und die Betriebsvereinbarungen, die zwischen Arbeitgeber und Betriebsrat zustande kommen (§ 77 Abs. 2 BetrVG). Durch Tarifverträge und Betriebsvereinbarungen können Rechtsnormen gesetzt werden (§ 1 Abs. 1 TVG, § 77 Abs. 4 BetrVG).

ee. Richterrecht

Die Rechtsprechung ist zwar in erster Linie zur Auslegung des geltenden Rechts berufen. Weit mehr als auf anderen Rechtsgebieten sehen sich jedoch die Gerichte für Arbeitssachen veranlaßt, rechtsschöpferische Entscheidungen zu treffen. Die technische und gesellschaftliche Entwicklung führt dazu, daß manche gesetzliche Regelungen auf dem Gebiet des Arbeitsrechts überholt werden und manche arbeitsrechtlichen Problemkreise entstehen, die überhaupt noch nicht gesetzlich geregelt sind. In diesen Fällen hat das Bundesarbeitsgericht, die höchste Instanz der Gerichte für Arbeitssachen, in seiner bisherigen Rechtsprechung überholte gesetzliche Vorschriften der technischen und gesellschaftlichen Entwicklung angepaßt (z. B. auf dem Gebiet der Wettbewerbsvereinbarungen) und für ungeregelte arbeitsrechtliche Problemkreise differenzierende Rechtssätze aufgestellt, die praktisch wie Gesetze angewendet werden (z. B. für den Arbeitskampf, für Rückzahlungsklauseln bei freiwilligen Sonderzuwendungen des Arbeitgebers bei gefahrgeneigter Arbeit). Die Rechtsprechung des Bundesarbeitsgerichts entfaltet zwar für die unteren Gerichte keine Bindungswirkung wie ein Gesetz, in der Praxis werden jedoch Rechtssätze, die das Bundesarbeitsgericht rechtsschöpferisch entwickelt und in jahrelanger ständiger Rechtsprechung bestätigt, ebenso beachtet wie bindende Gesetze.

Insofern ist es berechtigt, von Richterrecht zu sprechen, obwohl Richterrecht als selbständige Rechtsquelle im deutschen Recht nicht anerkannt ist.

(Text: Jura-Poster Nr. 3 von Dr. G. Etzel, Richter am BAG; überarbeitet von C. Wittek.)

3. Versicherungsrecht

Kaum jemand wird in heutiger Zeit in der Lage sein, den Wegfall seines Gehaltes bei Krankheit, Arbeitsunfähigkeit oder im Alter finanziell aufzufangen oder den Ersatz eines großen Schadens, den er selbst erlitten oder einem anderen zugefügt hat, aus eigener Kraft aufzubringen. Hierzu gibt es die verschiedensten Versicherungen. Sie alle haben den Zweck, gewöhnlichen und außergewöhnlichen Risiken vorzubeugen und diese durch Zahlung von Beiträgen oder Prämien auf einen Versicherungsträger abzuwälzen.
Zu unterscheiden sind die öffentlich-rechtlichen und die privaten Versicherungen:

a. Sozialversicherungen

Zu den öffentlich-rechtlichen Versicherungen gehören insbesondere die Sozialversicherungen, in denen der Versicherte nicht aufgrund Vertrages, sondern unmittelbar Kraft Gesetzes versichert ist. Hier besteht also Versicherungszwang. Versicherungsträger sind entweder öffentlich-rechtliche Körperschaften oder Anstalten, die ihre Leistungen aus Beiträgen finanzieren, deren Höhe sich i. d. R. nach dem jeweiligen wirtschaftlichen Leistungsvermögen der Versicherungen richtet. In diesen Bereich gehören

- die gesetzliche Krankenversicherung für Arbeiter und Angestellte bei den Allgemeinen Ortskrankenkassen (AOK), den Ersatzkassen oder Knappschaften;
- die Rentenversicherung für Arbeiter bei den Landesversicherungsanstalten (LVA) und für Angestellte bei der Bundesversicherungsanstalt für Angestellte (BfA); (Beamte und Selbständige sind von der gesetzlichen Kranken- und Rentenversicherung befreit);
- die Arbeitslosenversicherung bei der Bundesanstalt für Arbeit;
- die gesetzliche Unfallversicherung, zu der aber nur die Unternehmer/ Arbeitgeber Beiträge zahlen müssen.

(Siehe hierzu im Einzelnen unter 8. b. dd.)

b. Privatversicherungen

Alle übrigen Versicherungen kommen durch privatrechtlichen Vertrag zustande und unterliegen dem Versicherungsvertragsgesetz (VVG). Dies gilt nicht nur für die freiwilligen, sondern auch für die Versicherungen, zu deren Abschluß eine gesetzliche Pflicht besteht. Solche Pflichtversicherungen sind die Haftpflichtversicherungen für bestimmte Berufsgruppen wie Wirtschaftsprüfer, Notare oder Schausteller, die Gebäudefeuerversicherung und insbesondere die Kfz-Haftpflichtversicherung. Hier steht es dem Versicherungspflichtigen lediglich frei zu entscheiden, bei welchem Versicherungsunternehmen er sich versichern will.

Die dem Versicherungsvertragsgesetz unterfallenden Versicherungen lassen sich gemäß § 1 VVG in

- Schadensversicherungen
  (z.B. allgemeine Haftpflicht-, Kfz-Haftpflicht-, Feuer-, Glas-, Hausrat-, Rechtsschutz-, Reise- und Transportversicherungen)

  und

- Personenversicherungen
  (z.B. Lebens-, private Unfall- und Krankenversicherung)

einteilen.

Die Pflicht des Versicherers besteht bei Schadensversicherungen darin, im Versicherungsfall - d.h. bei Eintritt des versicherten Risikos - den Vermögensschaden nach Maßgabe des Vertrages zu ersetzen. Dies kann entweder durch Zahlung einer Geldsumme an den Versicherten oder im Wege der Freistellung des Versicherten unmittelbar an den Geschädigten geschehen. Bei der Personenversicherung ist der Versicherer nach Eintritt des Versicherungsfalles verpflichtet, den vereinbarten Betrag an Kapital oder Rente an den Versicherten zu zahlen, § 1 Abs. 1 VVG.

Die Hauptpflicht des Versicherungsnehmers besteht in der Entrichtung der Versicherungsprämie. Bei nicht rechtzeitiger Zahlung stehen dem Versicherer Rücktritts- oder Kündigungsrechte oder - wenn während dieser Zeit der Versicherungsfall eintritt - Leistungsfreiheit zu. Die weiteren Vertragspflichten von Versicherer und Versicherungsnehmer ergeben sich überwiegend aus den Allgemeinen Versicherungsbedingungen (AVB). Dies sind vorformulierte, von der Versicherungsaufsicht genehmigte Vertragsbedingungen, die in jeden Versicherungsvertrag einbezogen und so dessen Inhalt werden. Die AVB beschreiben insbesondere das versicherte Risiko, enthalten für bestimmte Fälle Ausschlußklauseln (z. A. bei grobfahrlässiger oder vorsätzlicher Herbeiführung des Versicherungsfalles) und legen dem Versicherten Obliegenheiten auf, deren Verletzung zur Verwirkung, d. h. zum vollständigen oder teilweisen Wegfall des Versicherungsschutzes führen kann.

Die Vielfalt an Versicherungsunternehmen und versicherten Risiken ist groß. Vielen Versicherungsgesellschaften geht es weniger darum, den Bürgern Sicherheit zu bieten; für sie ist Versicherung nur noch Mittel zum Zweck, auf Kosten der Verbraucher möglichst hohe Gewinne zu erzielen. Gerade im Bereich der freiwilligen Versicherungen, die oft als »Zusatzversicherungen« zu Pflichtversicherungen verstanden werden sollen, gibt es zahlreiche »Mogelpackungen«: Viele Versicherungen sind im Vergleich zum Leistungsangebot, das sich in erster Linie durch Ausschlußklauseln kennzeichnet, erheblich zu teuer, andere unsinnig, weil das versicherte Risiko bereits von Pflichtversicherungen abgedeckt ist, wieder andere sind zumindest unwichtig. Dieses Geflecht zu durchschauen, ist dem einzelnen Verbraucher kaum möglich. Aus diesem Grunde hat der »Bund der Versicherten e.V.« eine Broschüre mit dem Titel

> »Wie man sich richtig versichert und dabei viel Geld spart – was viele Gesellschaften und Vertreter verschweigen«

herausgebracht, die gegen Einsendung einer 1-DM-Briefmarke angefordert werden kann. Die Adresse des Bundes der Versicherten finden Sie im 8. Teil dieses Buches.

4. Handelsrecht

Handelsrecht ist in seinem Kern bürgerliches Recht. Es umfaßt die Gesamtheit der für Kaufleute geltenden Normen, die dem kaufmännischen Verkehr in seiner Schnellebigkeit und seiner besonderen Stellung im Wirtschaftsleben Rechnung tragen. Sie finden sich hauptsächlich im Handelsgesetzbuch (HGB), das die Normen des BGB ergänzt oder durch Spezialvorschriften ersetzt. Das Handelsrecht wird deshalb auch als das »Sonderrecht der Kaufleute« bezeichnet. Eine weitere Rechtsquelle stellt das Gewohnheitsrecht dar, das neben den Handelsbräuchen hier besonders ausgeprägt ist.
Zum Handelsrecht im weiteren Sinne gehören das Gesellschafts-, Wettbewerbs-, Wertpapier- sowie das Banken- und Börsenrecht.

a. Der Kaufmann

Den zentralen Begriff des Kaufmanns definiert § 1 HGB: Kaufmann ist, wer ein Handelsgewerbe betreibt. Ein »Handelsgewerbe« setzt zweierlei voraus:

- Es muß überhaupt ein Gewerbe betrieben werden. Der Unternehmer muß also einer auf Dauer angelegten, gesetzlich erlaubten, selbständigen und gewinnorientierten Tätigkeit nachgehen. Zum Gewerbe in diesem Sinne gehören nicht die freien Berufe (z. B. Rechtsanwalt, Arzt und die sog. Urproduktion, z. B. Land- und Forstwirte).

- Das Gewerbe muß
  - einem Grundhandelsgewerbe im Sinne des § 1 Abs. 2 HGB entsprechen (Vollkaufmann)

    oder
  - nach Art und Umfang einen in kaufmännischer Weise geführten Geschäftsbetrieb erfordern und im Handelsregister eingetragen sein, z. B. größere Handwerksbetriebe (sog. Soll-Kaufmann, § 2 HGB) oder Landwirtschaftsbetriebe (sog. Kann-Kaufmann, § 3 HGB)

  oder

- kraft Rechtsform zu den Handelsgewerben gehören, § 6 HGB (alle Handelsgesellschaften wie OHG und KG und Kapitalgesellschaften wie GmbH und AG).

Während die Soll- und Kann-Kaufleute erst mit ihrer Eintragung im Handelsregister die Kaufmannseigenschaft erlangen, die Eintragung also konstitutive Wirkung hat, erlangen Vollkaufleute und Minderkaufleute (deren Gewerbebetrieb nach Art und Umfang an sich keinen kaufmännisch geführten Geschäftsbetrieb erfordert, § 4 HGB) diese Eigenschaft allein aufgrund der Tatsache, daß sie ein Grundhandelsgewerbe i.S.d. § 1 Abs. 2 HGB betreiben. Als Grundhandelsgewerbe gelten: (1) die Be- und Verarbeitung von Waren für andere (mit Ausnahme der rein handwerksmäßigen, nicht im Handelsregister eingetragenen Betriebe), (2) die Übernahme von Versicherungen gegen Prämie, (3) Bank- und Geldwechselgeschäfte, (4) die Personen- und Güterbeförderung, (5) die Geschäfte der Kommissionäre, Spediteure und Lagerhalter, (6) der Handelsvertreter und Handelsmakler sowie (7) die Verlags-, Buch-, Druck- und Kunsthandelsgeschäfte.
Wer also ein solches Gewerbe betreibt, ist automatisch Kaufmann. Die Eintragung im Handelsregister hat insofern nur deklaratorische Bedeutung, wenngleich für Vollkaufleute eine Eintragungspflicht besteht (§ 29 HGB).

Alle Kaufleute - abgesehen von den Minderkaufleuten - unterliegen weiteren speziellen Pflichten. Sie müssen über ihre Einnahmen und Ausgaben Buch führen sowie entsprechende Bilanzen erstellen. Im Jahresturnus ist hierzu eine Gegenüberstellung des Geschäftsvermögens - der Aktiva - und der Verbindlichkeiten - der Passiva - vorzunehmen.

b. Handelsgeschäfte

Besonderheiten gelten auch in Bezug auf die Rechtsgeschäfte eines Kaufmanns, die zum Betrieb seines Handelsgewerbes gehören (was im Zweifel vermutet wird, § 344 HGB). Für diese Handelsgeschäfte gelten andere Erwartungen, Notwendigkeiten und Anforderungen als im BGB. Der Handelsverkehr erfordert größere Bewegungsfreiheit, rasche Abwicklung des Geschäfts, erhöhte Sorgfaltspflichten und verstärkten Vertrauensschutz. Kennzeichnend für das Handelsrecht sind deshalb

- formfreie Rechtsgeschäfte, die nach dem BGB einer bestimmten Form (§§ 125 ff. BGB - z.B. Schriftform) unterliegen würden,
- verkürzte Verjährungsfristen, z.B. bei Mängelrügen,
- Rechtsgeschäfte, die durch Schweigen auf ein Angebot zustande kommen (im BGB gilt Schweigen grundsätzlich als Ablehnung),

- erhöhte Sorgfaltspflichten eines ordentlichen Kaufmanns (§ 347 HBG), die über die – nach § 276 BGB verlangte – im »Verkehr erforderliche Sorgfalt« hinausgeht,
- verschärfte Haftung des Kaufmanns, insbesondere aus dem Gesichtspunkt der Vertrauenshaftung kraft Rechtscheins,
- generelle Befugnisse der bestellten Vertreter (Prokuristen, Handlungsbevollmächtigte), die i. d. R. weitergehen, als die eines Vertreters nach § 164 BGB.

c. Das Handelsregister

Das bereits erwähnte Handelsregister ist für den Rechts- und Geschäftsverkehr von großer Bedeutung, da hierin – mit Ausnahme der Minderkaufleute – alle Kaufleute und die auf sie bezogenen Tatsachen und Rechtsverhältnisse, insbesondere die Beteiligungsverhältnisse an (anderen) Gesellschaften eingetragen sind. Das Handelsregister wird bei dem örtlichen Amtsgericht geführt und ist für jedermann einsehbar. Es genießt öffentlichen Glauben, d. h. die Eintragungen gelten für denjenigen, der sich darauf verlassen darf, als richtig, auch wenn dies nicht der Fall ist.

5. Gesellschaftsrecht

a. Gesellschaftsrecht im Rechtssystem

Das Gesellschaftsrecht ist Teilgebiet des Privatrechts (aber mit öffentlich-rechtlichen Einschlägen); es regelt im wesentlichen nur die Beziehungen der Gesellschafter untereinander bzw. zur Gesellschaft und zu den Gesellschaftsgläubigern und -schuldnern. Wie alle Teilgebiete tritt es zu vielen anderen Bereichen der einheitlichen Rechtsordnung in mehr oder weniger enge Beziehung. Das gilt nicht nur für die Kerngebiete des Privatrechts, das Bürgerliche Recht und das Handelsrecht (im BGB und HGB sind ja selbst wichtige Gesellschaftsformen geregelt). Enge Verbindungen bestehen zum Arbeitsrecht (sofern Gesellschaften Arbeitnehmer beschäftigen und deshalb Arbeitgeber sind), zum Wertpapierrecht (beispielsweise ist die Aktie Wertpapier) und insbesondere auch zum Kartell- und Wettbewerbsrecht (Beispiele: Gesellschaften schließen Kartellverträge, § 1 GWB, Art. 85 EWG-Vertrag; nehmen marktbeherrschende Stellungen ein, § 22 GWB, Art. 86 EWG-Vertrag; wollen fusionieren, §§ 23 ff. GWB; melden Patente [PatG] und Warenzeichen [WZG] an oder nehmen Wettbewerbshandlungen vor, § 1 UWG). Von besonderem Einfluß auf das Gesellschaftsrecht ist das Steuerrecht, das in vielen Fällen schon die Wahl einer Gesellschaftsform beeinflußt, aber in dieser Bedeutung nicht überschätzt werden sollte, da es zu steuerlicher Gleichbehandlung der Gesellschaftsformen tendiert.

b. Gesellschaftsrecht im Wirtschaftssystem

Die Einordnung des Gesellschaftsrechts als Teildisziplin des Privatrechts darf nicht zu dem Schluß verleiten, als handle es sich um eine unpolitische Materie. Das Gegenteil ist der Fall. Innerhalb des Normengefüges einer Wirtschaftsordnung gehört das Gesellschaftsrecht, wie etwa auch das Arbeits- und das Wirtschaftsrecht, zu dem in besonderem Maße systemgebundenen Recht.

Als Wirtschaftsordnung bezeichnet man dabei heute üblicherweise den Teil der Rechtsordnung, der auf die Wirtschaft bezogen ist und in dem die Organisation und der Ablauf des Wirtschaftslebens geregelt werden. Wirtschaftsordnung ist somit Rechtsordnung und als solche Mittel zur Gestaltung einer Gesellschaft, also Teil der Gesellschaftsordnung, die ihrerseits in Interdependenz zur Staatsordnung steht.

Die vorherrschende Wirtschaftsordnung bestimmt die Aufgabe eines Gesellschaftsrechts im Gesamtgefüge, ebenso wie es den einzelnen Gesellschaften Sinn und Funktion gibt. Andererseits bildet das Gesellschaftsrecht in seiner jeweiligen Ausgestaltung seinerseits ein wichtiges Strukturprinzip des jeweiligen Systems und macht dadurch den steuernden Einfluß des Rechtes auf die Realisierung eines Wirtschaftssystems deutlich.

c. Rechtsquellen

Die Vielgestaltigkeit der Lebensbedürfnisse hat zu verschiedenen Gesellschaftsformen geführt. Diese sind nicht zusammenfassend kodifiziert, sondern finden sich im

- BGB
  - Verein (rechtsfähiger, §§ 21–53, 55–79; nichtrechtsfähiger, § 54)
  - Gesellschaft (BGB-G), §§ 705–740 BGB
- HGB
  - offene Handelsgesellschaft (OHG), §§ 105–160 HGB
  - Kommanditgesellschaft (KG), §§ 161–177 a HGB
  - stille Gesellschaft (StG), 230–237 HGB
  - Reederei, §§ 489–509 HGB
- GmbHG
  - Gesellschaft mit beschränkter Haftung (GmbH), § 1 ff. GmbHG
- AktG
  - Aktiengesellschaft (AG), §§ 1 ff. AktG
  - Kommanditgesellschaft auf Aktien (KGaA), §§ 278–290 AktG
- GenG
  - eingetragene Genossenschaft (eG), §§ 1 ff. GenG
- VAG (Versicherungsaufsichtsgesetz)
  - Versicherungsverein auf Gegenseitigkeit (VVaG), §§ 7, 15–53 VAG.

d. Arten der Gesellschaften

Trotz der im einzelnen unterschiedlichen Gesellschaftsformen ist allen gemeinsam, daß sie zur Verfolgung eines gemeinsamen Zwecks privatrechtsgeschäftlich begründete Personenvereinigungen sind. Eine Ausnahme im Hinblick auf das Erfordernis der »Vereinigung« stellen allerdings die Einmanngesellschaften dar, die nach dem GmbHG als solche gegründet, nach dem AktG nachträglich durch Vereinigung aller Aktien in einer Hand entstehen können.

Motive für die Gründung einer Gesellschaft sind vor allem:

- Ergänzung der persönlichen Fähigkeiten (z.B. kaufmännische und technische Fähigkeiten);
- Zusammenlegung der Kapitalkraft;
- Risikobegrenzung (durch Beschränkung der persönlichen Haftung);
- Erhaltung von Unternehmen (z.B. bei Alter oder Tod eines bisherigen Einzelunternehmers);
- ideelle Motive jeder Art.

Die rechtliche Ausgestaltung zur aktionsfähigen Einheit, ihre Organisation, ist bei den einzelnen Gesellschaftsformen ebenso unterschiedlich wie die Lebensbedürfnisse, denen sie gerecht zu werden haben. Daran knüpft vornehmlich die Unterscheidung zwischen Personengesellschaften (»Gesellschaften im engeren Sinne«) und Vereinen (»Gesellschaften im weiteren Sinne«) an.
Der wesentliche Unterschied besteht darin, daß Personengesellschaften in weit stärkerem Maße als Vereine von der Individualität der Personen, die sich als Gesellschafter vereinigt haben, geprägt werden.

Die Personenbezogenheit der Personengesellschaften äußert sich insbesondere darin, daß

- die Gesellschafter, nicht die Gesellschaft als solche, Träger aller gesellschaftlichen Rechte und Pflichten sind, keiner Personengesellschaft ist demgemäß vom Gesetzgeber der Status einer juristischen Person verliehen;
- die Gesellschafter selbst die Geschäftsführung und Vertretung der Gesellschaft besorgen (Selbstorganschaft); Personengesellschaften sind demgemäß auf die enge Zusammenarbeit ihrer Gesellschafter ausgerichtet;
- die Gesellschafter insbes. auch untereinander rechtlich verbunden sind;
- die Gesellschafter nicht beliebig auswechselbar sind; Tod, Kündigung und Konkurs eines Gesellschafters berühren den Bestand der Gesellschaft.

Demgegenüber steht bei den Vereinen die Ausgestaltung der Personenvereinigung als selbständige Einheit im Vordergrund. Das zeigt sich in

- einer körperschaftlichen Organisation, die darauf gerichtet ist, den Verein nach innen und außen zu einem handlungsfähigen Ganzen auszugestalten. Darunter versteht man, daß die Willensbildung, Geschäftsführung und Vertretung der Vereinigung von der Individualität ihrer Mitglieder abgelöst und besonderen Organen übertragen wird (Mitgliederversammlung, Vorstand) und die Einheit nach außen unter eigenem Namen auftritt. Die körperschaftliche Verfassung eröffnet zugleich die Möglichkeit des unkomplizierten Mitgliederwechsels (Ein- und Austritte);
- einer rechtlichen Verselbständigung, indem die Rechtsordnung den Vereinen den Status einer juristischen Person verleiht und sie damit zum Zuordnungssubjekt des Vereinsvermögens, von sonstigen Rechten und Pflichten macht. Alle Vereine mit Ausnahme des nichtrechtsfähigen BGB-Vereins (§ 54 BGB) sind juristische Personen.

Zu den Personengesellschaften gehören:
- die Gesellschaft bürgerlichen Rechts (GbR), §§ 705 ff. BGB,
- die offene Handelsgesellschaft (OHG), §§ 105 ff. HGB,
- die Kommanditgesellschaft (KG), §§ 161 ff. HGB,
- die Stille Gesellschaft, §§ 230 ff. HGB.

Alle übrigen Gesellschaften rechnet man zu den Vereinen. Dies sind zum einen die Vereine des BGB, zum anderen die Wirtschaftsvereine in besonderer Rechtsform, nämlich:
- die Aktiengesellschaft (AG), §§ 1 ff. AktG,
- die Kommanditgesellschaft auf Aktien (KGaA), §§ 278 ff. AktG,
- die Gesellschaft mit beschränkter Haftung (GmbH) gemäß GmbHG,
- die eingetragene Genossenschaft (eG), §§ 1 ff. GenG,
- der Versicherungsverein auf Gegenseitigkeit (VVaG), §§ 7, 15 ff. VAG.

aa. Die GbR

Die GbR – auch BGB-Gesellschaft genannt – ist die Grundform aller Personengesellschaften. Sie steht zu den anderen Personengesellschaften (OHG, KG, StG) im Verhältnis von allgemeiner und spezieller Form. Das ergibt sich daraus, daß die Regelung der GbR in §§ 705 ff. BGB ergänzend auch für die handelsrechtlichen Personengesellschaften gilt, soweit spezielle Vorschriften fehlen.

Nach § 705 BGB entsteht die GbR mit Abschluß des Gesellschaftsvertrages, in dem als Mindestinhalt die Gesellschafter, der gemeinsame Zweck und die Pflicht der Gesellschafter zur Förderung des Gesellschaftszweckes festzulegen sind.

Die GbR besteht aus mindestens zwei Personen, die sowohl natürliche als auch juristische Personen sein können. Gesellschaftszweck kann jedes irgendwie geartete Interesse sein. Das Spektrum reicht von Wohn-, Fahr-, Spiel- und Wettgemeinschaften (Lotto-Toto) über Sozietäten von Freiberuflern (Anwälte, Ärzte, Wirtschaftsprüfer, Steuerberater), Zusammenschlüssen von Minderkaufleuten (für die die Rechtsform der OHG und KG nicht zugelassen ist, § 4 II HGB) und Personen, die überhaupt kein Handelsgewerbe betreiben, bis hin zu Konsortien, Konzernen und Kartellen. Besondere praktische Bedeutung kommt heute den Arbeitsgemeinschaften der Bauwirtschaft (Arge) und den Bauherrengemeinschaften zu.
Die Förderung des gemeinsamen Zwecks kann in Geld- oder Sacheinlagen, Arbeitsleistungen oder sonstigen geeigneten Leistungen bestehen.

Gläubigern gegenüber haften die Gesellschafter persönlich, d.h. nicht nur mit ihrem Anteil am Gesellschaftsvermögen, sondern auch mit ihrem privaten Vermögen.

bb. Die OHG

Die OHG ist eine gesetzlich geregelte Sonderform der GbR. Die Regelung der OHG in §§ 105-160 HGB enthält deshalb entweder ergänzende Zusatzbestimmungen (z.B. §§ 110-113) oder die §§ 705 ff. BGB verdrängende Spezialbestimmungen (z.B. die Regeln über Geschäftsführung und Vertretung). Im übrigen gelten die Vorschriften über die GbR unmittelbar auch für die OHG.

Von der GbR unterscheidet sich die OHG vor allem im Gesellschaftszweck. Er ist auf das gemeinsame Betreiben eines vollkaufmännischen Handelsgewerbes (§§ 1, 2, 3 HGB) beschränkt, in diesem Rahmen aber von großer praktischer Bedeutung. In ihrer typischen gesetzlichen Ausgestaltung führt die OHG zu einer Vereinigung von Kapital (Beitragspflicht), Kredit (unbeschränkte persönliche Haftung) und Arbeit (Recht und Pflicht zur Geschäftsführung) der Beteiligten.

Im Gegensatz zur GbR ist bei der OHG zu unterscheiden zwischen dem Entstehen im Innenverhältnis und dem Entstehen im Außenverhältnis. Sie entsteht im Innenverhältnis grundsätzlich mit Abschluß des Gesellschaftsvertrages, im Außenverhältnis, d.h. im Verhältnis zu Dritten, erst mit der Eintragung ins Handelsregister, § 123 HGB. Auch für die OHG gilt, daß bei keinem der Gesellschafter die Haftung gegenüber den

Gesellschaftsgläubigern beschränkt ist (§ 105 Abs. 1 HGB), also alle auch mit ihrem persönlichen Vermögen haften.

cc. Die KG

Die KG ist Sonderform der OHG, für sie gilt weitgehend OHG-Recht (§ 161 II HGB). Subsidiär gelten außerdem die §§ 705 ff. BGB. Die KG ist wie die OHG zunächst eine Gesellschaft, deren Zweck auf den Betrieb eines vollkaufmännischen Handelsgewerbes unter gemeinschaftlicher Firma gerichtet ist. Das Unterscheidungskriterium zur OHG liegt nur darin, daß bei einem oder mehreren Gesellschaftern - aber nicht bei allen - die Haftung gegenüber den Gesellschaftsgläubigern auf den Betrag einer bestimmten Vermögenseinlage beschränkt ist, § 161 I HGB. Anders als bei der OHG gibt es bei der KG im Hinblick auf die Haftung der Gesellschafter für Gesellschaftsschulden also zwei Arten von Gesellschaftern, wobei von jeder Art mindestens einer vorhanden sein muß, nämlich:

- ein persönlich, d. h. unbeschränkt haftender Gesellschafter, Komplementär genannt; er haftet wie ein OHG-Gesellschafter,
- ein auf den Betrag einer bestimmten Vermögenseinlage beschränkt haftender Gesellschafter, Kommanditist genannt; er haftet gem. §§ 171-176 HGB.

Alle natürlichen und juristischen Personen, außerdem wegen ihrer weitgehenden Verselbständigung OHG und KG können Komplementär oder Kommanditist werden; nicht dagegen die GbR.

Die Bedeutung der KG-Form im Wirtschaftsleben ist größer als die der OHG. Ihre Beliebtheit erklärt sich daraus, daß der Kommanditist mit beschränktem Risiko Mitglied einer Personenhandelsgesellschaft werden kann. Besondere Eignung hat sie als Familiengesellschaftsform, da sie eine Beteiligung der Familienmitglieder nach deren persönlichen Verhältnissen (Mitarbeit, Ausbildung, Alter) erlaubt. Neuerdings hat die KG besondere Bedeutung als Finanzierungs- (Kapitalansammlungs-) und Steuerabschreibungsgesellschaft gewonnen (sog. Publikums-, Massen- oder Anlage-KG).
Die rechtlichen Unterschiede zwischen KG und OHG ergeben sich allein aus der besonderen Rechtsstellung des [oder der] Kommanditisten. Das KG-Recht enthält im wesentlichen Sondernormen für deren Rechtsstellung im Innenverhältnis (§§ 164-169 HGB) und im Außenverhältnis (§§ 170-176 HGB).

So ist nur der Komplementär im Innenverhältnis zur Geschäftsführung, im Außenverhältnis zur Vertretung der Gesellschaft berechtigt. Die Kommanditisten sind von der Geschäftsführung und Vertretung der Gesellschaft ausgeschlossen. Ihnen stehen nur eingeschränkte Kontrollrechte zu.

Die KG entsteht im Innenverhältnis mit Abschluß des Gesellschaftsvertrages, der die konstitutiven Merkmale einer KG enthält. Dies sind die Merkmale wie bei der OHG und zusätzlich eine Bestimmung darüber, welcher Vertragspartner Kommanditist werden soll, welche Einlage er zu leisten hat (Einlagepflicht als Beitragspflicht im Innenverhältnis), und inwieweit er den Gesellschaftsgläubigern haften soll (ziffernmäßige Haftsumme, auch Hafteinlage genannt). Im Außenverhältnis wird sie erst mit Eintragung im Handelsregister wirksam.

Die KG ist ebensowenig wie die OHG juristische Person; sie ist jedoch nach Maßgabe des § 124 Abs. 1 HGB (§ 161 Abs. 2 HGB) wie eine juristische Person zu behandeln.

dd. Die GmbH & Co. KG

Die GmbH & Co. KG ist eine KG, deren einziger Komplementär eine GmbH ist. Es ist eine im Wirtschaftsleben beliebte und bedeutungsvolle Konstruktion einer Unternehmensverbindung durch gesellschaftsrechtliche Beteiligung einer GmbH an einer KG. Diese Kombination der GmbH-Form mit der KG-Form entspricht zwar nicht dem gesetzlichen Leitbild der KG (unbeschränkte Haftung mindestens einer natürlichen Person), ist aber heute unbedenklich zulässig, weil auch die juristische Person als Komplementär mit ihrem ganzen Vermögen, auch wenn dies bei der GmbH bei Errichtung nur aus der Mindestsumme von 50 000 DM zu bestehen braucht (§ 5 I GmbHG), haftet.

Die GmbH & Co. KG ist der in der Praxis häufigste Typ jener Spezies von Personenhandelsgesellschaften, die mit Kapitalgesellschaften derart verbunden sind, daß alle Gesellschafter einer OHG oder alle Komplementäre der KG Kapitalgesellschaften sind. Den Kapitalgesellschaften (wie insbesondere GmbH und AG) stehen Stiftungen, ausländische juristische Personen und solche OHG und KG gleich, bei denen ebenfalls keine natürliche Person persönlich unbeschränkt haftender Gesellschafter ist. In all diesen Fällen haftet den Gesellschaftsgläubigern letztlich keine natürliche Person persönlich und unbeschränkt, sondern nur das Gesellschaftsvermögen der OHG und KG und das Gesellschaftsvermögen ihrer Gesellschafter, insoweit also nur eine beschränkte Vermögensmasse.

Die Rechtsform der GmbH & Co. KG eröffnet verschiedene Gestaltungsmöglichkeiten:

- eine GmbH wird Komplementärin einer KG, ohne im übrigen mit den Kommanditisten (meist natürlichen Personen) der KG personell verbunden zu sein.
- Die späteren Kommanditisten gründen zunächst eine GmbH, dann mit dieser GmbH als Komplementärin eine KG; die personelle Verbundenheit liegt dann darin, daß die Kommanditisten die Gesellschafter der Komplementär-GmbH sind.
- Es wird zunächst eine Einmann-GmbH gegründet (§ 1 GmbHG), bei der der einzige Gesellschafter alleiniger Geschäftsführer wird. Dieser gründet dann persönlich als Kommanditist mit der Einmann-GmbH als Komplementärin eine KG. So ist es möglich, daß eine einzige natürliche Person eine KG betreibt, ohne persönlich unbeschränkt haften zu müssen.

Neben der Möglichkeit einer allseitigen Haftungsbegrenzung stellen steuerrechtliche Überlegungen einen weiteren Grund für die Wahl der Rechtsform einer GmbH & Co. KG dar.

ee. Die AG

Die AG ist eine Gesellschaftsform für Großunternehmen mit erheblichem Kapitalbedarf (Kapitalsammlungsfunktion). Das Kapital wird in der Regel von einer Vielzahl meist anonym bleibender Beteiligter aufgebracht, die Aktien gegen Einlagen übernehmen. Die Beteiligung ist einfach; sie setzt nur die Bereitschaft, einen bestimmten Geldbetrag zur Verfügung zu stellen, voraus, aber keine kaufmännischen oder sonstigen Fähigkeiten. Weil die AG selbst rechtsfähig ist, haften diese Geldgeber für Gesellschaftsverbindlichkeiten nicht. Das erfordert besondere Gläubigerschutzvorschriften. Aber auch die Geldgeber selbst bedürfen rechtlichen Schutzes, weil sie oft geschäftlich unerfahren und ihre Interessen keineswegs einheitlich sind (Beherrschung des Unternehmens, Spekulation, Geldanlage). Die Interessen der Allgemeinheit sind wegen der großen wirtschaftlichen Macht von AG berührt: rund 2190 AG (+ KGaA) verfügten 1987 über ein Grundkapital von rund 116 Milliarden DM. Es ist eine wichtige Aufgabe des AktG, diese unterschiedlichen Interessen zum Ausgleich zu bringen.

Die AG ist eine Gesellschaft mit eigener Rechtspersönlichkeit, also juristische Person. Sie selbst ist Träger von Rechten und Pflichten. Ihren Gläubigern haftet nur sie mit dem Gesellschaftsvermögen (§ 1 Abs. 1 AktG).
Im Gegensatz zu Personengesellschaften muß die AG ein in Aktien zerlegtes Grundkapital haben (§ 1 Abs. 2 AktG). Aufbringung und Erhaltung des Kapitals, nicht die Persönlichkeit der Mitglieder, bestimmen den Charakter der AG; sie ist typische Kapitalgesellschaft.

Auch die Entstehung einer AG setzt (wie die Entstehung jeder anderen Gesellschaft) den Abschluß eines Gesellschaftsvertrages voraus. Synonym wird in § 2 die Bezeichnung »Satzung« verwendet; man spricht deshalb überwiegend von der »Feststellung der Satzung«. Der Gesellschaftsvertrag kommt zwischen mindestens fünf Gründern zustande. Er enthält neben den körperschaftsrechtlichen Organisationsbestimmungen, § 23 Abs. 1, 3 und 4 AktG, auch die Regelung individualrechtlicher Beziehungen zwischen den Gründern bzw. zwischen ihnen und der Gesellschaft. Hierzu gehört insbesondere die Pflicht, Aktien gegen Einlagen zu übernehmen, § 23 Abs. 2 AktG.
Mit Abschluß des Gesellschaftsvertrages ist die AG aber noch nicht gegründet. Hierzu bedarf es mehrerer Verfahrensschritte, endend mit der Eintragung in das Handelsregister.

Exkurs: Konzerne

Das Leitbild unseres Gesellschaftsrechts ist die rechtlich und wirtschaftlich unabhängige Gesellschaft als Unternehmensträger; dies entspricht weitgehend nicht mehr der wirtschaftlichen Realität: Nach Schätzungen sind z. B. mehr als 2/3 aller deutschen AG'en untereinander verflochten. Daraus ergeben sich – vornehmlich bei Kapitalgesellschaften – rechtliche Probleme, insbesondere die eines hinreichenden Schutzes von Gesellschaftsgläubigern gegen ungerechtfertigte, kaum erkennbare Wertverschiebungen und von Minderheitsgesellschaftern, die wegen des Mehrheitsprinzips bei Beschlüssen der Majorität unterworfen sind. Ganz allgemein kann es dazu kommen, daß eine Gesellschaft dem Eigeninteresse einer anderen unterworfen wird. Der Gesetzgeber hat deshalb erstmals bei der Neufassung des AktG 1965 eine Regelung für Unternehmensverbindungen unter Beteiligung einer AG oder KGaA getroffen (§§ 15 ff.; 291 ff. AktG).

Konzerne sind Unternehmensverbindungen, bei denen ein herrschendes und ein oder mehrere abhängige Unternehmen (Unterordnungskonzern) oder rechtlich selbständige, nicht voneinander abhängige Unternehmen (Gleichordnungskonzern) unter einheitlicher Leitung bei Wahrung ihrer rechtlichen Selbständigkeit zusammengefaßt sind (§ 18 I, II AktG). Entgegen dem Sprachgebrauch ist der »Konzern« als Rechtsbegriff nur eine Unterart der »Verbundenen Unternehmen«, die bisher lediglich im dritten Buch des AktG (§§ 291 ff.) eine rechtliche Behandlung erfahren haben. Im Konzern können Unternehmen aller Gesellschaftsformen zusammengefaßt sein; die Konzernspitze, die die einheitliche Leitung ausübt, kann sich ebenfalls aller Gesellschaftsformen bedienen.

ff. Die GmbH

Die Rechtsform der GmbH hat erhebliche wirtschaftliche Bedeutung erlangt, ihre Zahl und die Summe ihres Stammkapitals steigen ständig. Am 31. 12. 86 bestanden rund 346 000 GmbH mit einem Stammkapital von etwa 147 Milliarden DM. Rund 1/4 dieser GmbH sind Komplementäre von KG.

Die GmbH steht in gewisser Weise zwischen der AG und den handelsrechtlichen Personengesellschaften. Sie ist aber wie die AG juristische Person und Handelsgesellschaft und damit Kaufmann (§§ 13 Abs. 3 GmbHG, 6 HGB).
Auf der anderen Seite ist die Zahl der Gesellschafter häufig gering, nicht selten finden sich sog. Einmanngesellschaften, und die persönliche Mitarbeit der Gesellschafter als Geschäftsführer ist außerordentlich häufig (personenbezogene Mitgliedschaft).

Die GmbH kann zu jedem gesetzlich zulässigen Zweck gegründet werden. In der Praxis finden sich sowohl wirtschaftliche wie ideelle Zwecke. Allerdings können Versicherungsunternehmen, private Bausparkassen und Hypothekenbanken nicht in der Form einer GmbH betrieben werden.

Sie hat als Kapitalgesellschaft ein Mindeststammkapital von 50 000 DM, das in Stammeinlagen zu mindestens 500 DM zerlegt ist, § 5 Abs. 1 und 3 GmbHG. Das Stammkapital bei der GmbH entspricht dem Grundkapital bei der AG. Es ist mangels persönlicher Haftung der Gesellschafter für die Verbindlichkeiten der Gesellschaft (§ 13 II) eine Art Garantiesumme für die Gläubiger, aber nicht identisch mit dem Gesellschaftsvermögen, das höher (Gewinn) oder niedriger (Verlust) sein kann. Das Gesetz versucht aber sicherzustellen, daß die GmbH bei Gründung mindestens ein Vermögen in Höhe des Stammkapitals bekommt

(Grundsatz der Kapitalaufbringung) und daß dieses während der Dauer der Gesellschaft erhalten bleibt (Grundsatz der Kapitalerhaltung).

Die GmbH hat zwei notwendige Organe, nämlich mindestens einen Geschäftsführer für die Geschäftsführung und Vertretung und die Gesellschafterversammlung (Gesamtheit der Gesellschafter) für die interne Willensbildung. Einen Aufsichtsrat müssen nur die Gesellschaften haben, die den Vorschriften über die Arbeitnehmer-Mitbestimmung unterliegen.
Die GmbH entsteht ähnlich wie die AG in mehreren Akten.
Erforderlich ist der Abschluß eines Gesellschaftsvertrages (Satzung) in notarieller Form. Bei der Einmann-GmbH wird er durch einseitiges Rechtsgeschäft des Gründers (Organisationsakt) ersetzt. Der Gesellschaftsvertrag muß mindestens enthalten (§ 3 Abs. 1 GmbHG):

- die Festlegung von Firma, Sitz und Gegenstand des Unternehmens,
- die Angabe des Betrags des Stammkapitals,
- die Angabe der Stammeinlage jedes einzelnen Gesellschafters, d.h. des Betrages, den jeder Gesellschafter in bar oder in Sachwerten auf das Stammkapital einzulegen sich verpflichtet, wobei sämtliche Stammeinlagen der Summe des Stammkapitals zu entsprechen haben. Die Übernehmer müssen im Gesellschaftsvertrag namentlich bezeichnet sein.

Erforderlich ist weiter die Einzahlung von 1/4 der Bareinlagen (§ 7 Abs. 2 GmbHG) und Einbringung der gesamten Sacheinlagen und Sachübernahmen. Insgesamt muß so viel eingezahlt sein, daß der Gesamtbetrag der geleisteten Bareinlagen zuzüglich der Stammeinlagen, für die Sacheinlagen geleistet sind, 25 000 DM erreicht. Die Einlagen müssen in das Vermögen der Gesellschaft gelangen.

Sodann wird die Gesellschaft zur Eintragung ins Handelsregister angemeldet (§ 7 GmbHG). Das Registergericht prüft die Ordnungsmäßigkeit des Gründungsvorganges, insbesondere das Vorliegen der in § 8 Abs. 1 GmbHG genannten Unterlagen und Versicherungen. Bei Sacheinlagen kann das Gericht im Falle unverhältnismäßiger Überbewertung der einzubringenden Gegenstände die Eintragung ablehnen. Verläuft die Prüfung positiv, so ist die Gesellschaft in das HReg einzutragen. Mit der Eintragung entsteht die GmbH »als solche«, d.h. als juristische Person (§ 11 Abs. 1 GmbHG).

Zur weiteren Vertiefung werden aus dem Programm der Verlagsgruppe Luchterhand empfohlen:

Kraft/Kreutz
Gesellschaftsrecht
8. überarbeitete Auflage 1990, 320 Seiten, DM 30,00
ISBN 3-472-00346-4

Neuerscheinung:

Alff
Fracht-, Lager- und Speditionsrecht
Kommentar zu den §§ 407–460 HGB und weiteren fracht- und speditionsrechtlichen Bestimmungen (GüKG, KVO, ADSp u. a.)
2. überarbeitete Auflage 1990
Leinen, ca. 440 Seiten, ca. DM 95,00
ISBN 3-472-00143-7
Erscheint IV. Quartal 1990

6. Strafrecht

a. Strafrecht als Spiegelbild der Verfassung

Das Recht zu strafen ist in heutiger Zeit dem Staat vorbehalten. Ihm werden einschneidende Eingriffsbefugnisse in die Freiheitssphäre des einzelnen eingeräumt. Dies birgt die Gefahr in sich, daß die Staatsmacht gegenüber Mißliebigen oder unschuldig Verfolgten mißbraucht wird. Aus diesem Grunde ist gerade das Strafrecht ein Spiegelbild der Verfassung und der Rechtsstaatlichkeit. Während in Diktaturen das Strafrecht regelmäßig als Instrument der Unterdrückung mißbraucht wird, muß ein Rechtsstaat, der Eingriffe in die Freiheit des einzelnen so weit wie möglich begrenzen will, Schutz gegen willkürliche Verfolgung und übermäßige Freiheitsbeschränkungen gewährleisten.
Unter dem Eindruck der nationalsozialistischen Herrschaft hat das Grundgesetz besonders enge Voraussetzungen für die staatliche Strafe geschaffen. Die das Strafrecht beherrschenden Grundsätze sind in Art. 102–104 GG niedergelegt:

aa. Die Todesstrafe wird abgeschafft, Art. 104 GG.

bb. Eine Tat kann nur bestraft werden, wenn die Strafbarkeit gesetzlich bestimmt war, bevor die Tat begangen wurde, Art. 103 Abs. 2 GG (»Nulla poena sine lege«).

Diese Verfassungsnorm garantiert den Schutz des Bürgers vor willkürlicher Ausübung und Ausdehnung der staatlichen Strafgewalt. Die darin umschriebene »Garantiefunktion des Strafgesetzes« beinhaltet drei – für ein rechtsstaatlich-liberales Strafrecht wesentliche – Grundsätze:

- Bestimmungsgrundsatz
  Strafgesetze müssen hinsichtlich ihrer Straftatbestände und Rechtsfolgen eine solche Bestimmtheit aufweisen, daß Anwendungsbereich und Tragweite der Strafvorschriften hinreichend erkennbar sind. Es muß feststehen, welche Handlung verboten und mit welcher Strafandrohung zu rechnen ist.

- Rückwirkungsverbot
  Das Gesetz muß <u>vor</u> der Tat bestanden haben. Rückwirkende Strafgesetze sind unzulässig. Dies gilt sowohl für strafbegründende als auch für strafschärfende Gesetze.

- Unzulässigkeit von Gewohnheitsrecht
  Im Strafrecht dürfen aufgrund Gewohnheitsrechts Straftatbestände weder geschaffen noch zu Ungunsten des Betroffenen verschärft werden.

cc. Niemand darf wegen derselben Tat zweimal bestraft werden (»ne bis in idem«), Art. 103 Abs. 3 GG.

dd. Art. 104 GG enthält wichtige Rechtsgarantien für den Betroffenen im Falle der Freiheitsentziehung, die willkürliche Freiheitsentziehungen, insbesondere durch die Polizei, verhindern sollen.

ee. Den Grundsatz »Keine Strafe ohne Schuld« hat das Bundesverfassungsgericht (BVerfG) unmittelbar aus dem Rechtsstaatsprinzip, Art. 20 III GG, hergeleitet und hierdurch verfassungsrechtlich verankert.
Dies bedeutet zum einen, daß die Schuld – also die Vorwerfbarkeit des Handelns – Voraussetzung für die Strafe ist. Schuldunfähige Täter können demnach nicht bestraft werden. Die Schuld ist zum anderen Obergrenze der Strafe, d. h. die angedrohte und verhängte Strafe muß in einem angemessenen Verhältnis zur Vorwerfbarkeit und Sozialschädlichkeit des Handelns stehen.

b. Aufgabe und Zweck

Aus der Bindung an das Grundgesetz folgt für das Strafrecht die Aufgabe, die elementaren Grundwerte des Gemeinschaftslebens zu sichern, die Erhaltung des Rechtsfriedens im Rahmen der sozialen Ordnung zu gewährleisten und das Recht im Konfliktfall gegenüber dem Unrecht durchzusetzen (BVerfG E 51, 324 ff.).
Während die genannten, das Strafrecht beherrschenden Grundsätze dem Schutz des Verdächtigen, Beschuldigten oder Straftäters vor Willkür dienen, schützt das Strafrecht als solches den einzelnen und die staatliche Gemeinschaft vor Schädigungen ihrer Rechtsgüter, indem bestimmte schädigende Handlungen unter Strafe gestellt werden.

Der Zweck des Strafens wird heute nicht mehr in »Sühne und Vergeltung«, sondern vielmehr in »Abschreckung und Vorbeugung« gegen künftige Straftaten gesehen. Darüber hinaus gewinnt der Gesichtspunkt der Resozialisierung - d.h. der Wiedereingliederung des Straftäters in die Gesellschaft - in Gesetz, Rechtsprechung und Praxis zunehmend an Gewicht.

c. Die Kodifizierung des Strafrechts

Das Strafrecht umfaßt alle Rechtsnormen, die bestimmte Handlungen oder Verhaltensweisen unter Strafe stellen. Da es Beziehungen hoheitlicher Natur zwischen Staat und Bürger regelt, gehört es dem öffentlichen Recht an.
Der wesentliche Teil des Strafrechts ist im Strafgesetzbuch (StGB) systematisch zusammengefaßt.
In seinem Allgemeinen Teil enthält das StGB grundsätzliche Vorschriften über die Merkmale strafbarer Handlungen (z.B. Versuch, Verbrechen/Vergehen, Rechtfertigungsgründe) sowie über die Rechtsfolgen einer Straftat (z.B. Höhe von Freiheits- oder Geldstrafen, Strafbemessung, Strafaussetzung zur Bewährung). Im Besonderen Teil des StGB sind die Straftatbestände im einzelnen festgelegt, durch die die Rechtsgüter des Staates, der staatlichen Gemeinschaft oder des einzelnen geschützt werden sollen. Die Verwirklichung einer Straftat setzt immer die Erfüllung des gesetzlichen Straftatbestandes, rechtswidriges und schuldhaftes Handeln voraus. Fehlt eines dieser drei Merkmale, liegt keine Straftat vor.
Der Besondere Teil des StGB hat in jüngerer Zeit zahlreiche Änderungen und Ergänzungen erfahren. Gewandelte gesellschaftliche

Anschauungen (z. B. Schwangerschaftsabbruch), kritischeres Bewußtsein über den Wert eines Rechtsgutes (z. B. Umweltschutz) oder fortschreitende technische Entwicklungen (z. B. Datenverarbeitung) lassen die Sozialschädlichkeit bestimmter Handlungen in anderem Lichte erscheinen und zwingen immer wieder zur Liberalisierung, Verschärfung oder Schaffung neuer Strafvorschriften.

Das StGB ist nicht abschließend. Auch andere Gesetze enthalten Strafvorschriften. Als Beispiele seien die Steuerhinterziehung (§§ 369 ff. AO), der unerlaubte Waffenbesitz (§ 53 WaffenG) oder das Wirtschaftsstrafgesetz (WiStG) genannt. Für diese - irreführenderweise als »Nebenstrafrecht« bezeichneten - Strafvorschriften gelten die allgemeinen Grundsätze des Strafrechts sowie der Allgemeine Teil des StGB ohne Einschränkung.

d. Rechtsfolgen der Straftat

Das StGB unterscheidet nach der Schwere der Tat zwischen Verbrechen und Vergehen. Dies richtet sich nach der Strafandrohung der jeweiligen Strafvorschrift. Verbrechen sind gemäß § 12 StGB Straftaten, die im Mindestmaß mit einem Jahr Freiheitsstrafe bedroht sind. Bei Androhung von geringeren Freiheitsstrafen oder Geldstrafen liegt ein Vergehen vor.

Die höchste Strafe, nämlich die lebenslange Freiheitsstrafe, wird nur für Kapitalverbrechen, wie Mord oder Raub mit Todesfolge, angeordnet. Ihre Vollstreckung kann jedoch im Wege der Begnadigung für eine Restzeit ausgesetzt werden, wovon nicht selten Gebrauch gemacht wird. Die höchste zeitige Strafe ist auf 15 Jahre begrenzt, § 38 II StGB.
Allgemein besteht die Tendenz, die Freiheitsstrafe, insbesondere für Vergehen, immer mehr durch Geldstrafen zu ersetzen, um den Straftäter nicht unnötig aus der Gesellschaft herauszureißen. So sind Freiheitsstrafen unter sechs Monaten seit der Strafrechtsreform 1969 nur noch in Ausnahmefällen möglich (§ 47 StGB) und Freiheitsstrafen unter einem Monat seit der Strafrechtsreform 1975 unzulässig (§ 38 II StGB). Im Gegenzug dazu wurde die Geldstrafe auf bis zu 3,6 Millionen DM erhöht (§ 40 StGB). Die für die spätere Wiedereingliederung des Täters in die Gemeinschaft besonders schädliche Zuchthausstrafe ist seit 1969 abgeschafft. Außerdem werden die rechtlichen Möglichkeiten, eine Strafe zur Bewährung auszusetzen, zunehmend erweitert.

e. Strafprozeßrecht

Die die Durchführung des Strafverfahrens regelnde Strafprozeßordnung (StPO) muß gewährleisten, daß den für das materielle Strafrecht geltenden Grundsätzen (s. o. I) Rechnung getragen wird. Es hat die Aufgabe, durch ein rechtlich geordnetes Verfahren sicherzustellen, daß kein Beschuldigter ungerechtfertigt verfolgt oder verurteilt wird und er alle Verteidigungsrechte wahrnehmen kann.
Aus diesem Grunde gilt für das bundesdeutsche Strafprozeßrecht, daß ein Beschuldigter nicht seine Unschuld, sondern das Gericht ihm die Schuld nachweisen muß. Ist ein zweifelsfreier Erweis der Schuld nicht möglich, hat das Gericht den Angeklagten nach dem Grundsatz »in dubio pro reo« insofern freizusprechen.
Dem Beschuldigten steht es frei, jederzeit einen Verteidiger beizuziehen (Wahlverteidiger, § 137). Ist er aus zeitlichen, finanziellen oder sonstigen Gründen dazu nicht in der Lage, muß ihm das Gericht im Falle der notwendigen Verteidigung einen Pflichtverteidiger bestellen, § 141 StPO.

7. Ordnungswidrigkeiten

Mit dem Ziel der Entkriminalisierung und der Einschränkung des Strafrechts werden rechtswidrige Handlungen, die gegenüber Verbrechen und Vergehen eine minder schwerwiegende Qualität aufweisen, nur als Ordnungswidrigkeiten geahndet. Hierhin gehören insbesondere Verstöße gegen die Straßenverkehrsordnung, aber auch Verstöße gegen andere gesetzliche Verbote. Die Verbote und Ordnungswidrigkeitstatbestände finden sich in zahlreichen Gesetzen des öffentlichen Rechts sowie in gemeindlichen Satzungen. Das Ordnungswidrigkeitenverfahren und die Ahndung (Verwarnung, Bußgeld) sind im Ordnungswidrigkeitengesetz (OWiG) geregelt.

8. Sozialrecht

Das geltende Sozialrecht ist schwer überschaubar. Das Sozialgesetzbuch (SGB) ist bislang nur ein Konglomerat aus neuen und alten Regelungen, die gemäß Art. II § 1 SGB I als seine Bestandteile gelten.

Dabei bildet die überkommene soziale Sicherung in Deutschland sowenig wie anderswo ein einheitliches System. Sie ist vielmehr punktuell an jeweils aufgegriffenen Risiken orientiert und besteht aus mehr oder weniger unabhängig voneinander gewachsenen einzelnen Sozialleistungszweigen, die jeweils anderen Grundgedanken folgen, andere Personengruppen erfassen und anderen Bedürfnissen Rechnung tragen, ohne einen gemeinsamen Stamm oder eine gemeinsame Wurzel erken-

nen zu lassen. Auch die einzelnen Zweige sind punktuell weiterentwickelt und zunehmend differenziert worden, dadurch sind Lücken, zweckwidrige Vielfalt und Widersprüche entstanden.
Das SGB faßt gewisse ausgewählte Gebiete des Sozialrechts zusammen. Dabei greift es auf die Regelungen der historisch z.T. isoliert gewachsenen Sozialleistungszweige zurück, die es grundsätzlich hinnimmt, ohne sie in Frage zu stellen. Eine prinzipielle Reflexion und Systematisierung nimmt es nicht vor. Es ist eher eine Sammlung als eine Kodifikation.
Das zeigt sich nicht nur darin, daß zahlreiche Formen sozialer Sicherheit außerhalb bleiben, es äußert sich auch darin, daß eine innere Einheit und Geschlossenheit der durch das SGB zusammengefaßten Sozialleistungszweige im Sinne eines einheitlichen Sozialleistungssystems nicht angestrebt wird.

a. Typen von Sozialleistungen

Ein Sozialleistungssystem kann versuchen, allen individuellen Lebensbedürfnissen Rechnung zu tragen und eine Grund- und Ausfallversicherung für alle Fälle sozialer Not zu geben, in die der einzelne nach seiner spezifischen Bedürfnislage hineingeraten kann. Das gilt für die Sozialhilfe, die sich jedermann in allen Lebenslagen annimmt und ihm die gerade für ihn erforderliche Hilfe zu bringen sucht.
Ein Sozialleistungssystem kann aber auch - gegebenenfalls unter Einschränkung auf bestimmte, besonders schutzwürdige Risiken und Personen - den Versuch unternehmen, einen Lebensstandard zu erhalten, der auf vorheriger Leistung beruht; dann wird es als gehobenes (über die Mindestsicherung der Sozialhilfe hinausreichendes) Sozialleistungssystem bezeichnet.

Eine ältere Einteilung der Typen von Sozialleistungen ist die nach Versicherung, Versorgung und Fürsorge. Versicherung umfaßt die Zweige, die ein soziales Risiko in Anlehnung an die in der Privatversicherung übliche Prinzipien gegen Beitragszahlung absichern, d.h. die gesetzliche Kranken-, Unfall-, Rentenversicherung und unter Einschränkungen die Arbeitslosenversicherung. Fürsorge ist die durch die Sozialhilfe gewährleistete Grund- und Ausfallsicherung aus allgemeinen Steuermitteln. Versorgung sind alle daneben bestehenden, aus allgemeinen Steuermitteln gespeisten, gehobenen Sozialleistungszweige. Versicherung rechtfertigt sich durch das Austauschprinzip (Beitrag gegen Versicherungsschutz); Fürsorge legitimiert sich durch die mitmenschliche Solidarität, die durch persönliche Nähe in Familie oder Arbeitsverhältnis gesteigert sein kann; Versorgung ist wiederum durch ein Synallagma bedingt, ihr geht ein Opfer im Interesse dessen voraus, der Versorgung zu leisten hat, sei es als Entschädigung, sei es als Belohnung. Die Einteilung vermag nicht zu befriedigen; sie spiegelt allerdings in gewisser Weise die zur Kompetenzabgrenzung dienenden Begriffe in Art. 74 Nr. 12 GG (Versicherung), Art. 74 Nr. 7, 10 GG (Fürsorge), Art. 74 Nr. 10, 74 a GG (Versorgung); Versorgung vor allem faßt Heterogenes zusammen. Ergänzend empfiehlt sich eine an der Funktionsweise und Struktur ausgerichtete Unterteilung; danach sind Sozialleistungszweige zu unterscheiden, die auf dem Vorsorge-, dem Entschädigungs- und dem Ausgleichsgedanken beruhen.

Vorsorge entspricht der Erfahrung, daß das menschliche Leben Gefahren ausgesetzt ist und Bedürfnisse einschließt, die vorgreifende Maßnahmen erfordern. Entschädigung beruht auf der Empfindung, daß ein Nachteil wegen der Art seiner Verursachung nicht von dem getragen werden soll, den er zunächst trifft.
Warum eine solche Abwälzung von Nachteilen als gerecht empfunden wird, ist oft nur schwer zu greifen. Ausgleich dient dazu, dem zu helfen, der sich aus eigener Kraft nicht zu helfen vermag (Ausgleich von Insuffizienzen), und Belastungen zu beheben oder zu mindern, die einzelne Menschen besonders treffen (Lastenausgleich). Ausgleich von Insuffizienzen ist an einem Mindestleistungsstandard orientiert. Belastungsausgleich ist gegen Nivellierung gerichtet. Eine besondere Funktion hat die auf Chancengleichheit zielende soziale Förderung.

b. Einzelne Gesetze

aa. SGB – Allgemeiner Teil

Das erste Buch des Sozialgesetzbuches gliedert sich in drei Abschnitte, die sehr unterschiedliche Vorschriften aufweisen. Der erste Abschnitt formuliert in § 1 in programmatischer Form die Leitvorstellungen des Sozialgesetzbuches und zählt in den §§ 2 bis 10 die sozialen Rechte auf. Sie begründen für sich keinen Anspruch; ihr näherer Inhalt und die Voraussetzungen, unter denen sie geltend gemacht werden können, ergeben sich erst aus den Vorschriften der besonderen Teile des Sozialgesetzbuches.
Es folgen Bestimmungen über zwei grundlegende Elemente des Sozialrechtsverhältnisses, nämlich ihren Inhalt (Dienst-, Sach- und Geldleistungen) und ihre Schuldner (die Leistungsträger). Die §§ 13 bis 15 SGB I

geben dem Bürger das Recht auf Beratung, Aufklärung und Auskunft gegenüber den Sozialleistungsträgern und helfen ihm, sich durch die vielen Einzelbestimmungen hindurchzufinden und zu seinem Recht zu kommen.
Der dritte Abschnitt faßt gemeinsame Vorschriften für alle Sozialleistungen zusammen, die freilich nicht uneingeschränkt gelten, sondern unter dem Vorbehalt der speziellen Regelung stehen (§ 37 SGB I).

bb. Ausbildungsförderungsrecht

Nach dem Bundesausbildungsförderungsgesetz können Zuschüsse und Darlehen für den Lebensunterhalt während der Ausbildung an Schulen und Hochschulen nach dem Ende der Schulpflicht und für die Ausbildung selbst in Anspruch genommen werden, grundsätzlich nur von Deutschen, die sich für die Ausbildung eignen.
Im einzelnen ist die Regelung der örtlichen Zuständigkeit so unübersichtlich, daß eine Beratung erforderlich ist.
Ausbildungsförderung setzt Bedürftigkeit voraus; versagen die Unterhaltspflichtigen ihre Mitwirkung bei der Ermittlung der Voraussetzungen oder ihren Unterhalt, wird die Ausbildungsförderung von dem Unterhaltspflichtigen zurückgefordert. Wer die Ausbildungschance nicht wahrnimmt, muß die Ausbildungsförderung zurückzahlen. Im Streitfall entscheiden die Verwaltungsgerichte.

cc. Arbeitsförderungsrecht

Das Arbeitsförderungsgesetz enthält eine Vielzahl von Vergünstigungen verschiedenster Art, die sowohl den Arbeitgebern wie den Arbeitnehmern zugute kommen. Neben der Berufsberatung und der Arbeitsvermittlung stehen die Leistungen zur beruflichen Bildung und zur Arbeitsplatzbeschaffung und -sicherung im Vordergrund.
Im einzelnen kommen in Betracht Berufsausbildungsbeihilfen, Unterhaltsgeld für Teilnehmer an beruflicher Fortbildung und Umschulung, Darlehen und Zuschüsse für Lehrwerkstätten, Mittel zur Förderung der Arbeitsaufnahme an den Arbeitsuchenden und an den Arbeitgeber, Zuschüsse zur Errichtung von Arbeitnehmer- und Jugendwohnheimen, Maßnahmen zur Unterbringung Behinderter, Winterbauförderung einschließlich Wintergeld, Arbeitsbeschaffungsmaßnahmen für ältere Arbeitnehmer, Kurzarbeitergeld bei vorübergehendem Arbeitsausfall sowie Schlechtwettergeld für Arbeitnehmer in Baubetrieben und Konkursausfallgeld. Wintergeld, Kurzarbeitergeld und Schlechtwettergeld können nicht von den begünstigten Arbeitnehmern, sondern nur von den Arbeitgebern oder den Betriebsvertretungen beantragt werden.

Anspruch auf Arbeitslosengeld hat, wer arbeitslos ist, der Arbeitsvermittlung zur Verfügung steht, die Anwartschaft erfüllt, sich beim Arbeitsamt arbeitslos gemeldet und Arbeitslosengeld beantragt hat. Arbeitslosenhilfe erhält, wer keinen Anspruch auf Arbeitslosengeld hat und bedürftig ist. Im Streitfall entscheiden die Sozialgerichte.

dd. Sozialversicherung

Das SGB IV sollte ursprünglich das gesamte Sozialversicherungsrecht aufnehmen. Nun enthält es nur die Grundprinzipien der Versicherungspflicht und Versicherungsberechtigung in subsidiären Vorschriften, d. h., die besonderen Bestimmungen der einzelnen Sozialversicherungsgesetze gehen vor; sein größter Teil handelt von den Versicherungsträgern, den Krankenkassen, der Bundesknappschaft, den Berufsgenossenschaften, den sonstigen Unfallversicherungsverbänden, den landwirtschaftlichen Alterskassen, der Bundesversicherungsanstalt, den Landesversicherungsanstalten, der Bundesbahnversicherungsanstalt und der Seekasse. Die Versicherungsträger sind rechtsfähige Körperschaften des öffentlichen Rechts mit dem Recht der Selbstverwaltung. Die Selbstverwaltung wird in der Regel durch die Versicherten und die Arbeitgeber ausgeübt; bei den Ersatzkassen nur von den Versicherten. Grundsätzlich dürfen die Versicherungsträger nur Geschäfte zur Erfüllung ihrer gesetzlich vorgeschriebenen oder zugelassenen Aufgaben führen und ihre Mittel nur dafür verwenden. Organe der Versicherungsträger sind die Vertreterversammlung und der Vorstand, außerdem haben die Versicherungsträger einen Geschäftsführer.
Das - spezielle - Sozialversicherungsrecht wird künftig in einzelne Bücher des SGB aufgenommen werden: bislang ist das für das Gebiet der Krankenversicherung durch das SGB V erfolgt, allerdings nicht vollständig. Daneben bilden die Reichsversicherungsordnung, das AngestelltenversicherungsG, das ReichsknappschaftsG, das HandwerkerversicherungsG, das G über die Krankenversicherung der Landwirte, das G über eine Altershilfe für Landwirte, das KünstlersozialversicherungsG sowie ergänzende Regelungen die rechtliche Grundlage des Sozialversicherungsrechts. Dazu kommen noch eine Vielzahl von Sondergesetzen übergangsrechtlichen, internationalrechtlichen und fremdrechtlichen Gehalts. Die soziale Krankenversicherung dient der Sicherung bei und vor einer Krankheit, bei und vor einer Mutterschaft. Im Vordergrund stehen Sach- und Dienstleistungen, für deren Sicherstellung die Krankenkassen durch Verträge mit den kassenärztlichen Vereinigungen, den Krankenhäusern, den Apothekern usw. sorgen.

Geldleistungen sind Lohnausfallersatzleistungen (Krankengeld), nur in wenigen Ausnahmefällen werden auch besondere Aufwendungen ersetzt. Das Recht der sozialen Krankenversicherung findet sich im SGB V und im Gesetz über die Krankenversicherung der Landwirte (KVLG). Die Mitgliedschaft von Versicherungspflichtigen beginnt an dem Tage, an dem die Voraussetzungen der »Pflichtversicherung« erfüllt sind, bei Versicherungsberechtigten mit dem Tage ihres Beitritts. Sie endet bei Pflichtversicherten mit dem Wegfall der Voraussetzungen für die Pflichtversicherung, soweit sie nicht freiwillig fortgesetzt wird, im übrigen mit Austritt und Beitragsverzug. Die Mitgliedschaft bleibt erhalten, solange das Arbeitsverhältnis ohne Entgeltzahlung fortbesteht - längstens für drei Wochen, solange Anspruch auf Krankengeld oder Mutterschaftsgeld besteht oder solange Übergangsgeld gewährt wird. Überdies kann sich der Versicherungsschutz noch über die Zeit der Mitgliedschaft hinaus erstrecken.

Im einzelnen unterliegen der »Versicherungspflicht« zur Krankenversicherung alle Arbeitnehmer, die gegen Entgelt beschäftigt werden, nicht jedoch höher verdienende Arbeiter und Angestellte, außerdem eine Reihe von Empfängern anderer Sozialleistungen, darunter Rentenberechtigte, die einen Rentenantrag gestellt haben, ferner Studenten und Praktikanten. Versicherungspflichtig in der gesetzlichen Krankenversicherung sind auch die Empfänger von Arbeitslosengeld, Arbeitslosenhilfe, Unterhaltsgeld, Übergangsgeld, Kurzarbeitergeld und Schlechtwettergeld (vgl. §§ 155 bis 164 AFG). Selbständige sind grundsätzlich nicht mehr versicherungspflichtig, auch wenn sie nebenher abhängig tätig sind; ausnahmsweise unterliegen nach Maßgabe von besonderen Bestimmungen der Versicherungspflicht die Landwirte und Künstler. Versicherungsfrei sind insbesondere geringfügige Beschäftigungen sowie Tätigkeiten, mit denen eine anderweitige soziale Sicherung verbunden ist. Daneben kennt das Gesetz verschiedene Fälle, in denen durch Antrag des Versicherungspflichtigen oder des Arbeitgebers der Eintritt der Mitgliedschaft abgewendet werden kann. Die Versicherten können nach Maßgabe der §§ 183 ff. SGB V statt der gesetzlichen Krankenkasse die Mitgliedschaft bei einer Ersatzkasse wählen.

Die Unfallversicherung unterscheidet sich von den anderen Zweigen der Sozialversicherung nachdrücklich. Die Beiträge werden ausschließlich von den Unternehmen aufgebracht, die dafür von der Haftung entlastet werden. Der Haftungsausschluß erstreckt sich auch auf die im selben Betrieb tätigen Betriebsangehörigen, dazu gehören bei der Schüler- und Studentenunfallversicherung auch die Mitschüler und

Mitstudenten. Die Unfallversicherung ist eine reine Tätigkeitsversicherung. Sie tritt ein für Unfälle, die bei einer oder im Zusammenhang mit einer bestimmten - der versicherten - Tätigkeit auftreten. Einbezogen sind insbesondere Wegeunfälle, Berufskrankheiten sowie Unfälle bei Heilbehandlung und Rehabilitation. Die einzelnen versicherten Tätigkeiten sind in den §§ 539 bis 545 RVO aufgeführt. Hinzuweisen ist auf § 539 Abs. 2 RVO, wonach gegen Arbeitsunfall auch Personen versichert sind, die wie ein Versicherter tätig werden, und zwar selbst dann, wenn diese Tätigkeit nur vorübergehend wahrgenommen wird. Versichert sind schließlich Strafgefangene.

Arbeitsunfall ist nur ein plötzliches, von außen verursachtes Ereignis bei der versicherten Tätigkeit, nicht eine auf die körperliche Konstitution allein zurückgehende Verletzung. Zur Abgrenzung hat die Rechtsprechung eine umfangreiche Kasuistik entwickelt. Die Leistungen bestehen in Heilbehandlung, Gewährung von Übergangsgeld während der durch Unfall bedingten Arbeitsunfähigkeit, besonderer Unterstützung, Wiederherstellung oder Erneuerung von Körperersatzstücken, beruflicher Rehabilitation sowie Verletztenrente, Sterbegeld und Renten an Hinterbliebene von Unfallopfern.

Die Rentenversicherung der Arbeiter und Angestellten ist weitgehend gleichlautend im vierten Buch der Reichsversicherungsordnung und im Angestelltenversicherungsgesetz geregelt.
Die Aufgaben der Rentenversicherung bestehen im wesentlichen in Leistungen an die Versicherten und deren Hinterbliebene. Die Versicherung tritt teils von Gesetzes wegen ein (Versicherungspflicht); im wesentlichen erfaßt sie Arbeitnehmer, kleine Selbständige, Künstler, Mitglieder geistlicher Genossenschaften (Orden), Wehrpflichtige, bestimmte Kranke und Arbeitslose sowie Empfänger von Mutterschaftsgeld. Eine Pflichtversicherung auf Antrag ist für sonstige Selbständige möglich. Eine freiwillige Beitragsleistung ist gemäß § 1233 RVO zugelassen. Eine besondere Vorschrift betrifft die sogenannte »Nachversicherung« bei vorangegangener versicherungsfreier Tätigkeit, besonders von Beamten, die ohne Versorgungsbezüge aus dem Dienst ausscheiden.
Alle Renten setzen voraus, daß der Versicherte eine Wartezeit von sechzig Kalendermonaten erfüllt hat. Auf diese Wartezeit werden Beitragszeiten und Ersatzzeiten angerechnet. Ausnahmsweise wird von der Erfüllung der Wartezeit abgesehen, nämlich bei Arbeitsunfall oder sehr frühem anderen Unfall. Altersruhegeld nach § 1248 RVO wird grundsätzlich nach Vollendung des 65. Lebensjahres gewährt, in verschiedenen

Fällen schon früher. Vorzeitiges Altersruhegeld (längere Wartezeit nötig) ist ausgeschlossen, wenn der Versicherte noch erwerbstätig ist. Daneben werden noch Renten bei Berufs- und Erwerbsunfähigkeit sowie an Witwen, Witwer und Waisen gewährt.
Die Rentenberechnung erscheint kompliziert, in Wahrheit ist die Rentenformel (Vj x Sts x Brgdl) leicht zu verstehen: die Höhe der Rente ergibt sich aus dem Produkt der anrechnungsfähigen Versicherungsjahre (Vj: s. § 1258 RVO), dem Steigerungssatz (Sts: s. § 1253, § 1254 RVO), der bei der Berufsunfähigkeitsrente 1%, bei der Erwerbsunfähigkeitsrente 1,5 % beträgt, und der für den Versicherten maßgebenden Rentenbemessungsgrundlage (Bgrdl). Anrechnungsfähig sind neben den Beitrags- und Ersatzzeiten auch Ausfallzeiten, das sind Zeiten von Krankheit, Arbeitslosigkeit und Ausbildung; die Zurechnungszeit besteht im Unterschied zwischen dem Lebensalter des jüngeren Versicherten und dem 55. Lebensjahr. Die für den Versicherten maßgebende Bemessungsgrundlage ist ihrerseits ein Produkt aus der allgemeinen Bemessungsgrundlage und einem besonderen Prozentsatz. Die allgemeine Bemessungsgrundlage wird jedes Jahr neu festgestellt. Sie ist dynamisch an die Lohnentwicklung angepaßt und wird durch Verordnung bekanntgemacht. Der besondere Vom-Hundert-Satz für den Versicherten wird jeweils dadurch bestimmt, daß Jahr für Jahr sein beitragspflichtiges Entgelt mit dem beitragspflichtigen Entgelt aller Versicherten verglichen wird und der Durchschnitt dieses Verhältnisses ermittelt wird. Zu den Renten tritt u. U. ein Kinderzuschuß hinzu. Beim Tode eines Versicherten werden Witwenrenten, Witwerrenten, Waisenrenten und Renten an geschiedene und frühere Ehefrauen gezahlt. Die knappschaftliche Rentenversicherung sieht höhere und zusätzliche Leistungen vor. Im übrigen entspricht sie der allgemeinen Rentenversicherung.
In der Kranken-, Renten- und Arbeitslosenversicherung wird durch die Krankenkassen für die pflichtversicherten Arbeitnehmer ein Gesamtversicherungsbeitrag erhoben, den allein die Arbeitgeber schulden, die sich durch Lohnabzug bei ihren Arbeitnehmern schadlos halten können. Die Arbeitnehmer haben grundsätzlich die Beiträge zur Hälfte zu tragen. Andere – auch freiwillig – Versicherte haben die Beiträge allein zu zahlen, soweit nicht ein Dritter eintreten muß. Das Verfahren der Sozialversicherung ist auch im 6. Buch der RVO geregelt. Im Streitfall entscheiden die Sozialgerichte.

ee. Entschädigungsrecht

Nach dem Bundesversorgungsgesetz werden nicht allein Kriegsopfer, sondern auch Opfer von Unfällen bei der Ausübung des Wehr- und Ersatzdienstes sowie Schäden infolge politischer Haft, durch Verbrechen und infolge von Impfungen entschädigt. In Sonderfällen kann ein Härteausgleich gewährt werden, wenn jemand eigentlich keine Leistungen zu beanspruchen hätte. Zuständig sind die Versorgungsämter, die Landesversorgungsämter und die Orthopädischen Versorgungsstellen, für die Kriegsopferfürsorge die Kreise und kreisfreien Städte und die Hauptfürsorgestellen. Die Heilbehandlung wird von den Krankenkassen abgewickelt. Das Verfahren der Kriegsopferversorgung ist auch in einem besonderen Verfahrensgesetz geregelt. Im Streitfall entscheiden die Sozialgerichte. Die Kriegsopferfürsorge ist besonders am individuellen Bedürfnis ausgerichtet; in Streitfällen hierüber entscheiden die Verwaltungsgerichte.

ff. Kindergeldrecht

Kindergeld kann grundsätzlich für jedes Kind in Anspruch genommen werden, wenn von anderer Stelle keine kindergeldähnliche Leistung erbracht wird (vgl. §§ 583, 1262 RVO, 39 AVG, 60 RKG). Kindergeld wird bis zur Vollendung des 16. Lebensjahres gezahlt; eventuell bis zur Vollendung des 27. Lebensjahres. Anspruchsberechtigt sind nicht die Kinder, sondern die Eltern. Kindergeld wird von der Bundesanstalt für Arbeit gezahlt; Beamte, Arbeiter und Angestellte des öffentlichen Dienstes erhalten es von ihrem Arbeitgeber. Das Kindergeld ist schriftlich beim Arbeitsamt zu beantragen. Im Streitfall entscheiden die Sozialgerichte.

gg. Wohngeldgesetz

Wohngeld ist Mietzuschuß, d.h. die Beteiligung an den Kosten der Aufwendungen für einen gemieteten Wohnraum und Lastenzuschuß für die eigene Wohnung. Es wird auf Antrag von den unteren staatlichen Verwaltungsbehörden gewährt; es kann nach der Bewilligung erhöht, versagt und zurückgefordert werden, wenn sich die Voraussetzungen ändern oder es nicht richtig verwendet wird. Im Streitfall entscheiden die Verwaltungsgerichte. Die Berufung ist beschränkt.

hh. Jugendwohlfahrtsrecht

Das Jugendwohlfahrtsrecht gibt dem Kind ein Recht auf Erziehung zur leiblichen, seelischen und gesellschaftlichen Tüchtigkeit, das sich primär gegen die Eltern richtet und nur subsidiär - unbeschadet der Mitarbeit freier Träger - öffentliche Jugendhilfe eintreten läßt. Sie erfolgt teils im Einvernehmen mit den Eltern, teils auch gegen deren

Willen. Sie wird von den Jugendämtern und Landesjugendämtern wahrgenommen.
Der Jugendliche und seine Eltern haben die Kosten der Hilfen aufzubringen. Der Anspruch auf Kostenerstattung wird vor den Verwaltungsgerichten geltend gemacht, die auch im übrigen für die Streitigkeiten auf dem Gebiet des Jugendwohlfahrtsrechts zuständig sind, soweit nicht ausdrücklich das Vormundschaftsgericht für zuständig erklärt worden ist. Werden die Unterhaltspflichtigen nach dem Bundessozialhilfegesetz in Anspruch genommen, sind die Zivilgerichte zuständig.

ii. Bundessozialhilferecht

Die Sozialhilfe bildet die Grund- und Ausfallbürgschaft für jedermann, der sich nicht selbst zu helfen vermag und von anderer Seite keine Hilfe erhält. Auf Sozialhilfe besteht heute grundsätzlich ein Anspruch: Niemand muß sich schämen, wenn er Sozialhilfe beansprucht und erhält. Sie wird von Amts wegen oder auf Antrag gewährt. Sie ist nachrangig, d. h., sie setzt voraus, daß der Empfänger wirklich hilfsbedürftig ist. Dabei kann Bedürftigkeit hinsichtlich der Sachleistungen und der Beratung auch vorliegen, wenn das Einkommen und Vermögen ausreichen würden. In diesem Fall kann der Sozialhilfeträger allerdings die Übernahme der Kosten oder einen Kostenbeitrag vom Hilfsbedürftigen einfordern. Im Streitfall entscheiden die Verwaltungsgerichte. Soweit der Hilfsbedürftige Ansprüche gegen Dritte besitzt, kann sie der Sozialhilfeträger auf sich überleiten und vor den zuständigen Gerichten einklagen. Im übrigen wird die Sozialhilfe nur in Ausnahmefällen zurückgefordert. Träger der Sozialhilfe sind insbesondere die Kreise und kreisfreien Städte. Überörtliche Träger der Sozialhilfe sind teils besondere Ämter oder die Länder selbst, teils besondere Wohlfahrtsverbände oder Landschaftsverbände.

jj. Verwaltungsverfahrensrecht

Das Sozialgesetzbuch X enthält die um die Vorschriften des Allgemeinen Teils und der Besonderen Teile zu ergänzenden Regelungen des Verwaltungsverfahrens; es sichert den Datenschutz und ordnet künftig die Beziehungen der Sozialleistungsträger zueinander und zu Dritten. Das 1. Kapitel regelt die Amtshilfe sowie das Verfahren zum Erlaß der Verwaltungsakte. Das sind die Bescheide über die Leistungen und Beiträge sowie zum Abschluß der relativ seltenen öffentlich-rechtlichen Verträge. Für den Bürger besonders bedeutsam sind seine Beteiligung am Verfahren, sein Recht auf Akteneinsicht, die Zeugnispflicht (vgl. auch §§ 60 ff. SGB I), die strenge Bindung der Behörde an für den Bürger günstige Verwaltungsakte und ihre Pflicht, fehlerhafte Verwaltungsakte zu seinen Gunsten zu korrigieren. Die Regelungen unterscheiden sich z.T. erheblich von denen des sonstigen Verwaltungsverfahrensrechts. Besonders hinzuweisen ist auf die Erstattungs- und Ersatzansprüche gegen Haftpflichtige und Beitragspflichtige nach §§ 115 ff.

(Text: Jura-Poster Nr. 2 von Prof. Dr. P. Krause, überarbeitet von C. Wittek.)

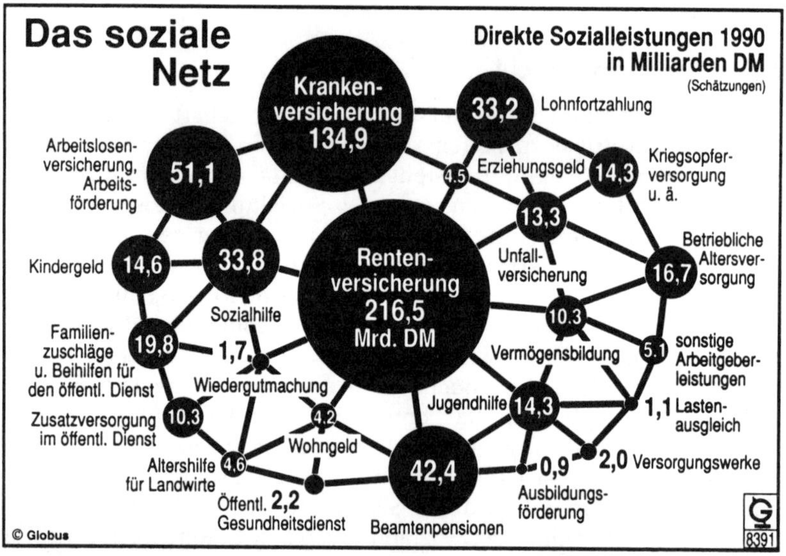

Zur weiteren Vertiefung werden aus dem Programm der Verlagsgruppe Luchterhand empfohlen:

1. Handbuch zum Sozialrecht (HzS)
   Herausgegeben von Werner Doetsch
   Loseblattwerk, 6 Ordner, z.Z. ca. 7496 Seiten, DM 168,00
   (Seitenpreis der Ergänzungen DM 0,24)
   ISBN 3-472-10260-8 HLV

2. Eckhart Kreßel/Michael Wollenschläger
   Leitfaden zum Sozialversicherungsrecht
   1989, 410 Seiten, kartoniert, DM 49,00
   ISBN 3-472-65357-4 AMV

3. Werner Hennig/Horst Kühl/Ernst Heuer
   Arbeitsförderungsgesetz
   Kommentar
   Loseblattwerk, 2 Ordner, z. Z. ca. 2416 Seiten, DM 164,00
   (Seitenpreis der Ergänzungen DM 0,41)

4. Gemeinschaftskommentar zum Sozialgesetzbuch - Gesetzliche Krankenversicherung (GK-SGB V)
   Herausgegeben von Bernd von Maydell
   Loseblattwerk, 2 Ordner, z. Z. ca. 1800 Seiten, DM 128,00
   (Seitenpreis der Ergänzungen DM 0,34)
   ISBN 3-472-10330-2 HLV

Neuerscheinung:

Lueg/v. Maydell/Ruland (Hrsg.)
Gemeinschaftskommentar zum Sozialgesetzbuch - Gesetzliche Rentenversicherung (GK-SGB VI)
Bearbeitet u. a. von Winfried Boecken, Helmut Emmerich, Eugen Jorks, Ralf Kreikebohm, Wolfgang Meyer, Herbert Rische, Klaus Schenke, Peter Udsching und Gerhard Wolff
1990, Loseblattwerk, 1 Ordner, ca. 800 Seiten, DM 148,00
(Seitenpreis der Ergänzungen DM 0,34)
ISBN 3-472-00060-0
Erscheint IV. Quartal 1990

9. Steuerrecht

a. Das System

Ein für Staat und Bürger besonders wichtiges Teilgebiet des Verwaltungsrechts ist das Steuerrecht: Wichtig für den Staat, weil er die Steuereinnahmen zur Erfüllung seiner öffentlichen Aufgaben benötigt, wichtig für den Bürger, weil er als Steuerzahler nicht unerheblich belastet wird.

Das Steuerrecht gilt als ein durch zahlreiche Normen geprägtes und überaus kompliziertes Rechtsgebiet. Grob vereinfachend regelt es

- entsprechend der bundesstaatlichen Organisationsform die Verteilung der Zuständigkeit zur Steuergesetzgebung zwischen Bund und Ländern und die Aufteilung des Steueraufkommens unter Bund, Ländern und Gemeinden (Art. 104a–115 GG),

- die Grundsätze, nach denen Steuern zu erheben sind (Abgabenordnung - AO - BGBl. I, S. 613),
- welche Arten von Steuern es gibt (z. Zt. gibt es ca. 50 Steuerarten, die in etwa 90 Steuergesetzen und 100 Rechtsverordnungen geregelt sind),
- das Steuerprozeßrecht (Finanzgerichtsordnung - FGO - BGBl. I, S. 1477),
- das Steuerstrafrecht (§§ 369 - 412 AO).

Von zentraler Bedeutung ist der Begriff der Steuern, der in § 3 Abs. 1 AO umschrieben wird als »Geldleistungen, die nicht eine Gegenleistung für eine besondere Leistung (des Staates) darstellen und von einem öffentlich-rechtlichen Gemeinwesen zur Erzielung von Einnahmen allen auferlegt werden, bei denen der Tatbestand zutrifft, an den das Gesetz die Leistungspflicht knüpft«.

Er stellt zunächst den wesentlichen Zweck der Steuer heraus: Die »Erzielung von Einnahmen« ist im modernen Staat notwendig, um die vielfältigen öffentlichen Aufgaben bewältigen zu können. Steuern können aber auch, manchmal sogar überwiegend, ordnungspolitischen Zielen dienen. In solchen Fällen soll durch die Steuer auf das Verhalten des Bürgers eingewirkt werden, wenn dies aus gesellschafts-, wirtschafts- oder sozialpolitischen Gründen für sinnvoll und notwendig erachtet wird. In diese Kategorie fallen die hohen Verbrauchersteuern, z. B. für Alkoholika, Tabak und Mineralöl. Einer solchen Zielsetzung der Steuer hat § 3 Abs. 2 AO Rechnung getragen, wonach die Erzielung von Einnahmen »Nebenzweck« sein kann.

Aus § 3 Abs. 1 AO werden darüber hinaus die allgemeinen Grundsätze hergeleitet, nach denen Steuern erhoben werden. Sie tragen dem Umstand Rechnung, daß es sich bei der Steuererhebung um eine sogenannte Eingriffsverwaltung handelt, und sind deshalb streng rechtsstaatlich ausgebildet.

aa. Grundsatz der Gesetzmäßigkeit und Tatbestandsmäßigkeit

Aus dem Merkmal, daß Steuern von denjenigen verlangt werden, »bei denen der Tatbestand zutrifft«, wird der Grundsatz der Gesetzmäßigkeit und Tatbestandsmäßigkeit hergeleitet. Danach ist eine Besteuerung nur zulässig, wenn sie durch Gesetz angeordnet und dieses Gesetz nach Inhalt, Gegenstand, Zweck und Ausmaß hinreichend bestimmt ist. Der Bürger muß also die auf ihn entfallende Steuerlast vorausberechnen und gegebenenfalls sein Verhalten danach ausrichten können. Aus dem Grundsatz der Tatbestandsmäßigkeit folgt auch, daß verschiedene Steuern kumulativ geschuldet werden, wenn und soweit mehrere Steuertatbestände erfüllt sind.

bb. Grundsatz der Steuergerechtigkeit und Steuergleichheit

Der Grundsatz der Steuergerechtigkeit und Steuergleichheit wird dem Umstand entnommen, daß Steuern »allen« auferlegt werden, bei denen der Tatbestand zutrifft, an den das Gesetz die Leistungspflicht knüpft. Dieser Grundsatz beinhaltet, daß alle Staatsbürger im Rahmen ihrer Leistungsfähigkeit zu den öffentlichen Lasten beizutragen haben. Da auf die wirtschaftliche Leistungsfähigkeit des Steuerpflichtigen abzustellen ist, handelt es sich nicht um eine absolute, sondern um eine relative Steuergerechtigkeit.

cc. Das Steuergeheimnis

Von großer Bedeutung für den Steuerpflichtigen ist das Steuergeheimnis (§§ 30 - 31a AO). Es schützt den Steuerpflichtigen davor, daß seine pflichtgemäß gegenüber den Finanzbehörden erteilten Auskünfte über seine Einkommens- und Vermögensverhältnisse an Unbefugte weitergegeben werden.

b. Die wichtigsten Steuern

Von den zahlreichen Steuerarten sollen in diesem Rahmen nur die drei wichtigsten Steuern herausgehoben werden, die etwa zwei Drittel des Gesamtsteueraufkommens von Bund, Ländern und Gemeinden ausmachen: die Einkommensteuer, Gewerbesteuer und Umsatzsteuer.

aa. Einkommensteuer/Lohnsteuer

Mit der Einkommensteuer wird das Einkommen besteuert, das eine natürliche Person im Laufe eines Kalenderjahres bezogen hat. Als Einkommen wird »der Gesamtbetrag der Einkünfte« aus Land- und Forstwirtschaft, Gewerbebetrieb, selbständiger und nichtselbständiger Arbeit, Kapitalvermögen sowie aus Vermietung und Verpachtung bezeichnet (§ 1 Abs. 2 EStG). Besteuerungsgrundlage sind aber nur die um Sonderausgaben und außergewöhnliche Belastungen geminderten Einkünfte (§ 2 Abs. 4 EStG). Die Einkommensteuer wird aufgrund der Steuererklärung des Steuerpflichtigen vierteljährlich im voraus vom Finanzamt erhoben.

Durch die besondere Art der Erhebung ist die Lohnsteuer gekennzeichnet. Bei Lohn- und Gehaltsempfängern führt der Arbeitgeber die Einkommensteuer durch Abzug vom Arbeitsentgelt unmittelbar an das Finanzamt ab. Steuerschuldner bleibt ungeachtet dessen aber der

Arbeitnehmer. Dieser kann nach Ende eines Kalenderjahres den Lohnsteuerjahresausgleich beim örtlich zuständigen Finanzamt beantragen. Der Lohnsteuerjahresausgleich, bei dem Sonderausgaben und außergewöhnliche Belastungen nachträglich auf die Steuerschuld des Arbeitnehmers angerechnet werden, soll sicherstellen, daß der Lohnsteuerpflichtige aufgrund der zunächst pauschalierten Besteuerung nicht eine zu hohe Einkommensteuer abführt.

bb. Gewerbesteuer

Der Gewerbesteuer unterliegen nach § 2 GewStG im Inland betriebene Gewerbebetriebe. Sie wird als Realsteuer unabhängig von den persönlichen Umständen des Unternehmers erhoben. Besteuerungsgrundlagen sind einerseits der ermittelte Gewinn (Gewerbeertrag) und andererseits der nach den einschlägigen Vorschriften ermittelte Einheitswert des Betriebes (Gewerbekapital). Die Gewerbesteuer wird nicht von den Finanzbehörden, sondern von den Gemeinden erhoben, denen das Gewerbesteueraufkommen zufließt.

cc. Umsatzsteuer

Die Umsatzsteuer besteuert nach dem Umsatzsteuergesetz Lieferungen und sonstige Leistungen eines Unternehmers. Sie wird auch als Mehrwertsteuer (MWSt) bezeichnet, da im Ergebnis nur der unternehmerische Mehrwert, d. h. der Unterschied zwischen Eingangs- und Ausgangsleistung (z. B. Einkaufspreis und Verkaufspreis), erfaßt wird. Der Unternehmer stellt die Mehrwertsteuer dem Abnehmer in Rechnung, so daß sie wirtschaftlich vom Verbraucher zu tragen ist. Der Steuersatz beträgt derzeit 14 %; für bestimmte Umsätze (z. B. landwirtschaftliche Produkte, Bücher) ist er auf 7 % ermäßigt.

Hinweis:
»Tips zur Umsatzsteuer für junge und für kleinere Unternehmer«

hat
der Finanzminister des Landes Nordrhein-Westfalen
– Presse- und Informationsreferat –
Jägerstraße 6

4000 Düsseldorf 30

herausgegeben. Die Broschüre kann kostenlos unter Angabe des Titels unter der angegebenen Adresse von interessierten Bürgern angefordert werden!

Zur weiteren Vertiefung werden aus dem Programm der Verlagsgruppe Luchterhand empfohlen:

1. Handbuch zum Lohnsteuerrecht (HzL)
Herausgegeben von Franz Klein, Paul Flockermann und Eva-Maria Gersch
Loseblattwerk, 3 Ordner, z. Z. ca. 3798 Seiten, DM 98,00
(Seitenpreis der Ergänzungen DM 0,24)
ISBN 3-472-40300-4 HLV

2. Handbuch des Umsatzsteuerrechts (H-U)
Gesetze–Richtlinien–Kommentare
Herausgegeben von Christian Kühr
Loseblattwerk, 2 Ordner, z. Z. ca. 1600 Seiten, DM 84,00
(Seitenpreis der Ergänzungen DM 0,24)
ISBN 3-472-40450-7 HLV

3. Handbuch des Einkommensteuerrechts (H-E)
Gesetze–Richtlinien–Kommentare
Auskunftswerk über das gesamte Einkommen- und Lohnsteuerrecht mit Nebenbestimmungen
Herausgegeben von Franz Klein, Paul G. Flockermann und Christian Kühr
Loseblattwerk, 4 Ordner, z. Z. ca. 7038 Seiten, DM 198,00
(Seitenpreis der Ergänzungen DM 0,24)
ISBN 3-472-40440-X HLV

4. Gewerbesteuer
Kommentar
Begründet von Arved Wihtol, fortgeführt von Dietmar Bittner
Loseblattwerk, 2 Ordner, z. Z. ca. 1798 Seiten, DM 105,00
(Seitenpreis der Ergänzungen DM 0,33)
ISBN 3-472-70040-8 KV

5. Günter Kunz/Reinhard Hennemann
Grunderwerbsteuer
Kommentar
Loseblattwerk, 1 Ordner, z. Z. ca. 300 Seiten, DM 64,00
(Seitenpreis der Ergänzungen DM 0,36)
ISBN 3-472-70090-4 KV

6. Michael Daumke
Grundriß der Abgabenordnung
1988, 222 Seiten, kartoniert, DM 32,00
ISBN 3-472-63412-X AMV

10. Baurecht

Das Baurecht umfaßt alle öffentlich-rechtlichen Rechtsnormen, die sich auf die bauliche und sonstige Nutzung von Grund und Boden in der Gemeinde beziehen. Sie sind im Baugesetzbuch (BauGB), in der Baunutzungsverordnung (BauNVO) und in den jeweiligen Landesbauordnungen (LBauO) kodifiziert. Die Aufgabe des Baurechts besteht darin, eine städtebaulich geordnete, den gewachsenen Strukturen gerecht werdende, menschenwürdige, umweltgerechte und die widerstreitenden Interessen möglichst ausgleichende Entwicklung zu gewährleisten und eine dem Wohl der Allgemeinheit entsprechende, soziale Bodenordnung zu sichern. Dies bringt zwangsläufig Einschränkungen der grundsätzlich bestehenden, aus der Eigentumsgarantie des Art. 14 Abs. 1 GG herzuleitenden Baufreiheit des einzelnen mit sich. Jedoch lassen sich städtebaulicher »Raubbau«, Landschaftszersiedelung und Umweltzerstörung nur verhindern, wenn dem einzelnen gewisse Vorgaben hinsichtlich der Nutzung seines Eigentums gemacht werden können. Diese - im Allgemeininteresse liegende - Einschränkung der Baufreiheit rechtfertigt sich aus der Sozialbindung des Eigentums (Art. 14 Abs. 2 GG). Allerdings muß die Gemeinde bei allen Planungsentscheidungen die Interessen der Allgemeinheit (öffentliches Interesse) und die privaten Eigentümerinteressen gegeneinander abwägen (§ 1 Abs. 6 BauGB) und einen möglichst gerechten Ausgleich suchen.

a. Städtebaurecht / Bauplanungsrecht

Kernstück des Baurechts ist das Städtebaurecht, geregelt im BauGB. Hier hat die Bauleitplanung herausragende Bedeutung, die Angelegenheit der Gemeinden ist (Planungshoheit). Aufgabe der Bauleitplanung ist es, die bauliche und sonstige Nutzung der Grundstücke in der Gemeinde vorzubereiten und zu leiten (§ 1 Abs. 1 BauGB) und hierdurch eine geordnete städtebauliche Entwicklung im o. g. Sinne sicherzustellen. Die Gemeinde hat Bauleitpläne aufzustellen, sobald und soweit dies für die städtebauliche Entwicklung und Ordnung erforderlich ist (§ 1 Abs. 3 BauGB). Dies ist in der Regel nicht der Fall für Innenstadtbereiche, die vollständig oder fast vollständig bebaut sind und insofern die städtebauliche Entwicklung abgeschlossen ist. Solche Bereiche nennen sich »unbeplanter Innenbereich« (§ 34 BauGB).

Bauleitpläne sind gem. § 1 Abs. 3 BauGB

- der Flächennutzungsplan

  und

- der Bebauungsplan.

Der Flächennutzungsplan umfaßt das gesamte Stadtgebiet und enthält grobe Festlegungen, für welchen Zweck und welchen Nutzungen die Flächen dienen sollen. So können Bauflächen, Gewerbe- und Industrieflächen, Grünflächen, Verkehrsflächen und anderes mehr ausgewiesen werden, § 5 BauGB. Der Flächennutzungsplan ist eine zeichnerische Darstellung in kleinem Maßstab (1 : 25.000).

Der Bebauungsplan ist grundsätzlich aus dem Flächennutzungsplan zu entwickeln, § 8 Abs. 2 BauGB. Die Festsetzungen des Bebauungsplans dürfen dem Flächennutzungsplan also nicht widersprechen; so wäre es z. B. unzulässig, im Bebauungsplan Wohnbaufläche auszuweisen, wo der Flächennutzungsplan Grünfläche oder Gewerbe-/Industriegebiet festlegt.
Der Bebauungsplan bezieht sich nur auf kleine Ausschnitte des Stadtgebietes. Seine Festsetzungen bzgl. der zulässigen Nutzungen und ihre zeichnerischen Darstellungen sind parzellenscharf. Daneben können auf dem Plan textliche Festsetzungen getroffen werden, die also nicht zeichnerisch dargestellt sind. Dies geschieht häufig in bezug auf Garagenzufahrten, Kfz-Stellplätze, die genaue Festlegung von Branchen, die in einem Gewerbe- oder Industriegebiet zulässig sein sollen, und anderes mehr.

Das Verfahren zur Aufstellung von Bauleitplänen vollzieht sich in mehreren Stufen: Die Gemeinde legt zunächst die allgemeinen Ziele und Zwecke der Planung fest, erarbeitet - wenn möglich - Alternativen, die für die Neugestaltung und Entwicklung eines Gebietes in Betracht kommen, und prüft die voraussichtlichen Auswirkungen der Planung

auf Umgebung und Umwelt. Über dieses erste Ergebnis sind die Bürger öffentlich zu unterrichten, § 3 Abs. 1 BauGB (sog. vorgezogene Bürgerbeteiligung). Dies geschieht – je nach Bedeutung der Bauleitplanung – durch einen Hinweis in den Tageszeitungen, daß die Planung eingesehen werden kann, zunehmend aber im Rahmen von Bürgerversammlungen, in denen die Planung vorgestellt und mit den Bürgern erörtert wird. Parallel dazu sind die Träger öffentlicher Belange – also Behörden und öffentliche Stellen, die von der Planung berührt werden können (z. B. Bundesbahn, Straßenverwaltung, Landschafts-, Wasser- oder Denkmalbehörden) – zu beteiligen und anzuhören. Die aus den Beteiligungsverfahren hervorgegangenen Anregungen und Bedenken werden von der Gemeinde auf ihre Erheblichkeit überprüft und im eigentlichen Planentwurf berücksichtigt. In diesem Verfahrensstadium führt die Gemeinde eine Umweltverträglichkeitsprüfung durch, wenn sich gezeigt hat, daß Umweltbelange beeinträchtigt sein oder Altlasten der beabsichtigten Nutzung (z. B. einer Wohnbebauung) entgegenstehen könnten.
Der daraufhin erstellte Planentwurf ist den Bürgern mit einem Erläuterungsbericht erneut vorzustellen, um ihnen Gelegenheit zu geben, Anregungen und Bedenken gegen die Planung vorzubringen, § 3 Abs. 2 BauGB. Nach Auswertung der eingegangenen Stellungnahmen und Abwägung der privaten und öffentlichen Belange, § 1 Abs. 6 BauGB, stellt die Gemeinde den Plan auf. Bebauungspläne werden vom Rat der Gemeinde als Satzung beschlossen, § 10 BauGB, und stellen somit geltendes Ortsrecht dar. Der aufgestellte Bebauungsplan gewährt den jeweiligen Grundstückseigentümern – anders als der Flächennutzungsplan – einen Anspruch, sein Grundstück entsprechend den Festsetzungen zu bebauen, soweit bauordnungsrechtlich keine Bedenken bestehen. Von den Festsetzungen des Bebauungsplans kann im übrigen nur ausnahmsweise im Einzelfall abgewichen werden, wenn dies städtebaulich vertretbar ist und hierdurch insbesondere nachbarliche Belange unberührt bleiben.

Im unbeplanten Innenbereich haben Grundstückseigentümer einen Anspruch auf Genehmigung eines Bauvorhabens, wenn es sich in die Umgebungsbebauung einfügt, § 34 BauGB. Im Außenbereich, also zumeist in Stadtrandlagen, besteht ein solcher Anspruch nur ausnahmsweise.

Zur Durchsetzung der Ziele und Festsetzungen eines rechtskräftigen, d. h. gerichtlich nicht angefochtenen Bebauungsplanes, kann eine Umlegung der Grundstücke erforderlich werden, §§ 45 ff. BauGB. Auf diese Weise soll erreicht werden, daß nach Lage, Form und Größe für die festgesetzte Nutzung zweckmäßig gestaltete Grundstücke entstehen. Unter bestimmten Voraussetzungen ist auch eine Enteignung zulässig, sofern das Wohl der Allgemeinheit sie zwingend erfordert (§§ 85 BauGB) und eine freiwillige Veräußerung des Grundstückes an die Gemeinde vom Grundstückseigentümer verweigert wurde. Dies kommt gelegentlich, insbesondere im Zusammenhang mit Straßenplanungen vor.

Als weiteres Instrument zur Sicherung einer geordneten städtebaulichen Entwicklung räumen §§ 14 ff. BauGB der Gemeinde die Möglichkeit ein, zur Verhinderung städtebaulich unerwünschter Vorhaben in künftigen Planbereichen eine zeitlich befristete Veränderungssperre zu erlassen. Darin können den betroffenen Grundstückseigentümern der Bau oder Abriß von Gebäuden sowie wertsteigernde Veränderungen untersagt werden.

Noch weitergehende Beschränkungen der Baufreiheit ermöglicht das 2. Kapitel des BauGB. So bedürfen in einem von der Gemeinde festgesetzten Sanierungsgebiet, in dem städtebauliche Mißstände wesentlich verbessert oder umgestaltet werden sollen, die rechtsgeschäftliche Veräußerung und die Bebauung eines Grundstücks der schriftlichen Genehmigung der Gemeinde. Dasselbe gilt für den beabsichtigten Abbruch, die Änderung oder Nutzungsänderung von Gebäuden im Geltungsbereich von Erhaltungssatzungen.

Alle Maßnahmen der Gemeinde, die die Baufreiheit des einzelnen in vorbeschriebener Weise einschränken, sind gerichtlich angreifbar.

b. Bauordnungsrecht

Das Bauordnungsrecht ist Landesrecht und überwiegend in den jeweiligen Landesbauordnungen geregelt. Es gehört dem Bereich der Gefahrenabwehr an und enthält detaillierte Bestimmungen zur Sicherheit baulicher Anlagen. So sind bauliche Anlagen so anzuordnen, zu errichten, zu ändern und zu unterhalten, daß die öffentliche Sicherheit oder Ordnung, insbesondere Leben und Gesundheit, nicht gefährdet werden (z. B. § 3 BauO NW). Darüber hinaus hat die Bauaufsicht, die den kreisfreien Städten oder Kreisen übertragen ist, darauf zu achten, daß keine städtebaulichen Mißstände entstehen, die Festsetzungen des Bebauungsplans eingehalten und nachbarliche Belange durch ein Bauvorhaben nicht beeinträchtigt werden.

Zur weiteren Vertiefung werden aus dem Programm der Verlagsgruppe Luchterhand empfohlen:

1. Das gesamte Boden- und Baurecht des Bundes
   Textsammlung
   Loseblattwerk, 2 Ordner, z. Z. ca. 2492 Seiten, DM 64,00
   (Seitenpreis der Ergänzungen DM 0,25)
   ISBN 3-472-20300-5 HLV

2. Rudolf Rössler
   Johannes Langner
   Jürgen Simon
   Wolfgang Kleiber
   Schätzung und Ermittlung von Grundstückswerten
   Eine umfassende Darstellung der Rechtsgrundlagen und praktischen Möglichkeiten einer zeitgemäßen Verkehrswertermittlung
   6. überarbeitete und erweiterte Auflage 1990, ca. 690 Seiten, Leinen, ca. DM 248,00
   ISBN 3-472-00112-7 HLV

3. Grundstücksmarkt Grundstückswert (GuG)
   Zeitschrift für Immobilienwirtschaft, Bodenpolitik und Wertermittlung
   Jahresabonnement
   Herausgegeben von Wolfgang Kleiber, Jürgen Simon und Gustav Weyers
   Die Zeitschrift erscheint 6 x jährlich im Format DIN A4, ca. 64 Seiten, DM 198,00
   ISSN 0938-0175
   Einzelheft DM 35,00

2. TEIL: DAS WIRTSCHAFTSSYSTEM

A. DIE SOZIALE MARKTWIRTSCHAFT
– das 1 x 1 –

I. Die Soziale Marktwirtschaft in der Bundesrepublik

Der Siegeszug der Sozialen Marktwirtschaft begann 1948. Die drei westlichen Besatzungszonen machten mit einer neuen Währung - der »Deutschen Mark« = DM - einen neuen Anfang.

Die Soziale Marktwirtschaft manifestiert ein eigenständiges Wirtschaftsmodell. Die Bundesrepublik beschritt damit einen neuen Weg.

II. Das Konzept

Die Konzeption der Sozialen Marktwirtschaft stellt den Versuch dar, eine realistische Synthese zu finden zwischen Einsichten in die Wirkungsweise des Marktprozesses und der Bemühung, diese mit den Ansprüchen persönlicher Freiheit und sozialer Gerechtigkeit zu vereinen. Damit sollen

- die Sicherung der Vollbeschäftigung,
- ein stetiges, langfristiges Wirtschaftswachstum, unter weitgehender Ausschaltung von Konjunkturschwankungen,
- ein stabiles Preisniveau,
- eine ausgeglichene Zahlungsbilanz

gewährleistet werden. Weitere Ziele sind

- breite Streuung des Eigentums,
- Einordnung von Gruppeninteressen unter das Allgemeinwohl.

Das Ziel der Sozialen Marktwirtschaft als ordnungspolitischer Idee ist es somit, auf der Basis der Wettbewerbswirtschaft die freie Initiative mit einem gerade durch die marktwirtschaftliche Leistung gesicherten sozialen Fortschritt zu verbinden.

III. Der Sinn

Die Soziale Marktwirtschaft setzt insbesondere auf die Regelungsmechanismen des Marktes, also auf

- Angebot und Nachfrage,
- freie Preisbildung und Wettbewerb.

Sie baut auf

- Leistung,
- freie unternehmerische Betätigung,
- freie Konsumwahl der Verbraucher,
- die Fähigkeit der Tarifpartner, in freien Verträgen marktgerechte Arbeits- und Entlohnungsbedingungen zu vereinbaren.

Sie mißtraut der Bürokratie des Staates. Die Bedürfnisse der Marktteilnehmer werden von niemandem besser ermittelt und befriedigt als vom Verbraucher und Unternehmer selbst.
Aber auch der Staat wird nicht gänzlich aus seiner Verantwortung entlassen. Zwar hat er sich prinzipiell aus dem Wirtschaftsprozeß herauszuhalten, andererseits aber dafür zu sorgen, daß die Spielregeln eingehalten werden, indem die Rahmenbedingungen stimmen, die einen geordneten Ablauf des Wirtschaftslebens ermöglichen.

Der Marktprozeß wird in gewisser Weise kanalisiert, indem dem Staat eine Ordnungsfunktion eingeräumt wird. Der Staat kann durch aktive Eingriffe marktwirtschaftliches Geschehen dort ergänzen, wo es versagt oder zu unerwünschten gesellschaftlichen und sozialen Ergebnissen führt. Als Eingriffsmöglichkeiten bieten sich an

- Marktsicherung (z.B. durch das Wettbewerbs- und Kartellrecht),
- Marktbeeinflussung (z.B. durch Aktionen gegen das Rauchen),
- Marktregulierung (z.B. durch gezielte Änderung der Steuerlasten).

Für das Zusammenspiel der Kräfte von Markt und Staat ist die richtige Gewichtung von elementarer Bedeutung. Ein Übermaß staatlicher Eingriffe in den Marktprozeß kann die wirtschaftliche Leistungsfähigkeit behindern oder gar ruinieren.

Die Soziale Marktwirtschaft ist eine Wirtschaftsordnung, die auf Leistung setzt und auf Leistung aufbaut. Folglich müssen diejenigen geschützt und gesichert werden, deren Leistungsfähigkeit eingeschränkt ist, wie Arbeitslose, Jugendliche, Kranke und Rentner.

Diese soziale Komponente wird durch die soziale Gesetzgebung abgedeckt.

Der Sinn der Sozialen Marktwirtschaft ist es also, das Prinzip der Freiheit des Marktes mit dem des sozialen Ausgleichs zu verbinden.

IV. Das freiheitliche Menschenbild

Im Mittelpunkt des Denkens der Sozialen Marktwirtschaft steht nicht nur das ökonomische Prinzip, sondern vor allem auch das freiheitliche Menschenbild. Es gilt die Maxime, daß alles Wirtschaften dieses Menschenbild fördern müsse. Die Konturen eben dieses Menschenbildes sind im Grundgesetz der Bundesrepublik beschrieben:

- die Menschenwürde ist unantastbar,
- das Recht auf freie Entfaltung der Persönlichkeit und Gleichheit vor dem Gesetz muß sichergestellt sein,
- das Privateigentum steht in der sozialen Pflicht,
- es besteht Freizügigkeit,
  Presse- und Redefreiheit,
- das Recht auf freie Wahl des Berufs- und des Arbeitsplatzes ist gewährleistet.

Diese Grundrechte sind im staatlichen Rahmen der Verfassung verankert, der die Bundesrepublik als einen demokratischen und sozialen Rechtsstaat bezeichnet. Der Verfassungsgeber hat sich nicht ausdrücklich auf ein bestimmtes Wirtschaftssystem festgelegt. Der Begriff der Sozialen Marktwirtschaft kommt im Grundgesetz überhaupt nicht vor. Sie ist aber die Wirtschaftsordnung, die den Forderungen des Grundgesetzes am besten gerecht wird. Sie entspricht am ehesten den Zielvorstellungen eines freiheitlichen und demokratischen Gesellschaftssystems.

V. So funktioniert die Soziale Marktwirtschaft

Die Soziale Marktwirtschaft braucht nur wenige Regeln, um zu funktionieren.

1. Die Grundlagen

a. Güterangebot und Konsum

Güterangebot und Konsum werden durch dezentrale Entscheidungen von Verbrauchern und Herstellern bestimmt. Regelnde Kraft ist der Preismechanismus des Marktes, der sich aus dem Wettbewerb einer Vielzahl von Anbietern und Nachfragern ergibt. Der Staat hat sich weitgehend aus dem Wirtschaftsprozeß herauszuhalten. Der Verbraucher ist die beherrschende Macht. Seine Kaufentscheidungen bestimmen die Produktionsentscheidungen der Unternehmen. Sie bieten das auf dem Markt an, wovon sie sich Absatzchancen und Gewinn versprechen. Ein Unternehmen kann nur existieren, wenn seine Produkte gekauft werden.

b. Der Mechanismus der freien Preisbildung

Der Mechanismus der freien Preisbildung ist der entscheidende Indikator für Verbraucher und Unternehmer. Er zeigt an, was, wo, wie in welchen Mengen hergestellt werden soll und anschließend vom Verbraucher gekauft werden kann. Der einzelne Unternehmer wird nur dann Güter oder Leistungen produzieren oder anbieten, wenn die erzielten Preise seine Kosten decken und vor allem – für das eingegangene Risiko – ein Gewinn erzielt wird.

c. Der Produktionsstandort

Die Frage des Produktionsstandortes spielt für den Unternehmer eine wichtige Rolle, da Unternehmen mit möglichst niedrigen Kosten arbeiten müssen. Kostenfaktoren sind

- Arbeitskosten,
- Material,
- Steuerbelastung,
- Zinsen.

Dies ist nicht nur im nationalen Kontext, sondern primär auch international zu sehen, daß also kostengünstige Produktionsstandorte z. B. in Asien, Afrika etc. existieren.

d. Die Aufgabe des Marktes

Der Markt ist ein effektiver Steuerungsmechanismus. Er kann seine Aufgabe nur erfüllen, wenn die folgenden Grundsätze kumulativ erfüllt sind. Die Grundsätze lauten:

aa. Grundsatz des Privateigentums an Produktionsmitteln

Dieser Grundsatz ist für die Marktwirtschaft elementar und unverzichtbar. Er garantiert, daß das Kapital an die Stelle geleitet wird, wo es den besten Gewinn abwirft. Als Folge davon können neue zukunftsträchtige Entwicklungen durch den Unternehmer entstehen, die den Markt bereichern, die Angebotspalette erweitern und so den Wettbewerb in Gang halten.

bb. Grundsatz der freien Preisbildung

Die Preise müssen sich im freien Spiel der Kräfte neuen Nachfrage- und Angebotsverhältnissen anpassen können. Es darf keine Verzerrungen durch Preismanipulationen – wie z. B. durch Subventionen – geben. Nur dann funktioniert der Mechanismus, der die Knappheit von Gütern durch steigende Preise und Überangebot durch sinkende Preise signalisiert.

cc. Grundsatz des funktionierenden Wettbewerbs

Der Markt muß für Innovationen jederzeit offen sein. Neue Unternehmen müssen stets die Chance des Zugangs zum Markt haben. Beherrschende Marktstellungen von Anbietern sind zu vermeiden und dürfen die freie Preisbildung nicht behindern.

2. Die Rolle des Staates

In der Sozialen Marktwirtschaft übt der Staat eine gewisse ordnende Funktion aus. Er hat Bürger, Verbraucher und Unternehmer nicht zu bevormunden. Er hat aber dafür zu sorgen, daß die Rahmenbedingungen stimmen, die einen geordneten Ablauf des Wirtschaftslebens ermöglichen und die Regeln des Marktes funktionieren. Diese Rahmenbedingungen des Staates sind:

a. funktionierender Wettbewerb

Der Staat schafft die Voraussetzungen für einen funktionierenden Wettbewerb:

- Auf internationaler Ebene geschieht dies durch eine liberale Handels-, Kapitalverkehrs- und Dienstleistungspolitik sowie durch den Abbau von Zöllen und Handelsbeschränkungen.
- Auf nationaler Ebene geschieht dies durch Förderung von Existenzgründungen und der Förderung des Mittelstandes. Neue, innovative Unternehmen brauchen den Marktzugang.

b. sozialer Ausgleich

Der Staat sorgt für den sozialen Ausgleich bezüglich der in der Leistungsfähigkeit eingeschränkten Gesellschaftsgruppen. Als Instrumentarium setzt er dazu die soziale Gesetzgebung und die Steuerpolitik ein.

c. soziales Umfeld

Der Staat gewährleistet ein geeignetes soziales Umfeld durch die Gewährung von betrieblicher Mitbestimmung und Tarifautonomie. Den Großunternehmen sind gewisse Grenzen aufzuzeigen. Dies ist Aufgabe des Bundeskartellamtes, das aufgrund des Gesetzes gegen Wettbewerbsbeschränkungen über die Einhaltung der Regeln des Wettbewerbs wacht.

d. stabile Währung

Die Marktwirtschaft braucht eine stabile Währung. Sie ist die Voraussetzung dafür, daß der Preismechanismus funktioniert, indem Angebot und Nachfrage auf den Märkten zum Ausgleich kommen. Weiterhin werden dadurch die Produktivkräfte Arbeit, Kapital, Boden und Wissen zur maximalen Produktion gebündelt.
Aufgabe der Deutschen Bundesbank ist es, für die Stabilität des Geldwertes zu garantieren. Nach innen erfolgt dies über Maßnahmen der Geldpolitik, nach außen über Maßnahmen der Stabilisierung der Wechselkurse. Die Deutsche Bundesbank ist in ihren Entscheidungen unabhängig.

e. Konjunkturpolitik

Die Konjunkturpolitik soll einen intakten Wirtschaftsablauf schaffen. Sie soll Extreme, wie überhöhte Nachfrage mit ständig steigendem Preisniveau einerseits, als auch Arbeitslosigkeit andererseits, vermeiden helfen.

Der Staat ist verpflichtet, durch das Stabilitätsgesetz primär vier Zielvorgaben anzustreben – das sogenannte magische Viereck:

- Stabilität des Preisniveaus,
- hoher Beschäftigungsstand,
- stetiges und angemessenes Wirtschaftswachstum
- und außenwirtschaftliches Gleichgewicht.

Als Instrumentarium zur annähernden Realisierung dieser Zielprojektionen bieten sich dem Staat an

- eine Steuerpolitik mit Augenmaß, die Wachstum und Investitionen nicht behindert,
- eine solide Haushaltspolitik,
- eine Geldpolitik, die konjunkturelle Überhitzungen vermeidet,
- eine aktive Arbeitsmarktpolitik, die Qualifikation und Mobilität der Arbeitnehmer verbessert,
- Hilfen für Klein- und Mittelbetriebe,
- Anpassungshilfen zur Strukturverbesserung von Wirtschaftsbereichen.

f. freiheitliche Grundsätze

Der Mensch steht im Mittelpunkt der Sozialen Marktwirtschaft. Die Soziale Marktwirtschaft ist ein System mit freiheitlichen Grundsätzen. Zu diesen Grundsätzen gehören:

aa. Der Grundsatz der Tarifautonomie

Der Bestand und die Tätigkeit von Arbeitgeber- und Arbeitnehmerorganisationen wird durch Art. 9 GG gewährleistet. In eigener Regie und in Unabhängigkeit vom Staat legen sie die Arbeitsbedingungen sowie die Höhe der Gehälter nach eigenen Vorstellungen fest. Die Arbeitnehmer haben das Recht auf Streik, die Arbeitgeber das Recht auf Aussperrung.

bb. Grundsatz der Mitwirkung der Arbeitnehmer

Arbeitnehmer und Gewerkschaften verfügen über weitreichende Mitwirkungs- und Mitbestimmungsrechte in sozialen, personellen und wirtschaftlichen Angelegenheiten. Als wichtigste Mitbestimmungsgesetze seien genannt:

- das Mitbestimmungsgesetz
  Es gilt für Betriebe mit mehr als 2000 Beschäftigten. Der Aufsichtsrat des Unternehmens verfügt über eine paritätische Besetzung.

- das Betriebsverfassungsgesetz
  Es hat Geltung in allen privatwirtschaftlichen Betrieben mit mehr als fünf wahlberechtigten Mitarbeitern. Der Betriebsrat vertritt die Mitbestimmungs-und Mitwirkungsrechte. Im Aufsichtsrat des Unternehmens haben die Arbeitnehmer einen Anspruch auf ein Drittel der Sitze.
- das Montan-Mitbestimmungsgesetz
  Es gewährleistet die paritätische Vertretung der Arbeitnehmer in den Aufsichtsräten der Unternehmen der Eisen- und Stahlindustrie sowie des Bergbaus.

3. Die soziale Komponente

Die Soziale Marktwirtschaft baut auf Leistung und setzt auf Leistung. Sie belohnt Leistung mit steigendem Einkommen und zunehmendem Vermögen.

Der Staat läßt aber diejenigen, die im Leistungswettbewerb nicht mithalten können, nicht im Stich. Er sorgt für einen sozialen Ausgleich unter der Maxime, die Leistungsfähigen stärker zu belasten, damit den leistungsschwachen Gruppen geholfen werden kann.
Als Instrumentarien stehen dem Staat zur Verfügung:

a. eine adäquate Steuerpolitik

Die Steuerpolitik soll nicht allein die Kassen des Staates füllen. Sie soll zugleich ein geeignetes Mittel darstellen, den sozialen Ausgleich zu bewerkstelligen, indem sie

- Familien steuerlich begünstigt,
- ein steuerfreies Existenzminimum gewährt für Geringverdienende,
- andererseits aber die Bürger nach ihrer Leistungsfähigkeit besteuert, indem Bürger mit hohem Einkommen mit anteilsmäßig höheren Steuern belastet werden als Bürger mit geringem Einkommen.

aa. die Vermögensbildung in Arbeitnehmerhand

Eine Förderung zur Vermögensbildung erhält, wer mit seinem Einkommen bestimmte Höchstbeträge nicht überschreitet. Die Bildung von Vermögen geschieht durch Sparprämien bei bestimmten Sparformen, durch Prämien für Lebensversicherungen als Ergänzung zur Alterssicherung durch die gesetzliche Rentenversicherung, durch Bausparförderung sowie durch die Möglichkeit der Beteiligung am Betriebsvermögen.

bb. die sogenannten Transferleistungen

Vom Staat werden zum Ausgleich von besonderen Belastungen Leistungen gewährt in Form von Kindergeld, zum Schutz der sozial Schwächeren in Form von Wohngeld oder in Form von Sozialhilfe.

b. die Sozialpolitik

Die gesetzliche Kranken-, Arbeitslosen- und Unfallversicherung deckt die elementaren Risiken der Existenz des einzelnen Arbeitnehmers ab. Die Beiträge werden bis zu gewissen Grenzen - den sogenannten Beitragsbemessungsgrenzen - je zur Hälfte vom Arbeitgeber und Arbeitnehmer getragen.
Durch die Rentenversicherung werden die älteren, nicht mehr im Beruf stehenden Menschen abgesichert. Dies geschieht durch den sogenannten Generationenvertrag, indem die jüngere, berufstätige Generation die Renten jener finanziert, die schon aus dem Erwerbsleben ausgeschieden sind. Dabei gilt der Grundsatz, daß derjenige, der höhere Beiträge gezahlt bzw. länger als andere gearbeitet hat, eine in Relation höhere Rente bekommt.

c. die Sozialleistungen der Betriebe

In der Bundesrepublik gewähren die Betriebe die höchsten betrieblichen Aufwendungen für soziale Leistungen von allen Staaten im internationalen Vergleich. Für den Arbeitnehmer bedeutet dies einen weiteren Zuwachs an sozialer Sicherheit, für den Arbeitgeber stellen diese Leistungen hingegen einen gewichtigen Kostenfaktor dar. Die Beiträge der Arbeitgeber zur Sozialversicherung, also zur

- Rentenversicherung,
- Krankenversicherung,
- Arbeitslosenversicherung,

haben unter den gesetzlichen Zusatzkosten den größten Anteil.

Schließlich gibt es noch die Personalzusatzkosten betrieblicher und tariflicher Art, wozu gehören:

- Beiträge der Arbeitgeber zur betrieblichen Altersversorgung,
- volle Lohnfortzahlung im Krankheitsfall,
- Urlaubsgeld und Lohnfortzahlung im Urlaub,
- Gewinnbeteiligungen und Gratifikationen,
- Familienbeihilfen.

Abgerundet wird das Bild durch die Finanzierung von Sozialplänen, die bei Unternehmenszusammenbrüchen und Stillegungen den arbeitslos gewordenen Mitarbeitern zugute kommen. Diese Aufwendungen ergreifen als sogenanntes soziales Netz fast alle Lebensbreiche.

4. Die Grenzen

Die Grenzen der Sozialen Marktwirtschaft und insbesondere ihrer sozialen Komponente ergeben sich aus der wirtschaftlichen Leistungsfähigkeit der Volkswirtschaft der Bundesrepublik.

Das marktwirtschaftliche System der Bundesrepublik wird in Zukunft mehr als bisher das Prinzip der Hilfe zur Selbsthilfe in den Vordergrund stellen müssen, beispielhaft seien hier die Probleme mit der gesetzlichen Kranken- und Rentenversicherung genannt. Die Arbeitslosigkeit und die steigende Staatsverschuldung rufen nach Lösungen. Es gibt ungelöste Probleme in anderen Lebensbereichen, u.a.

- das Ausmaß der Umweltfragen,
- die künftige Energiepolitik,
- die Probleme der Dritten Welt.

VI. Der Erfolg der Sozialen Marktwirtschaft

Der Erfolg eines Wirtschaftssystems mißt sich einzig daran, die Bevölkerung optimal mit Gütern und Dienstleistungen zu versorgen. Dieser Aufgabe stellt sich die Soziale Marktwirtschaft permanent.
Das oft gerühmte sogenannte Wirtschaftswunder führte die Bundesrepublik von 1949 an – als man bei Null wieder anfangen mußte – in die Weltspitze der Industrienationen der Erde. Die Soziale Marktwirtschaft hat ihre einzigartige ökonomische Leistungsfähigkeit nunmehr über vier Jahrzehnte bewiesen. Sie hat für die Bevölkerung der Bundesrepublik einen in der Geschichte exemplarischen Zuwachs an

- Wohlstand,
- Lebensstandard,
- Freizeit

gebracht. Für den Arbeitnehmer kommt es doch allein darauf an, was er sich effektiv für den Lohn seiner Arbeit kaufen kann. Der ökonomische Erfolg der Sozialen Marktwirtschaft ist für jeden Arbeitnehmer spürbar

und meßbar. Politische Freiheit, Wohlstand und soziale Sicherheit sind in diesem Ausmaß nur mit diesem Wirtschaftssystem zu erreichen gewesen, eben und gerade wenn man andere Staaten und Wirtschaftssysteme der Erde betrachtet.
In der Welt gehört die Bundesrepublik heute zu den Ländern

- mit den höchsten Löhnen und Personalzusatzkosten,
- mit dem längsten Jahresurlaub,
- mit der kürzesten Wochenarbeitszeit,
- mit den strengsten Umweltschutzauflagen,
- mit der höchsten Exportquote einer Volkswirtschaft.

VII. Ausblick

Die Soziale Marktwirtschaft als ein Wirtschaftssystem, das auch den Anforderungen des neuen Jahrtausends genügen und sich neuen Herausforderungen stellen will, muß sich stets auf breitestem gesellschaftlichen Konsens gründen. Sie muß auf's engste mit den grundlegenden Wert- und Zielvorstellungen einer freiheitlich-demokratischen Ordnung von Staat und Gesellschaft verflochten sein. Trotz ihrer nachweislich großen ökonomischen Leistungen und Erfolge muß sie sich der Kritik der nachwachsenden Generationen stellen, denn es gibt nichts im Leben, was nicht noch zum Wohle aller verbessert werden könnte.

Das System der Sozialen Marktwirtschaft ist kein starres System, es ist vielmehr lernfähig, indem es sich neuen Erfordernissen der Menschen und Zeiten anpaßt. Die deutsche Wirtschaft verfügt über ein vielversprechendes Potential für die Aufgaben der Zukunft im internationalen Vergleich. Das Potential, das sie in die Waagschale zu werfen hat, umfaßt

1. ein offenes und freies Wirtschafts- und Handelssystem,
2. eine stabile und gesellschaftliche Ordnung,
3. eine ausgewogene Wirtschaftsstruktur mit einer Mischung aus Klein-, Mittel- und Großbetrieben,
4. eine hochentwickelte Infrastruktur,
5. ein hohes Ausbildungsniveau und gut ausgebildete Arbeitnehmer,
6. sozialen Frieden und einen hohen sozialen Konsens,
7. eine hohe außenwirtschaftliche Leistungsfähigkeit.

Zur weiteren Vertiefung werden aus dem Programm der Verlagsgruppe Luchterhand empfohlen:

1. von Arnim
   Volkswirtschaftspolitik - Eine Einführung
   6. Auflage 1990, 310 Seiten, kartoniert, DM 34,00
   ISBN 3-472-00063-5
2. Ernst Schmacke
   Die großen 500
   Deutschlands führende Unternehmen und ihr Management (einschl. Banken und Versicherungen)
   Loseblattwerk, 2 Ordner, z. Z. ca. 2292 Seiten, DM 298,00
   (Seitenpreis der Ergänzungen DM 0,28)
   ISBN 3-472-10600-X HLV

B. GRUNDZÜGE DER BETRIEBSWIRTSCHAFT

Die Lehre von der Betriebswirtschaft ist die zweite Teildisziplin neben der Volkswirtschaftslehre innerhalb der Wirtschaftswissenschaften. Den Ausgangspunkt der Analyse wirtschaftlicher Tatbestände bildet regelmäßig die Tatsache der Knappheit der zur Bedürfnisbefriedigung bereitstehenden Mittel.
Die Volkswirtschaftslehre befaßt sich primär mit den globalen wirtschaftlichen Vorgängen und Zusammenhängen in einem Staat oder zwischen mehreren Staaten.
Die Betriebswirtschaftslehre hingegen analysiert als Institutionenlehre die verschiedenen Aspekte des Wirtschaftens. Sie beschreibt und erklärt den Aufbau von und die Vorgänge in Betrieben, Unternehmen und Haushalten. Sie untersucht Gestaltungsmöglichkeiten. Gegenstand der Analyse sind Aspekte des Wirtschaftens

- im Betrieb, der Unternehmung, der Wirtschaftsorganisation; dort wird zum Zweck der Fremdbedarfsdeckung gewirtschaftet,
- im Haushalt; bei dortigen wirtschaftlichen Aktivitäten steht die Eigenbedarfsdeckung im Vordergrund.

Die Betriebswirtschaftslehre gliedert sich in vier große Bereiche:

I. Allgemeine Betriebswirtschaftslehre

In der allgemeinen Betriebswirtschaftslehre werden abstrakt betriebliche Funktionen und Abläufe beschrieben. Als betriebliche Hauptfunktionen gelten dabei die Bereiche

- Beschaffung,
- Produktion,
- Absatz,
- Finanzierung,
- Investition.

II. Besondere Betriebswirtschaftslehre

Die besondere Betriebswirtschaftslehre befaßt sich mit den Besonderheiten der verschiedenen Wirtschaftszweige und gliedert sich in verschiedene spezielle Betriebswirtschaftslehren, u.a. für

- Industrie,
- Handel,
- Banken,
- Versicherungen,
- Verkehr.

III. Betriebswirtschaftliche Verfahrenstechnik

Die betriebswirtschaftliche Verfahrenstechnik umfaßt die Beschreibung von Methoden der Wirtschaftspraxis, insbesondere die

- Bilanztheorie und Buchhaltung,
- Kalkulation und Kostenrechnung,
- Statistik,
- Finanzmathematik.

IV. Unternehmensführung

Von übergeordneter Bedeutung sind Fragen der Unternehmensführung mit den Bereichen

- Personal,
- Organisation,
- Planung,
- Kontrolle inclusive Prüfungs- und Rechnungswesen.

C. MANAGEMENT

I. Der Begriff

Der Begriff Management wird weitgehend synonym für die Leitung und Führung von Unternehmen oder Betrieben der Wirtschaft verwendet. Er ist Inbegriff der Ausübung von Leitungsfunktionen und kennzeichnet einen Tätigkeitsbereich der Betriebspolitik. Er umfaßt unterschiedliche materielle und personelle Aspekte der Probleme, die die Gestaltung und Steuerung von Unternehmen in der Wirtschaft mit sich bringen.

II. Die Institution

Als Institution umfaßt das Management - sog. Unternehmenshierarchie - alle leitenden Instanzen eines Unternehmens, d. h. alle Personen in dem Unternehmen, die Entscheidungs- und Anordnungskompetenzen haben. Je nach der Stellung in der Unternehmenshierarchie lassen sich drei Managementebenen nach den Tätigkeits- bzw. Aufgabenschwerpunkten unterscheiden:

- Top-Management:
  oberste Führungsebene bestehend aus Vorstand und Geschäftsführung. Hier werden die das Unternehmen betreffenden strategischen Entscheidungen getroffen.
- Middle-Management:
  mittlere Führungsebene bestehend aus Werksleiter und Abteilungsdirektoren. Der Schwerpunkt der Tätigkeit liegt bei dispositiven Entscheidungen und Anordnungen.
- Low-Management:
  unterste Führungsebene bestehend aus Büroleiter und Werksmeister. Hier stehen Ausführungstätigkeiten im Vordergrund.

III. Die Funktion

Als Funktion umfaßt das Management - sog. Managementfunktion - alle zur Steuerung eines Unternehmens notwendigen Aufgaben, d. h. alle Tätigkeiten, die nicht allein ausführender Natur sind. Unter Ausführung ist die Gesamtheit jener Aufgaben zu verstehen, bei denen die wesentlichen Entscheidungen im Hinblick auf Ziele, Maßnahmen und Mittel bereits getroffen wurden und vorgegeben sind. Als Hauptfunktionen des Managements gelten

- Planung,
- Organisation,
- Kontrolle.

IV. Die Managementmethoden

Unter Managementmethoden sind alle Führungstechniken zu verstehen, die unter Hervorhebung eines bestimmten Merkmals zum Ziel haben, die Effizienz zu steigern, die Leistung zu erhöhen und die Anpassungsfähigkeit zu erhalten. Die wichtigsten Methoden sind:

- Management by Objectives
  In einem mehrstufigen Zielbildungsprozeß werden operationale Ziele für alle Ebenen eines Unternehmens definiert.
- Management by Exception
  Die vollverantwortliche Delegation von Routineaufgaben an nachgeordnete Mitarbeiter.
- Management by Decission Rules
  Konzept bestimmter Entscheidungsregeln für die Probleme von Delegation und Koordination.
- Management by Delegation
  Führung durch Übertragung von Aufgaben und Verantwortung.
- Management by Motivation
  Leitbild des mündigen Mitarbeiters.
- Management by System
  Systematisierung der Verwaltungstätigkeit in den Betrieben.

D. DER ERFOLGREICHE UNTERNEHMER

Märkte, Kundenbedürfnisse und Trends unterliegen einer permanenten Entwicklung und Veränderung. Der erfolgreiche Unternehmer muß Ideen haben, um mit seinen Produkten oder Dienstleistungen im Markt bestehen zu können. Er muß aktiv auf die Gegebenheiten eingehen, indem er genau die Dienstleistungen oder Produkte entwickelt, produziert und vertreibt, die den Bedürfnissen sowie dem Geschmack der avisierten Zielgruppen entsprechen.

I. Die richtige Strategie

Um diese Vorgaben zu realisieren, muß die richtige Strategie angewandt werden. Sie allein sichert Erfolg und Zukunft des Unternehmens. Die Eckpfeiler einer richtigen Strategie für das Unternehmen sind:

- Abklärung der qualitativen Stärken
  - des Produkts,
  - der Dienstleistung,
  - des Sortiments,

  das man als Unternehmer anbietet,
- Abgleichung des Angebots der Produktpalette mit den Anforderungen der avisierten Zielgruppen,
- Konzentration der unternehmerischen Kräfte auf die Lösung der wesentlichen Dinge,
- Festlegung des Kommunikationsweges zum Kunden.

II. Die systematische Planung

Die richtige Strategie impliziert eine systematische Planung. Im Unternehmen selbst schafft erst eine systematische Planung den Erfolg der Zukunft. Geplant werden sollte in stufenweiser Abfolge:

1. Die erste Stufe: Ausgangspunkt muß eine Analyse des Unternehmens und seines Umfeldes sein. Die Basis für eine solche Analyse wird durch folgende Maßnahmen geschaffen:

- Durchführung einer Marktanalyse,
- Beobachtung der Konkurrenz,
- Beobachtung der Kunden,
- eine Analysierung des eigenen Unternehmens,
- die Klärung des Innovationspotentials.

2. Die zweite Stufe: die Planung des Erfolges des Unternehmers. Der Unternehmer plant den Erfolg, indem er Ziele definiert und die richtigen Strategien festlegt. Dies geschieht dadurch, daß er

- sich auf die eigenen Stärken besinnt,
- die Sichtweise seiner potentiellen Abnehmer berücksichtigt,
- die richtigen und realistischen Ziele seines Unternehmens definiert,
- die entsprechende Strategie festlegt,
- eine Gesamtplanung aufstellt, indem er jeweils einen
  - Finanzplan,
  - Marketingplan,
  - Projektplan,
  - Personalplan,
  - Produktionsplan,
  - Erfolgsplan

  entwickelt.

3. Die dritte Stufe: die Steuerung des Erfolges durch Controlling. Controlling gewährleistet bei jedem Projekt den Überblick über den aktuellen Stand. Es ist das wichtigste Instrument zur Sicherung der Existenz des Unternehmens. Controlling

- hat klärende Funktionen bei der Formulierung der Unternehmensziele,
- es signalisiert frühzeitig mögliche Fehlentwicklungen,
- es liefert Instrumente zum Gegensteuern.

4. Die vierte Stufe: die Anwendung der Deckungsbeitragsrechnung. Um die Grenzen der Produktionskapazitäten im Unternehmen abzuchecken, bietet sich die Deckungsbeitragsrechnung an, um entscheidungsrelevante Informationen zu erhalten. Das wichtigste Instrument dabei ist die Break-even-Analyse. Bei ihr werden die entstandenen Kosten und die erzielten Erlöse in Relation zum Umsatz gebracht. So ist in concreto feststellbar, welcher Mehrumsatz getätigt werden muß, um eine Minderung des Erlöses auszugleichen.

III. Neue Wege – neue Chancen

Der allgegenwärtige Strukturwandel erfordert es, frühzeitig als Unternehmer nach neuen Wegen Ausschau zu halten. Neue Chancen müssen gezielt genutzt werden. Als Möglichkeiten für den Unternehmer bieten sich an:

- die Innovation
  d. h. die Entwicklung neuer Produkte für den eigenen Markt oder für neue Märkte,
- die Diversifikation
  d. h. die Herstellung neuer Produkte für neue Abnehmer,
- die Expansion
  d. h. die Suche nach neuen Märkten für existierende Produkte.

E. 1 x 1 DER WIRTSCHAFTSBEGRIFFE

Abgabe. In der Betriebswirtschaftslehre Kosten, die sich aus der Wahl des Standortes ergeben und im wesentlichen Steuern sind (z.B. Gewerbesteuer), oder Sozialabgaben der Mitglieder der Sozialversicherung bzw. der Arbeitgeber oder öffentliche Abgaben. Letztere stellen den Sammelbegriff dar für alle durch Finanzhoheit der Gebietskörperschaften erhobenen Geldleistungen, wenn ein bestimmter gesetzlicher Tatbestand erfüllt wird (Steuern, Zölle usw.)

Abschreibung. Verfahren im Rechnungswesen zur Erfassung der Wertherabsetzung abnutzbarer Gegenstände des Anlagevermögens. Die Abschreibungsbeträge sind Aufwandsposten in der Erfolgsrechnung des Unternehmens und verteilen somit die Anschaffungs- oder Herstellungskosten periodengerecht auf die Nutzungsjahre des Anlagegegenstandes.

Akkordlohn. Akkordlohn ist ein Lohnsatz, der für eine festgelegte, bei voller Einarbeitung und auf Dauer ohne Gesundheitsschäden zu erreichende Leistungseinheit gezahlt wird. Der Lohn ändert sich mit dem Arbeitsergebnis und ist zeitunabhängig.

Aktie. Die Aktie ist ein unteilbares Wertpapier, das dem Aktionär sein Recht an der Aktiengesellschaft verbrieft, das er durch Übernahme eines Anteils am Grundkapital erworben hat. Die Aktie wird durch Emission auf den Markt gebracht und an der Börse gehandelt. Ihr Preis ist der Kurs an der Börse und gibt den Wertanteil am Gesamtvermögen der Aktiengesellschaft an.

Aktiengesellschaft. Abkürzung AG. Die AG ist eine privatrechtliche Unternehmensform. Gründung, Rechtsverhältnisse und Auflösung der AG werden durch das Aktiengesetz festgelegt. Die AG ist stets eine Handelsgesellschaft, auch wenn der Gegenstand des Unternehmens nicht im Betreiben eines Handelsgewerbes besteht. Die Organe der AG sind Vorstand, Aufsichtsrat und Hauptversammlung.

Aktionär. Ein Aktionär ist der Gesellschafter einer Aktiengesellschaft, dessen Beteiligungsrecht in Aktien verbrieft ist und der für die Gesellschaftsschulden nur bis zur Vollzahlung der Aktie oder in Höhe einer etwaigen Einlagenrückzahlung haftet. Der Aktionär hat Anspruch auf seinen Anteil am Reingewinn.

Amortisation. Planmäßige Rückzahlung einer Verbindlichkeit neben der Zinszahlung oder Einziehung einer Aktie, z.B. zum Zweck der Kapitalherabsetzung einer Gesellschaft oder Deckung der Aufwendungen für ein Investitionsobjekt durch erwirtschaftete Erträge oder Kraftloserklärung von z.B. abhanden gekommenen Urkunden.

Arbeitsorganisation. Organisatorische Gestaltung der Arbeitselemente. Neue Formen der Arbeitsorganisation betreffen sowohl den Arbeitsinhalt, z.B. durch job-enrichment oder job-enlargement als auch die Arbeitszeit, z.B. durch job-sharing.

Arbeitsplanung. Organisation der Arbeit durch Vorstrukturierung von Arbeitsaufgaben, durch Arbeitsvorbereitung und Arbeitsverteilung. Zu unterteilen in konstruktiv-kalkulatorische Arbeitsplanung, bei der der Einsatz der Arbeitskräfte im Produktions- bzw. Leistungsprogramm allgemein festgelegt wird, und die Arbeitsvorbereitung mit der Festlegung einzelner Arbeitsschritte und Gestaltung von Arbeitsunterlagen. Daraus entsteht ein Arbeitsplan (Arbeitsstückliste) mit Informationen über die Art, die technologische Reihenfolge der Aktionen eines jeden Auftrages/Teilauftrages, deren Zeitbedarf (Kapazitätsbedarf ohne Periodenzuordnung, gemessen in Zeiteinheiten) und die Art der benötigten Kapazitäten (Maschinen, Werkzeuge, Arbeitskräfte). Häufig werden in den Arbeitsplanungen auch Zusatzangaben über Materialqualitäten, Ausschuß-Vorgaben, Richtzeiten, Transporthinweise usw. gegeben.

Anlagevermögen. Bezeichnung für Gegenstände, die in einem Unternehmen im Gegensatz zum Umlaufvermögen nicht für den kurzfristigen Umlaufprozeß, sondern für den dauernden Geschäftsbetrieb bestimmt sind. Anlagevermögen gliedert sich in Sachvermögen (Maschinen), immaterielles Anlagevermögen (z. B. Lizenzen) und Finanzanlagen wie Beteiligungen.

Anleihe. Form der langfristigen Finanzierung mit Fremdkapital, die man auch als Schuldverschreibung, Obligation, Rentenpapier oder festverzinsliches Wertpapier bezeichnet. Wesentliches Kennzeichen der Anleihe ist die Verbriefung des Schuldverhältnisses in Form von (in der Regel gestückelten) Wertpapieren. Die Kreditbeziehung entsteht durch die Ausgabe dieser Finanztitel (Emission) am sogenannten Primärmarkt. Will der Gläubiger früher in den Genuß von Zahlungen kommen, als es den Bestimmungen des Kreditvertrages entspricht, so kann er seine verbrieften Ansprüche an der Börse (Sekundärmarkt) veräußern. Diese Freiheit muß jedoch mit Kursrisiken bezahlt werden, die durch zwischenzeitliche Zinsänderungen hervorgerufen werden können. Anleihen dienen sowohl der Fremdfinanzierung von großen Wirtschaftsunternehmen als auch der Finanzierung der öffentlichen Hände (Staats- und Kommunalanleihen). Hinsichtlich der Zinszahlungen des Schuldners unterscheidet man zwei Hauptformen von Anleihen. Vorherrschend ist die Kupon-Anleihe, bei der der Gläubiger Zinszahlungen in jährlichen Abständen erhält. Zunehmende Bedeutung gewinnen die Nullkupon-Anleihen (Zero-Bonds), bei denen Zins und Zinseszinsen gesammelt am Ende der Laufzeit gezahlt werden.

Arbeitsrecht. Gesamtheit aller Rechtsregeln, die sich mit der unselbständigen, abhängigen Arbeit befassen, d. h. der Arbeit, die von Personen geleistet wird, die in einem Betrieb eingegliedert fremdbestimmte Arbeit leisten und dabei an Weisungen hinsichtlich Art, Ausführung, Ort und Zeit der Arbeit gebunden sind. Arbeitsrecht ist ein besonderer Teil der Rechtsordnung. Gegenüber dem Privatrecht und öffentlichen Recht eigenständig; enthält beides, jedoch überwiegend Privatrecht. Besteht aus individuellem Arbeitsrecht, das die Beziehungen zwischen einzelnem Arbeitnehmer und -geber regelt, und kollektivem Arbeitsrecht, das sich auf die Beziehungen von Zusammenschlüssen von Arbeitnehmern (Gewerkschaften) und Arbeitgebern (Arbeitgeberverbänden) bezieht. Neben gesetzlicher

Normierung gibt es viele richterliche Schiedssprüche sowie tarifliche und andere Vereinbarungen.

Arbeitsvertrag. Begründet das Arbeitsverhältnis und gestaltet seinen Inhalt. Der Inhalt des Arbeitsverhältnisses wird im Arbeitsvertrag angesichts der Massenarbeitsverhältnisse in der Industrie oft nicht im Einzelfall ausgehandelt; die Inhaltsgestaltung wird oft einseitig vom Arbeitgeber vorgenommen. Schuldrechtlicher gegenseitiger Austauschvertrag, durch den sich der Arbeiter zur Leistung abhängiger Arbeit und der Arbeitgeber zur Zahlung einer Vergütung verpflichtet. Der Arbeitsvertrag ist eine besondere Art des Dienstvertrages; er unterliegt damit den Vorschriften der §§ 611-630 BGB. Die Regeln des allgemeinen Teils des Bürgerlichen Rechts und des allgemeinen Teils des Rechts der Schuldverhältnisse, insbes. §§ 320ff BGB, gelten mit Einschränkungen für den Arbeitsvertrag. Der Arbeitsvertrag begründet als Nebenpflicht die Treuepflicht des Arbeitnehmers und die Fürsorgepflicht des Arbeitgebers. Die grundsätzliche Vertragsfreiheit auch für den Arbeitsvertrag wird durch verschiedene Regelungen des Arbeitsrechts (z.B. BetrVG, Gleichberechtigung) eingeschränkt.

Arbitrage. Das gezielte Ausnutzen von Preisdifferenzen eines Wirtschaftsgutes, die zu einem bestimmten Zeitpunkt an verschiedenen Börsenplätzen herrschen. Gegenstand der Arbitrage können alle marktmäßig gehandelten Güter sowie Finanztitel und Devisen sein. Der Arbitrageur erzielt (im Gegensatz zum Spekulanten risikolose) Gewinne, indem er das betreffende Wirtschaftsgut am billigeren Platz kauft und gleichzeitig am teureren Ort verkauft. Arbitrageprozesse sorgen dafür, daß die Güter- und Kapitalmärkte zum Gleichgewicht tendieren.

Auf- und Abzinsung. Aufzinsung ist ein Grundkonzept der Zinseszinsrechnung, welches dazu geeignet ist, den künftigen Wert (K_n) eines heutigen Kapitals (K_0) bei gegebener Laufzeit (n) und gegebener Verzinsung ($i = p/100$) zu berechnen. Der zukünftige Wert des Kapitals ergibt sich aus der Aufzinsungsformel

$$K_n = K_0 \cdot (1 + i)^n$$

Das Anfangskapital wird mit dem Aufzinsungsfaktor $(1 + i)^n$ multipliziert, um das Endkapital zu ermitteln. Ist umgekehrt nach dem Anfangskapital gefragt, welches man bereitstellen muß, um bei gegebener Laufzeit und gegebenem Zins ein bestimmtes Endkapital zu erreichen, so lautet die Abzinsungs- und Diskontierungsformel

$$K_0 = K_n/(1 + i)^n$$

In diesem Sinne gibt K_0 den Preis an, den Ansprüche auf zukünftige Zahlungen in Höhe von K_n bei gegebenem Zins heute haben.

Aufwand. Ausgaben einer Unternehmung für den Ge- und Verbrauch aller Wirtschaftsgüter in einer Periode. Gemeinsam mit dem Ertrag dienen sie in der Gewinn- und Verlustrechnung der Ermittlung des tatsächlichen Wirtschaftserfolges einer Unternehmung. Aufwand mindert das Vermögen.

Ausgaben. Im betrieblichen Rechnungswesen versteht man unter Ausgaben alle Geldabflüsse eines Unternehmens. Den Ausgaben stehen die Einnahmen als Korrespondenzbegriff gegenüber. Die Differenz zwischen den Einnahmen und Ausgaben eines Unternehmens innerhalb eines bestimmten Zeitraums mißt die Veränderung der Liquidität, nicht etwa die Veränderung des Gewinns bzw. Verlustes. Das ist damit zu begründen, daß wesentliche Teile der Ausgaben erfolgsunwirksam sind, beispielsweise Ausgaben zum Zwecke des Erwerbs von Vermögensgegenständen.

Aussperrung. Von einem oder mehreren Arbeitgebern planmäßig vorgenommene Nichtzulassung von Arbeitnehmern zur Arbeit unter Verweigerung der Lohnzahlung. Die Aussperrung kann alle Arbeitnehmer eines Betriebes oder Wirtschaftszweiges betreffen, sie kann sich aber auch nur gegen die Streikenden oder arbeitswilligen Arbeitnehmer richten. I. d. R. reagiert die Arbeitgeberseite mit der Aussperrung auf einen zuvor begonnenen Streik (Abwehraussperrung). Eine Aussperrung als Angriffsaussperrung ist denkbar, nach 1945 jedoch nicht mehr erfolgt. Eine Abwehraussperrung ist nach Art. 9 III GG grundsätzlich zulässig. Sie muß den Grundsätzen eines angemessenen Arbeitskampfes entsprechen, d. h. keine Diskriminierung von Gewerkschaftsmitgliedern, Beschränkung auf das Arbeitskampfgebiet, Übermaßverbot. Während der Aussperrung ruht das Arbeitsverhältnis, es wird nicht aufgehoben.

Banken. (Kreditinstitute) Wirtschaftsunternehmen, die sich neben der Abwicklung des nationalen und internationalen Zahlungsverkehrs mit der Vergabe von Krediten, der Annahme und Verwaltung fremder Gelder und Wertgegenstände sowie der Vermittlung und Durchführung von Wertpapier- und Devisengeschäften aller Art beschäftigen. Banken mit breitem Dienstleistungssortiment nennt man Universalbanken, andernfalls ist von Spezialbanken (z. B. Hypothekenbank, Teilzahlungsbank, Landwirtschaftsbank) die Rede. Die Genehmigung und laufende Überwachung der Banken obliegt in der Bundesrepublik Deutschland dem Bundesaufsichtsamt für das Kreditwesen.

Barwert. Der Barwert (present value) ist der heutige Preis für den Anspruch auf eine oder mehrere künftige Zahlungen. Ist der Zins bekannt, so läßt er sich mit Hilfe der Abzinsungsfunktion berechnen. Auch der Kurs, den man für den Erwerb von Anleihen an einer Börse bezahlen muß, läßt sich als Barwert der künftigen Zins- und Tilgungszahlungen verstehen.

Beteiligung. Anteil, den jemand an einem Unternehmen besitzt, das entweder als Personen- oder als Kapitalgesellschaft betrieben wird. Eine Beteiligung an einer Personengesellschaft wird durch Vertrag mit den bisherigen Gesellschaftern begründet. Die Beteiligung an einer Kapitalgesellschaft, deren Anteile an einer Börse gehandelt werden (Aktiengesellschaft), kann dagegen auch gegen den ausdrücklichen Willen der anderen Gesellschafter dadurch erworben werden, daß man Beteiligungstitel (Aktien) kauft. Jemand, der an einem Unternehmen beteiligt ist, besitzt Eigentümerrechte. Das sind vor allem das Recht auf Mitsprache bei unternehmerischen Entscheidungen, das Recht auf Kontrolle der Unternehmensleitung, das Recht auf anteiligen Gewinn und anteiligen Liquidationserlös. Dem steht die Pflicht zur

Übernahme von Verlusten sowie gegebenenfalls auch die Übernahme von persönlichen Haftungsrisiken gegenüber.

Betrieb. Örtliche, technische und organisatorische Einheit zum Zwecke der Erstellung von Gütern und Dienstleistungen, charakterisiert durch einen räumlichen Zusammenhang und eine Organisation, die auf die Regelung des Zusammenwirkens von Menschen und Menschen, Menschen und Sachen sowie von Sachen und Sachen im Hinblick auf gesetzte Ziele gerichtet ist.

Betriebsabrechnung. Auch Betriebsbuchhaltung. Erfassung und Verrechnung der im Betrieb angefallenen Kosten und Leistungen in tabellarischer Form: periodenbezogene Rechnung, im allgemeinen monatsweise. Sie dient primär der Kostenträgerrechnung, indem sie die Ausgangsdaten zur Ermittlung der Kostenträgergemeinkosten (Gemeinkosten) liefert. Sie ist das Bindeglied zwischen der Kostenartenrechnung und der Kostenträgerrechnung beziehungsweise Kalkulation. Als Hilfsmittel dient der Betriebsabrechnungsbogen (BAB).

Betriebsergebnis. Auch Betriebserfolg, im Rechnungswesen das getrennt vom Unternehmensergebnis ermittelte Ergebnis des betrieblichen Leistungsprozesses (Betriebsgewinn oder -verlust), festzustellen durch Gegenüberstellung der Kosten und Betriebserträge (Leistungen). Betriebsergebnis und das neutrale Ergebnis bilden das Unternehmensergebnis. Die Abgrenzung erfolgt gemäß dem Industrie-Kontenrahmen (IKR). Die Ermittlung erfolgt in der Betriebsergebnisrechnung, synonym mit Kosten- und Leistungsrechnung.

Betriebsrat. Nach dem Betriebsverfassungsgesetz von Arbeitnehmern eines Betriebes gewähltes Vertretungsorgan der gesamten Arbeitnehmerschaft gegenüber der Betriebsleitung. Der Betriebsrat besitzt Mitbestimmungsrecht in allen sozialen Angelegenheiten und kann in personellen Fragen des Unternehmens mitwirken.

Betriebsverfassungsgesetz. Regelt die Zusammenarbeit von Arbeitgeber und Arbeitnehmer im Betrieb. Erste grundlegende Fassung vom 11. 10. 1952, neue geltende Regelung vom 15. 1. 1972, letzte Änderung am 26. 4. 1985. Hauptbestandteile sind die Regelungen über den Betriebsrat (Wahl, Mitwirkungsrechte, Tätigkeit) und Mitwirkung der Arbeitnehmer im Aufsichtsrat (nur bei Kapitalgesellschaften). Das BetriebsVerfG gilt im gesamten Bundesgebiet und in Westberlin, auch für von Ausländern eingerichtete Betriebe. Es gilt nicht für den öffentlichen Dienst, für Religionsgesellschaften und ihre karitativen und erzieherischen Einrichtungen sowie für Kleinbetriebe.

Betriebswirtschaftslehre. Neben der Volkswirtschaftslehre die zweite Teildisziplin innerhalb der Wirtschaftswissenschaften. Der Ausgangspunkt der Analyse wirtschaftlicher Tatbestände bildet regelmäßig die Knappheit der zur Bedürfnisbefriedigung verfügbaren Mittel. Während sich die Volkswirtschaftslehre primär mit den globalen wirtschaftlichen Vorgängen und Zusammenhängen in einem Staat oder zwischen mehreren Staaten befaßt, analysiert die Betriebswirtschaftslehre als Institutionslehre Aspekte des Wirtschaftens; a) in Betrieben, Unternehmungen (auch öffentlichen Unternehmen) beziehungsweise Wirtschaftsorganisationen, wobei auch die Umweltbeziehungen dieser Institutionen, d.h. zu anderen Betrieben, zu Konsumenten usw. betrachtet werden; b) in Haushalten (beziehungsweise Haushaltungen) als konsumorientierten Einheiten. Während Wirtschaften in Betrieben zum Zweck der Fremdbedarfsdeckung erfolgt, steht bei den wirtschaftlichen Aktivitäten von Haushalten die Eigenbedarfsdeckung im Vordergrund.

Bilanz. Gegenüberstellung von Vermögen und Kapital eines Betriebes an einem Stichtag. Das Vermögen stellt als Gesamtheit aller im Betrieb eingesetzten Wirtschaftsgüter und Geldmittel die Aktiva, das Kapital als Summe aller Verpflichtungen des Betriebes gegenüber Beteiligten und Gläubigern die Passiva dar. Die Passivseite zeigt die Herkunft der finanziellen Mittel (Beteiligungs- = Eigenkapital; Darlehen = Fremdkapital), die Aktivseite die Verwendung dieser Mittel (Anlage- und Umlaufvermögen). Die Differenz zwischen dem Bilanzvermögen (Aktiva) und den Verbindlichkeiten bezeichnet man als Reinvermögen.

Break-even-Analyse. Mit Hilfe der Break-even-Analyse (auch: Gewinnschwellen-Analyse) versucht man, kritische Werte zu ermitteln, die überschritten werden müssen, damit ein Unternehmen von der Verlust- in die Gewinnzone gerät. Geht man beispielsweise davon aus, daß jede Erzeugung von industriellen Sachgütern sowohl fixe (K_f) als auch variable Kosten (K_v) verursacht, und unterstellt man ferner, daß sich die variablen Kosten streng proportional verhalten, so läßt sich der Break-even-Punkt bei gegebenem und mengenunabhängigem Verkaufspreis (p) der Produktionsmenge (x) dadurch ermitteln, daß man den Umsatz ($p \cdot x$) und die Gesamtkosten ($K_f + K_v \cdot x$) gleichsetzt und nach der kritischen Menge (x) auflöst. Man erhält in diesem einfachen Fall $x = K_f/(p\text{-}K_v)$. Um Gewinn zu erzielen, muß man also in diesem einfachen Fall mindestens soviel verkaufen wie die Summe der Fixkosten, dividiert durch den Deckungsbeitrag je Stück.

Börse. Marktmäßige Institution, an der fungible Güter unter hoher örtlicher und zeitlicher Konzentration gehandelt werden. Die Börsensitzungen finden regelmäßig statt. Sowohl die Personen, welche daran teilnehmen, als auch die Objekte, die dort gehandelt werden, unterliegen strengen Zulassungsvorschriften. Die börsenmäßig gehandelten Güter sind derart standardisiert, daß die einzige Eigenschaft des Gutes, über die Käufer und Verkäufer sich zu einigen haben, der Preis (Kurs) ist. Neben den Wertpapierbörsen, an denen Aktien und Anleihen gehandelt werden, und den Wertpapierterminbörsen, die sich mit dem Handel von Futures und Optionen auf Aktien und Anleihen beschäftigen, gibt es Devisenbörsen und Warenbörsen. Letzere sind auf den Handel mit Edelmetallen, NE-Metallen, Genußmitteln (Kaffee, Tee) und anderen Welthandels-Objekten spezialisiert. Die Kurse der führenden Börsen sind über international arbeitende elektronische Nachrichtendienste (z.B. Reuter) zu jedem beliebigen Zeitpunkt an jedem Platz der Welt verfügbar.

Bruttosozialprodukt. Abkürzung BSP. Das BSP ist ein Maß für die wirtschaftliche Leistung einer Volkswirtschaft in einer Periode. Es entspricht dem Wert aller in der Periode produzierten Güter (Waren und Dienstleistungen), jedoch ohne die Güter, die als Vorleistungen bei der Produktion verbraucht wurden, und einschließlich der aus dem Ausland netto empfangenen Erwerbs- und Vermögenseinkommen.

Budget. Andere Bezeichnung für den Haushaltsplan, den Finanzplan eines Zeitabschnitts, den Voranschlag von öffentlichen Einnahmen und Ausgaben für ein Haushaltsjahr.

Cash Flow. Finanzielle Kennzahl, die den in einer Periode erfolgswirksam erwirtschafteten Zahlungsmittelüberschuß angeben soll. In der Literatur werden unterschiedliche Verfahren der Ermittlung vorgeschlagen:

1. Cash Flow = {Erträge, die zugleich Einzahlungen sind} - {Aufwendungen, die zugleich Auszahlungen sind}

2. Cash Flow = Bilanzgewinn + Zuführungen in die Rücklagen + Abschreibungen.

3. Cash Flow wird als Überschuß der Einzahlungen über die Auszahlungen verstanden. In diesem Sinne enthalten die Zahlungsreihen in der Investitionsrechnung Cash-Flow-Größen.

Die Ermittlung nach 2. sieht wie folgt aus:

\+ Bilanzgewinn
± Nettoveränderung bei den offenen Rücklagen
\+ Abschreibungen
Zuschreibungen
± Nettoveränderung bei den langfristigen Rückstellungen

Cash Flow

In der dritten Definition ist im Gegensatz zu den beiden ersten Erklärungen der Cash Flow dem Nettozahlungsstrom eines Investitionsobjektes gleichgesetzt.

Controlling. Traditionell werden darunter die Aufgaben: Planung, Berichterstattung und Interpretation, Bewertung und Beratung sowie Steuerangelegenheiten verstanden. Neuerdings wird Controlling mehr als eine Subfunktion der Unternehmensführung betrachtet, die zwar keine eigenständigen Führungsentscheidungen trifft, diese jedoch umfassend vorbereitet und ihre Durchsetzung unterstützt. Das Controlling ist nicht nur für den Entwurf und die Implementierung von Planungs-, Steuerungs-, Kontroll- und diesen zugrundeliegenden Informationssystemen verantwortlich, sondern auch dafür, daß die von diesem System gelieferten Daten von den Empfängern zieladäquat verwendet werden. Controlling setzt damit schon vor der Koordinierung von Teilplanungen bei der Aufstellung der zunächst isolierten Pläne an. Das Controlling muß als Führungsunterstützung Prinzipien der Unternehmensführung beachten. Dies bedeutet die Abkehr von einem in der Praxis häufig vorfindbaren Verständnis des Controlling als Kontrollinstanz zugunsten einer Beratungs-, Anregungs-, Unterstützungs- und Motivationsaufgabe.

Datenschutz. Schutz von Daten, insbesondere personenbezogenen, vor Mißbrauch. Geregelt im Bundesdatenschutzgesetz vom 27. 1. 1977 und den entsprechenden Landesgesetzen. Personenbezogene Daten dürfen nur in ganz bestimmten Grenzen gespeichert, verarbeitet und weitergegeben werden. Es bedarf der Zustimmung des Betroffenen, der einen Auskunfts- und Löschungsanspruch hat. Die entsprechenden Schutzmaßnahmen und -bestimmungen werden von Datenschutzbeauftragten auf Unternehmens-, Landes- und Bundesebene überwacht. Verstöße werden strafrechtlich geahndet. Zu unterscheiden vom Datenschutz ist die Datensicherheit, bei der es um den allgemeinen Schutz von Daten jeglicher Art gegen Verlust, Verfälschung und unbefugter Weitergabe geht.

Deckungsbeitragsrechnung. Teilgebiet der Kostenrechnung, und zwar desjenigen Zweiges, der der Vorbereitung und Fundierung kurzfristiger unternehmerischer Entscheidungen zuzurechnen ist. Sie gehört zum System der Teilkostenrechnung, mit deren Hilfe man die typischen Mängel der Vollkostenrechnung zu überwinden trachtet. Unter dem Deckungsbeitrag eines einzelnen Erzeugnisses versteht man die Differenz zwischen dem Netto-Verkaufspreis und den einer Erzeugniseinheit direkt zurechenbaren Kosten. In Höhe dieses Betrages trägt eine Erzeugniseinheit sowohl zur Deckung der nicht direkt zurechenbaren Kosten als auch zur Gewinnerzielung bei. Bei der Frage, ob die Ausdehnung der Produktion sich kurzfristig lohnt, ist zu unterscheiden, ob die Kapazitäten ausgelastet sind oder nicht. Im Falle freier Kapazitäten sind die Erzeugnisse mit den höchsten (absoluten) Deckungsbeiträgen besonders förderungswürdig. Bei ausgelasteten Kapazitäten orientiert man sich dagegen an relativen Deckungsbeiträgen. Das ist der absolute Deckungsbeitrag, dividiert durch die Belastungsziffer, welche angibt, wie intensiv das betreffende Erzeugnis die knappe Kapazität beansprucht. Deckungsbeiträge lassen sich jedoch nicht nur in bezug auf eine Erzeugniseinheit definieren; vielmehr können sie auch in bezug auf Erzeugnisgruppen oder Kostenstellen berechnet werden.

Direct costing. Besonders bekannte und international am meisten verbreitete Form der Deckungsbeitragsrechnung. Bei ihr werden nur die Kosten, die proportional direkt mit der Beschäftigung variieren, den Erzeugnissen zugerechnet.

Dividende. Dividende ist der auf die Aktie entfallende Bilanzgewinn für Aktionäre. Über ihre Höhe beschließt die Hauptversammlung.

Diversifikation. Synonym: Diversifizierung. Ausweitung des Produktprogramms auf Erzeugnisse, die gegenüber dem bisherigen Programm deutlich abweichen, z. B. andere Produktgruppen, Märkte, Rohstoffe. Bestandteil der betrieblichen Wachstums- und Risikopolitik. Diversifikation kann horizontal (neue

Produktgruppen) oder vertikal (neue Produktionsstufen) erfolgen. Sie ist häufig mit einer Diversifikationsinvestition verbunden, die vorliegt, wenn eine Unternehmung durch eine Investition auf einem für sie neuen Markt oder in einer anderen Branche tätig wird. Motive der Diversifikationsinvestition können u.a. sein: Risikostreuung, betriebliches Wachstum, Ausnutzung von Marketing-Erfahrungen, steuerliche Erwägungen.

Effektivität. Wirksamkeit einer Handlung oder Maßnahme. Wird im ersten Schritt isoliert, d.h. ohne Alternativenvergleich festgestellt. Stellt häufig auf den Gegensatz von Soll und Ist (Eintreten geplanter Ergebnisse) oder von nominaler und realer Verzinsung (Zins) ab. Wird im Rahmen der Investitionsrechnung bei Vorhaben benutzt, deren Wirkung nicht monetär bewertbar ist (Cost-effectiveness-Analyse).

Effizienz. Auswahlkriterium zwischen Handlungsmöglichkeiten in der Wirtschaftstheorie: Technisches Kriterium, nach dem Güterbündel partiell geordnet werden. Ein Güterbündel $(x_1, \ldots, x_n)$ heißt effizient, wenn es kein weiteres Güterbündel $(y_1, \ldots, y_n)$ gibt, so daß $y_1 \geqq x_i$ für alle $i = 1, \ldots, n$ und $y_1 > x_i$ für mindestens ein $1 \leqq j \leqq n$. Findet Anwendung bei der Beurteilung der Produktion. In der Informatik: Merkmalsbeschreibung für Softwarequalität, z.B. Laufzeit-Effizienz als Maßzahl im Preis-Leistungs-Verhältnis. Enthält immer einen Vergleich auf technischer Basis.

Eigenkapital. Mittel, die einem Unternehmen von seinen Eigentümern ohne zeitliche Begrenzung zur Verfügung gestellt werden. Eigenkapital wird dem Unternehmen von außen zugeführt (z.B. als ordentliche Kapitalerhöhung gegen Einlagen) oder von innen zugeführt (z.B. durch Verzicht auf Gewinnausschüttungen, Kapitalerhöhung aus Gesellschaftsmitteln).

Einkommensteuer. Steuer auf das Einkommen natürlicher Personen. Bemessungsgrundlage der Einkommensteuer ist der Gesamtbetrag der Einkünfte, wobei zwischen verschiedenen Einkunftsarten (Einkünfte aus Land- und Forstwirtschaft, aus selbständiger Arbeit, aus Gewerbebetrieb, aus nicht-selbständiger Tätigkeit, aus Kapitalvermögen, aus Vermietung und Verpachtung sowie aus sonstigen Quellen) unterschieden wird. Bei der Ermittlung des steuerpflichtigen Einkommens dürfen Aufwendungen abgezogen werden, die mit der Erzielung der Einkünfte in Zusammenhang stehen. Der Einkommensteuertarif ist in allen Volkswirtschaften, die unter dem Regime der Marktwirtschaft stehen, progressiv angelegt. Bezieher hoher Einkommen werden dabei verhältnismäßig stärker belastet als Personen mit weniger gutem Verdienst. Nach der Art der Steuererhebung unterscheidet man verschiedene Formen der Einkommenbesteuerung. Neben dem Veranlagungsverfahren, bei dem die Steuer erhoben wird, nachdem der Steuerpflichtige eine Einkommensteuererklärung abgegeben und das Finanzamt einen Steuerbescheid erteilt hat, gibt es das Quellenabzugsverfahren. Hier wird die Steuer bereits an der Einkunftsstelle ermittelt und einbehalten. Typischerweise wendet man diese Erhebungsform bei den Einkünften aus nicht-selbständiger Tätigkeit an. Der Arbeitgeber berechnet die anteilige Einkommensteuer (»Lohnsteuer«) und führt sie direkt an das Finanzamt ab. In der Bundesrepublik Deutschland entfallen etwa 40 Prozent des gesamten Steueraufkommens auf die Einkommensteuer.

Einnahmen. Im betrieblichen Rechnungswesen sind Einnahmen alle Geldzuflüsse eines Unternehmens. Ihnen stehen die Ausgaben als Korrespondenzbegriff gegenüber.

Einzelkosten. Kosten, die einem bestimmten Bezugsobjekt direkt zugerechnet werden können. Häufig bezogen auf den Kostenträger. Wird aber auch auf Kostenstellen oder Produktgruppen bezogen. Die Zurechenbarkeit wird im Zweifel daran erkennbar, daß die Kosten wegfallen, wenn das Bezugsobjekt wegfällt. Gegenbegriff: Gemeinkosten.

Entscheidungstheorie. Ziel der normativen Entscheidungstheorie ist die Entwicklung »vernünftiger« Entscheidungen. Ziel der deskriptiven Entscheidungstheorie ist die Analyse tatsächlicher Entscheidungen und ihrer Hintergründe zur Erlangung empirischer Erklärungen und Prognose der Entscheidungen. Sowohl für die normative als auch für die deskriptive Entscheidungstheorie werden faktische, wertende und methodische Entscheiungsprämissen benötigt, die nach der normativen Entscheidungstheorie in einer vollständigen Ergebnismatrix, Zielen und Lösungsmethoden und nach der deskriptiven Entscheidungstheorie in Lösungshypothesen, Zielen sowie Such-, Strukturierungs-, Zielbestimmungs- und Lösungsmethoden münden. Ein herausragender Unterschied beider Methoden besteht in der Zielbewertung.

Erfahrungskurve. Synonym: Lernkurve. Beruht auf der empirisch festgestellten Beziehung, daß mit einem Wachstum der Produktionsmenge der Zeitverbrauch für die Produktion eines Stückes und die Kosten pro Stück zurückgehen. In der streng mathematischen Fassung wird eine logarithmische Beziehung unterstellt: $\log y = \log(a) - b \cdot \log(x)$ mit x = Produktmenge, Y = Fertigungskosten des letzten Stückes, a = Kosten des ersten Stückes, b = Kostensenkungskoeffizient. Die Kostensenkung b wird häufig mit 20 bis 30 Prozent angegeben.

Ergebnis. Allgemein die Konsequenz einer Maßnahme oder Handlung. Enger gefaßt oft die in Produkten ausgedrückte Menge der in einem Zeitraum erstellten Leistungen eines Betriebes. Noch enger häufig der in Geldeinheiten ermittelte Überschuß der Leistungsverwertung über die Kosten (→ Betriebsergebnis) oder der Erträge über die Aufwendungen. In diesem Sinn dann gleichzusetzen mit Gewinn; z.B. in den Begriffen Ergebnisbeteiligung oder Ergebnisabführung.

Erfolgsrechnung. Kosten- und Leistungsrechnung, die keine neutralen Aufwendungen und Erträge als kalkulatorische Kosten und Leistungen berücksichtigt. Als Gewinn- und Verlustrechnung ist sie Bestandteil der Bilanzierung.

Ersatzinvestition. Synonym: Reinvestition, ist die Wiederauffüllung des während einer Periode durch Ge-

oder Verbrauch oder durch sonstige Umstände verminderten Bestandes an Produktionsfaktoren. Bei einer einperiodischen Betrachtung kann die Ersatzinvestition die Desinvestition umfangmäßig nicht übersteigen; die Ersatzinvestition kann kleiner sein, was zu einer Schrumpfung des Leistungsvermögens führen würde. Wird der Kapazitätsersatz in einer Folgeperiode realisiert, könnte bei isolierter Betrachtung von einer Erweiterungsinvestition in dieser Folgeperiode gesprochen werden. Tatsächlich liegt jedoch über die beiden Perioden gesehen nur eine Ersatzinvestition vor.

Ertrag. Wertzuwachs während einer Abrechnungsperiode in einem Betrieb, der in Geldeinheiten ausgedrückt wird und sich in der Erhöhung des betrieblichen Nettovermögens niederschlägt. Ertrag ist die Positivkomponente, die bei der Ermittlung des handelsrechtlichen Gewinns zu berücksichtigen ist. Dabei wird ihm der Aufwand als Negativkomponente gegenübergestellt.

Ertragsteuer. Sammelbegriff für alle Steuerarten, die im Rahmen der Ermittlung ihrer Bemessungsgrundlagen an die Erträge einer Person oder eines Unternehmens geknüpft sind. Man nennt sie daher auch Gewinnsteuern. In der Bundesrepublik Deutschland zählen dazu vor allem Einkommensteuer, Körperschaftsteuer und Gewerbeertragssteuer.

Ertragsvergleich. Vergleich gleichartiger oder ähnlicher Größen in unterschiedlichen Perioden oder bei unterschiedlichen Betrieben. Das Fehlen absoluter Maßstäbe für wirtschaftliches Handeln läßt Erkenntnisse darüber nur über den Vergleich gewinnen. Das gesamte Rechnungswesen ist nur dann aussagefähig, wenn es in einem Vergleich mündet. Vergleichbar sind grundsätzlich alle betrieblichen Größen, die ein oder mehrere gemeinsame Merkmale aufweisen. Traditionell werden innerbetriebliche und zwischenbetriebliche Vergleiche, auch als Zeitvergleich und Betriebsvergleich oder Selbstvergleich und Querschnittsvergleich bezeichnet, unterschieden. Von der Art der in die Vergleiche eingehenden Daten lassen sich Strukturvergleiche, Bewegungszahlenvergleiche und Kennzahlenvergleiche unterscheiden. Bestandteil der Bewegungszahlenvergleiche ist der Vergleich der Erträge insgesamt sowie nach Produkten und Märkten gegliedert.

Erweiterungsinvestition. Investitionen können nach der Betriebsentwicklung in Gründungs- und Folgeinvestitionen gegliedert werden. Dann ist die Erweiterungsinvestition neben der Rationalisierungs- und der Ersatzinvestition Bestandteil der nach dem Zweck gegliederten Folgeinvestition.

Europäische Gemeinschaft (EG). Europäische Wirtschaftsgemeinschaft (EWG), Europäische Gemeinschaft für Kohle und Stahl (EGKS, Montanunion) und Europäische Atomgemeinschaft (EURATOM) wurden im Juli 1967 zur EG zusammengeführt. Ziel ist die Errichtung eines gemeinsamen europäischen Marktes mit zollfreiem Warenverkehr, Niederlassungsfreiheit und Freizügigkeit der Arbeitnehmer, schrittweise Annäherung der Wirtschaftspolitik, Förderung des Wirtschaftswachstums und engerer Beziehungen zwischen den

Mitgliedsländern sowie politische Integration zu den »Vereinigten Staaten von Europa«.

Factoring. Ankauf von Forderungen aus Warenlieferungen und Leistungen durch ein spezielles Finanzinstitut (Factor). Falls gewünscht, kann der Factor die gesamte Verwaltung des Forderungsbestandes übernehmen, einschließlich des Mahn- und Inkassowesens. Von echtem Factoring spricht man nur dann, wenn der Factor das Risiko des Forderungsausfalls übernimmt, sonst liegt unechtes Factoring vor.

Fertigprodukt. Synonym: Fertigware, Fertigfabrikate. Das verkaufsfähige Endprodukt, das i.a. über mehrere Stufen von den Roh-, Hilfs- und Betriebsstoffen über Halbfabrikate (Zwischenerzeugnisse) erstellt wird, wird meistens in einem Fertigwarenlager (Verkaufslager) für die Auftragszusammenstellung (Kommissionierung) und Auslieferung (Distribution) aufbewahrt. Gegenbegriff: Fertigteile; das sind Teile, die in bearbeitetem Zustand vom Betrieb gekauft und in das Produkt ohne weitere Bearbeitung eingebaut werden.

Finanzierung. In der Betriebswirtschaftslehre ist Finanzierung im engeren Sinne die Beschaffung von Eigen- und Fremdkapital zum Zwecke der Durchführung von Investitionen sowie des laufenden Geschäftsbetriebes. Im weiteren Sinne versteht man darüber hinaus aber unter Finanzierung auch die gesamte Steuerung des Zahlungsmittelbereichs eines Unternehmens. Aus der Sicht des Betriebes ist es das vordringliche Ziel, die Finanzierung so zu gestalten, daß das Unternehmen liquide (zahlungsfähig) bleibt. Illiquidität gefährdet auch bei noch befriedigender Ertragslage die Existenz eines Unternehmens in der Marktwirtschaft. Neben der Wahrung der Liquidität muß die Finanzierung sich dem Rentabilitätsziel verpflichtet fühlen. Sie darf auch Risikoüberlegungen nicht vernachlässigen. Was die Herkunft der Finanzmittel betrifft, so kann man nach der Rechtsstellung des Kapitalgebers zwischen Eigen- und Fremdfinanzierung unterscheiden. Nach der Herkunft der Mittel differenziert man zwischen Außen- und Innenfinanzierung. Beispiele für Außenfinanzierung sind die Ausgabe neuer Aktien oder die Aufnahme eines Bankkredits. Von Innenfinanzierung spricht man, wenn die Mittel vom Unternehmen selbst erwirtschaftet wurden, wie etwa bei der Finanzierung durch Einbehalten von Gewinnen (sog. Selbstfinanzierung).

Finanzinnovationen. Sammelbegriff für neue Finanzierungsinstrumente, die in den marktwirtschaftlich arbeitenden Ländern seit Beginn der 70er Jahre entstanden sind. Die Entwicklung dieser Instrumente wurde erforderlich, weil aufgrund der Ölkrisen sowie den damit einhergehenden starken Wechselkursschwankungen und heftigen Änderungen der Zinssätze nach Methoden gesucht wurde, Finanzierungsrisiken abzusichern. Der zweckentsprechende Einsatz und die Bewertung der neuen Finanztitel erfordert erhebliches Spezialwissen. Besonderen Bekanntheitsgrad unter den Finanzinnovationen haben Doppelwährungsanleihen, Floating Rate Notes, Caps, Collars, Zero Bonds, Swaps, Facilities, Futures sowie Optionen erlangt.

Finanzmarkt. Gedankliche Zusammenfassung aller Märkte, auf denen Wertpapiere (Aktien, Anleihen, Genußscheine usw.), Devisen und Kredite gehandelt werden. Oft unterscheidet man zwischen dem Geldmarkt als Markt für Engagements mit kürzerer Laufzeit und dem Kapitalmarkt für Finanztitel mit längerer Kapitalbindung.

Finanzplan. Systematische Zusammenstellung der Kassenbestände, erwarteten Einnahmen und Ausgaben in Form einer zeitlich gegliederten Tabelle. Sein Zweck besteht darin, zu erwartende Finanzmittelüberschüsse und vor allem Finanzmitteldefizite zu erkennen, um rechtzeitig Vorsorge treffen zu können. Bei der Aufstellung sind die Prinzipien der Vollständigkeit, Betragsgenauigkeit und Zeitpunktgenauigkeit soweit wie möglich zu beachten. Das Aufstellen und regelmäßige Fortschreiben des Finanzplans wird durch die Verfügbarkeit von Büro-Computern sowie die Existenz von Buchhaltungs-Programmen, von denen zahlreiche Verbindungen zur Finanzsphäre führen, heute sehr erleichtert.

Firmenwert. Synonyme: Geschäftswert, Façonwert, Goodwill. Ist ein immaterieller Wert für den Ruf oder Namen einer Unternehmung. Der Wert hängt ab von einer Anzahl Einflußgrößen, wie z. B. dem Können der Unternehmensleitung, den Ertragserwartungen, dem Standort, den Beziehungen zum Absatz- und Beschaffungsmarkt, den Kreditbeziehungen usw. Der Goodwill ist derjenige Betrag, den ein potentieller Käufer der Unternehmung als Ganzes über den Wert der einzelnen Vermögensteile hinaus zu zahlen bereit ist. Wird der Firmenwert durch Kauf erworben, so liegt ein derivativer Firmenwert vor. Selbst geschaffener Goodwill heißt originärer Firmenwert. Im Aktiengesetz wird die Bilanzierung des Firmenwertes in § 153 Abs. 5 geregelt. Für den originären Geschäfts- oder Firmenwert darf demnach in der Bilanz kein Aktivposten eingesetzt werden. Übersteigt jedoch die für die Übernahme eines Unternehmens bewirkte Gegenleistung die Werte der einzelnen Vermögensgegenstände zum Zeitpunkt der Übernahme, so darf der Unterschied (derivativer Firmenwert) unter die Posten des Anlagevermögens aufgenommen werden. In jedem Geschäftsjahr ist dieser Geschäftswert zu mindestens einem Fünftel durch Abschreibungen zu tilgen. Nach § 6, Abs. 1, Ziff. 2 Einkommensteuergesetz ist der Firmenwert ein Posten des nicht abnutzbaren Anlagevermögens; eine Abschreibung entfällt.

Franchise, auch Franchising. Im Handel ein System der Vertriebsbindung, bei dem ein Franchise-Geber sein Produkt- und Vertriebs-Konzept an den Franchise-Nehmer übergibt. Typisch bei Markenwaren, wobei häufig Produktdarstellung, Ladengestaltung, Werbung und Verkaufsunterstützung vom Franchise-Geber gestaltet werden. Der Franchise-Nehmer arbeitet auf eigene Rechnung und Gefahr und zahlt eine Franchise-Lizenz. In der Versicherungsbranche eine Form der Haftungsbeteiligung des Versicherungsnehmers, vor allem bei Bagatellschäden. Entweder als Abzugsfranchise mit prozentualer Beteiligung oder als Integralfranchise mit Schadensübernahme bis zu einem bestimmten Betrag durch den Versicherungsnehmer.

Fremdkapital. Bezeichnung für die in der Bilanz (auf der Passivseite) ausgewiesenen Schulden des Unternehmens. Steht in der Regel nur befristet zur Verfügung. Der Fremdkapitalgeber hat einen Anspruch auf vertragsgerechte Verzinsung und Rückzahlung der von ihm bereitgestellten Mittel ohne Rücksicht darauf, ob zum vereinbarten Zahlungszeitpunkt genügend Zahlungsmittel angesammelt sind und für Zinszahlungen und Tilgungen zur Verfügung stehen. Den Gläubigern stehen aus ihrer Anlage keine Eigentümerrechte am Unternehmen zu, andererseits haften sie auch nicht für Verluste aus der Geschäftstätigkeit.

Futures. Börsenmäßig gehandeltes Termingeschäft, das sich entweder auf Finanzinstrumente (financial futures) oder Waren (commodity futures) bezieht. Von einem normalen Termingeschäft unterscheidet sich ein Futures-Vertrag in mehrfacher Beziehung. So tritt unmittelbar nach dem Zustandekommen des Kontraktes eine Clearingstelle zwischen die beiden Vertragspartner und sorgt für Verminderung der Erfüllungsrisiken. Wesentliches Kennzeichen ist, daß die sich aus der Preisentwicklung ergebenden Gewinne und Verluste täglich abgerechnet werden. Typisch für Futures ist ferner, daß sie in der Mehrzahl der Fälle nicht ausgeführt werden, weil man kurz vor Fälligkeit ein entsprechendes Gegengeschäft abschließt, das die Position neutralisiert.

Gemeinkosten. Synonyme: indirekte Kosten, verbundene Kosten, nicht abtrennbare Kosten. Solche Kosten, die sich keiner bestimmten Bezugsgröße zuordnen lassen (Gegenbegriff → Einzelkosten). Im Regelfall werden alle Kosten, die sich nicht auf Kostenträger zurechnen lassen, als Gemeinkosten bezeichnet. Daneben wird aber auch bei der Kostenverteilung auf die Kostenstellen zwischen Stelleneinzelkosten und Stellengemeinkosten unterschieden. Die Gemeinkosten enthalten sowohl variable (beschäftigungsabhängige) als auch fixe Bestandteile. Die Gemeinkosten werden durch Schlüsselung auf die Kostenträger verteilt (bei Vollkostenrechnung).

Genossenschaft. Die Genossenschaft ist eine Gesellschaft von nicht geschlossener Mitgliederzahl mit dem Zweck, den Erwerb oder die Wirtschaft ihrer Mitglieder mittels gemeinschaftlichen Geschäftsbetriebes zu fördern. Wirtschaftliche Arten sind z.B. Handwerkergenossenschaften, Einkaufsgenossenschaften des Handelns (EDEKA u.a.), Bezugsgenossenschaften der Landwirte, Konsumgenossenschaften.

Gesellschaft mit beschränkter Haftung. Abkürzung GmbH. Kapitalgesellschaft, in der für Verbindlichkeiten nicht die Gesellschafter, sondern die GmbH als juristische Person mit der Mindeststammeinlage von 50000 DM haftet.

Gewinn. Differenz zwischen Ertrag und Aufwand eines Geschäftsjahres. Steuerlich wird der Gewinn eines Jahres folgendermaßen bestimmt: Betriebsvermögen (entspricht dem Eigenkapital) am Ende des Jahres – Betriebsvermögen am Anfang des Jahres + Entnahmen – Einlagen.

Giralgeld. Giralgeld (Sichtguthaben) wird von den Banken im Rahmen des Giroverkehrs geschaffen. Es ergänzt das Bargeld.

Giroverkehr. Zahlungs- und Überweisungsverkehr ohne Verwendung von Bargeld. Im einfachsten Fall weist der Zahlungspflichtige seine Bank an, den geschuldeten Betrag dem Konto des Zahlungsempfängers gutzuschreiben und ihn selbst in entsprechender Höhe zu belasten. Wenn beide Parteien nicht bei derselben Bank Konten unterhalten, sind gegebenenfalls andere Banken oder Zentralstellen zwischenzuschalten. Im Standardfall nimmt der Zahlungspflichtige eine Einzelüberweisung vor. Daneben gibt es die Sammelüberweisung (für mehrere Überweisungen an einem Tage), den Dauerauftrag (für regelmäßig wiederkehrende Zahlungen) sowie die Einzugsermächtigung, mit der man Zahlungsempfänger dazu berechtigt, die Überweisung zu veranlassen.

Grundkapital. Wesentlicher Teil des Eigenkapitals einer Aktiengesellschaft. Im Rahmen der Bilanz repräsentiert das Grundkapital den Nennwert des Eigenkapitals. Das Aktiengesetz enthält Vorschriften über seine Mindesthöhe (zur Zeit 100 000 DM). Da die Aktionäre für Verbindlichkeiten ihres Unternehmens nicht persönlich haften, übernimmt das Grundkapital zusammen mit den Rücklagen die Haftungsfunktion gegenüber den Gesellschaftsgläubigern.

Grundlohn. In der Personalentlohnung das tariflich festgelegte Entgelt für die übliche Arbeitsleistung in der entsprechenden Lohnform (Zeitlohn, Akkordlohn). Es wird ergänzt um leistungsabhängige Zuschläge und Prämien sowie um Sozialbestandteile (Kindergeld etc.). Im Sozialrecht die Bemessungsgrundlage für die Beiträge zur gesetzlichen Krankenversicherung. Ergibt sich aus einer gleichmäßigen Verteilung des Arbeitsentgelts auf die Kalendertage. Für freiwillig Versicherte, Studenten, Praktikanten und Rentner gelten Sonderregelungen.

Haftungskapital. Das Haftungs- oder Garantiekapital ist derjenige Betrag, mit dem Kapitalgesellschaften für ihre Schulden einstehen. Dabei handelt es sich um das gesamte Eigenkapital. Die Eigentümer können also gegebenenfalls ihr gesamtes Vermögen verlieren, soweit es im Unternehmen gebunden ist. Bei Personengesellschaften haften die Eigentümer darüber hinaus auch mit ihrem Privatvermögen.

Handelsregister. Öffentliches Verzeichnis über Vollkaufleute und ihre Rechtsverhältnisse. Die juristische Bezeichnung Vollkaufmann steht dabei für das, was man betriebswirtschaftlich zumeist Unternehmen nennt. Das Verzeichnis wird bei den Amtsgerichten geführt.

Hauptversammlung. Versammlung der Gesellschafter einer Aktiengesellschaft, mit dem Zweck, daß die Aktionäre die ihnen zustehenden Rechte ausüben. Die Hauptversammlung wählt den Aufsichtsrat, entscheidet über die Gewinnverwendung sowie über Änderungen der Satzung. Das umschließt auch Entscheidungen über Veränderungen des Grundkapitals (Kapitalerhöhung und Kapitalherabsetzung).

Haushalt, öffentlicher. Er stellt das Rechnungswerk von Bund, Ländern und Gemeinden dar. Solleinnahmen und -ausgaben werden im Haushaltsplan für ein Rechnungsjahr festgesetzt.

Holdinggesellschaft. Gesellschaft, die selbst weder Güter produziert noch Dienstleistungen erbringt. Zweck der Gesellschaft ist es, Beteiligungen an anderen Unternehmen zu erwerben, zu verwalten und zu kontrollieren. Aus steuerlichen Gründen kann es zweckmäßig sein, wenn der Sitz der Holdinggesellschaft sich in einem anderen Staat befindet als der Sitz der von ihr kontrollierten Tochtergesellschaften.

Innovation. Erstmalige Anwendung von Inventionen im Produktionsprozeß. Sind Teilaspekte des technischen Fortschritts und äußern sich in der Produktion neuer Produkte oder Anwendung neuer Produktionsverfahren. Sie sind eine wesentliche Grundlage des Wohlstandes der Industrienationen. Die Durchsetzung von Innovationen hängt von institutionellen, soziologischen, sozialpsychologischen sowie wirtschaftspolitischen Gegebenheiten eines Landes ab.

Investition. Unternehmerische Tätigkeit, die man in der Betriebswirtschaftslehre dadurch zu kennzeichnen pflegt, daß man die von ihr ausgehenden Zahlungswirkungen beschreibt. So beginnt die Investitionstätigkeit mit Ausgaben, von denen erwartet wird, daß sie in späteren Zeitpunkten zu Kapitalrückflüssen oder Einnahmen führen werden. Je nach dem Objekt, das durch die Ausgaben erworben wird, unterscheidet man zwischen Sachinvestitionen, Finanzinvestitionen (beispielsweise Erwerb von Aktien) und immateriellen Investitionen (beispielsweise Ausgaben für die Ausbildung oder für Forschung und Entwicklung).

Investitionsrechnung. Verfahren zur ökonomischen Beurteilung von Investitionsvorhaben. Man unterscheidet zwischen statischen und dynamischen Formen der Investitionsrechnung. Statische Rechnungen zeichnen sich dadurch aus, daß sie zeitliche Unterschiede im Anfall von Zahlungen nicht berücksichtigen. Auf diese Weise werden Investitionen, bei denen Gewinne relativ früher anfallen, nicht schlechter beurteilt als solche, bei denen dies erst später der Fall ist, solange die Gewinne im Durchschnitt übereinstimmen. Die dynamischen Verfahren tragen dagegen den Zeitunterschieden durch Abzinsung aller Zahlungen auf einen gemeinsamen Vergleichszeitpunkt Rechnung. Sie gelten daher als überlegen.

Investmentgesellschaft. Eine Investment- oder Kapitalanlagegesellschaft ist ein Unternehmen, dessen Aufgabe darin besteht, einen oder mehrere Investmentfonds zu verwalten. Die Investmentgesellschaft sammelt gegen Ausgabe von Anteilsscheinen (Investment-Zertifikate) Kapital von privaten Anlegern ein, um damit Wertpapiere, Immobilien oder Handelswaren zu erwerben. Die von der Gesellschaft vorgenommenen Investitionen erfolgen nach dem Prinzip der Risikominderung durch Diversifikation (Streuung des Anlagerisikos).

Jahresabschluß. Der Jahresabschluß ist die vom Handelsrecht vorgeschriebene periodische Rechnungslegung eines Wirtschaftsunternehmens. Er umfaßt mindestens die Bilanz und die Gewinn- und Verlustrechnung. Bei Kapitalgesellschaften tritt außerdem noch der Anhang hinzu, der über Bilanzierungs- und Bewertungsmethoden sowie über Beteiligungsverhältnisse und die wirtschaftliche Lage des Unternehmens berichtet. Bei mittleren und großen Unternehmen ist vorgeschrieben, daß der Jahresabschluß von externen Wirtschaftsprüfern hinsichtlich seiner Ordnungsmäßigkeit zu prüfen ist.

Job-sharing. Arbeitsplatzteilung. Eine besondere Form der Teilzeitarbeit, bei der in der Regel zwei Arbeitnehmer die Arbeitszeit an einem Vollarbeitsplatz teilen. Gesetzliche Grundlage ist Art. 1 § 5 Beschäftigungsförderungsgesetz. Für den Arbeitgeber besteht der Vorteil darin, daß der Arbeitsplatz ständig besetzt ist; im allgemeinen wird auch Krankheits- und Urlaubsvertretung vereinbart. Für den Arbeitnehmer ist geringere zeitliche Belastung gegenüber der Vollarbeit vorteilhaft. Kündigung wegen Ausscheidens des Partners ist nicht zulässig.

Joint-venture. Zusammenarbeit von nicht gebietsansässigen Unternehmen mit Partnern aus dem Gastland (Auslandsmarkt) in allen Formen der Kooperation einschließlich Lizenzvergabe, Vertragsmanagement, Vertragsfertigung und Gemeinschaftsunternehmen. Kennzeichen sind kapitalmäßige Beteiligung und das Tragen eines anteilmäßigen Risikos seitens der Partner, Investoren aus verschiedenen Wirtschaftsgebieten und Ländern, längerfristige beziehungsweise dauerhafte Zusammenarbeit auf vertraglicher Basis.

Kapital. Wert der in einem Unternehmen investierten Finanzierungsmittel, der in der Bilanz eines Unternehmens auf der Passivseite ausgewiesen wird und sich in den Ansprüchen der Eigen- und Fremdkapitalgeber in das Unternehmensvermögen und die aus ihm fließenden zukünftigen Erträge manifestiert.

Kapitalgesellschaft. Sammelbegriff für eine Reihe von Rechtsformen, unter denen Unternehmen in einer Marktwirtschaft betrieben werden können. In der Bundesrepublik Deutschland bezeichnet man als Kapitalgesellschaften vor allem die Aktiengesellschaften (AG) und die Gesellschaften mit beschränkter Haftung (GmbH). Gemeinsames Merkmal der Kapitalgesellschaften ist, daß die Eigentümer für Verbindlichkeiten des Unternehmens nicht persönlich haften. Die Haftung ist auf das Eigenkapital des Unternehmens beschränkt. Typischerweise erfolgt die Leitung des Unternehmens nicht durch die Eigentümer unmittelbar, sondern durch Geschäftsführer und Manager. Kapitalgesellschaften sind regelmäßig juristische Personen, so daß das Ausscheiden eines Eigentümers nicht die Gefahr der Auflösung des Unternehmens heraufbeschwört.

Kapitalmarkt. Markt für Wertpapiere mit mittel- bis langfristiger Laufzeit (Anleihen, Pfandbriefe, Aktien). Der Handel erfolgt an den Börsen sowie im Freiverkehr.

Kapitalstock. Der Kapitalstock ist Teil des Produktivvermögens und stellt den Wert des für Produktionszwecke im Jahresdurchschnitt eingesetzten reproduzierbaren Bruttoanlagevermögens an Bauten und Ausrüstungen dar.

Kapitalwert. Kriterium zur ökonomischen Beurteilung der Vorteilhaftigkeit einer Investition. Man berechnet ihn, indem man die Investitionsausgaben vom Barwert der erwarteten Rückflüsse abzieht. Investitionen gelten als vorteilhaft (unvorteilhaft), wenn sie einen positiven (negativen) Kapitalwert haben.

Kredit. Überlassung von Geld oder anderen Vermögensgegenständen an einen Kapitalnehmer zum Zwecke der Ermöglichung von Investitionen oder zur Abwicklung des laufenden Geschäftsbetriebes. Der Schuldner übernimmt die Verpflichtung, an den Kreditgeber Zinsen zu zahlen und den überlassenen Kapitalbetrag zu tilgen. Im allgemeinen erwirbt ein Kreditgeber keine Mitsprache oder Kontrollrechte. Jedoch kann hiervon bei großen beziehungsweise riskanten Krediten abgewichen werden. Kredite, die von Unternehmen in Anspruch genommen werden, werden im Regelfall abgesichert. Dazu steht ein reichhaltiges Instrumentarium an Sicherheiten zur Verfügung, z. B. Grundpfandrechte, Pfandrechte an beweglichen Sachen, Sicherungsübereignung, Eigentumsvorbehalt und Bürgschaft.

Körperschaftssteuer. Steuer auf das Einkommen der juristischen Personen, insbesondere den Gewinn von Kapitalgesellschaften. Für die Ermittlung des Gewinns ist in der Bundesrepublik Deutschland auf die Vorschriften des Körperschafts- und des Einkommensteuergesetzes zurückzugreifen. Die Höhe des Steuersatzes hängt in den Volkswirtschaften mit marktwirtschaftlicher Ordnung regelmäßig davon ab, wie der Gewinn eines Unternehmens verwendet wird. Einbehaltene Gewinne werden höher besteuert (BRD: 50 Prozent) als ausgeschüttete Gewinne (BRD: 36 Prozent). Um die Doppelbesteuerung ausgeschütteter Gewinne durch Belastung mit Körperschaftssteuer im Unternehmen und Zusatzbelastung mit Einkommensteuer beim Empfänger der Gewinnausschüttung zu vermeiden, kennt das bundesdeutsche Steuerrecht seit 1977 ein Anrechnungsverfahren. In anderen Staaten (etwa USA oder Österreich) erfolgt nach wie vor eine Doppelbesteuerung ausgeschütteter Gewinne.

Kommanditgesellschaft. Abkürzung KG. Die KG ist handelsrechtlich eine Personengesellschaft mit unbeschränkt haftenden und mit der Geschäftsführung befugten Gesellschaftern (Komplementäre) und beschränkt bis zur Höhe ihrer Einlage haftenden und mit Kontrollrechten versehenen Gesellschaftern (Kommanditisten). Je einer von ihnen muß vorhanden sein.

Konzern. Die unter einheitlicher Leitung eines herrschenden Unternehmens stehende Zusammenfassung mit einem oder mehreren abhängigen Unternehmen, insbesondere bei Bestehen eines Beherrschungsvertrages oder Eingliederung. Sind rechtlich selbständige Unternehmen, ohne daß das eine Unternehmen von dem anderen abhängig ist, unter einheitlicher Leitung zusammengefaßt, bilden auch sie einen Konzern.

Kosten. Verwaltungs-, Vertriebs- und Herstellungskosten in Industriebetrieben. Die Herstellungskosten unterteilen sich in Material- und Fertigungskosten, die Fertigungskosten wiederum in Fertigungslöhne, Fertigungsgemeinkosten und Sondereinzelkosten der Fertigung. Die Materialkosten setzen sich aus dem

Fertigungsmaterial und den Materialgemeinkosten zusammen.

Kosten-Nutzen-Analyse. Synonyme: Nutzen-Kosten-Analyse, Cost-Benefit-Analyse, Cost-Gain-Analyse, Ertrags-Kosten-Analyse. Ein quantitatives Verfahren zur Beurteilung von Investitionen. Sie wurde für öffentliche Investitionen entwickelt. Die Nutzen-Kosten-Analysen haben sich im Umfang und Aufbau stets unmittelbar an praktischen Problemen orientiert. Auch existiert keine einheitliche Terminologie. Es lassen sich vier wesentliche Merkmale herausstellen: 1. Systematische Ziel-Mittel-Analyse; 2. Erfassung der indirekten Wirkungen; 3. Besondere Verfahren der monetären Bewertung; 4. Katalog der Intangibles.

Kostenrechnung (einschließlich Kostenstellen, Kostenträger). Zentrales Teilgebiet des internen Rechnungswesens, in dem Kosten erfaßt, gespeichert, den verschiedensten Bezugsgrößen (z.b. Betriebsteilen = Kostenstellen oder Produkten = Kostenträgern) zugeordnet und für spezielle Zwecke ausgewertet werden. Sie umfaßt die Teilbereiche Kostenartenrechnung, Kostenstellenrechnung und Kostenträgerrechnung. In der Kostenartenrechnung werden die Kosten nach den Arten (Einsatzmaterial, Löhne und Gehälter, Mieten ...) vollständig systematisch erfaßt. In der Kostenstellenrechnung werden die Kosten einzelnen betrieblichen Teileinheiten, deren Leistungsbeitrag abgrenzbar ist (Kostenstelle) zugerechnet, wobei zwischen Kostenstelleneinzelkosten, die nur für diese Teileinheit anfallen und Kostenstellengemeinkosten, die für mehrere oder alle gemeinsam anfallen und durch Schlüsselung verteilt werden, unterschieden wird. In der Kostenträgerrechnung werden die Leistungsbeiträge der Teileinheiten zum Endprodukt (Kostenträger) mit ihren anteiligen Kosten verrechnet, woraus sich die Selbstkosten des Produkts ergeben.

Leasing. Mietähnliche Form der Überlassung von Vermögensgegenständen gegen Zahlung einer laufenden Geldleistung (Leasingrate). Wird zwischen Leasinggeber und Leasingnehmer ein jederzeit kündbarer Vertrag mit kurzer Laufzeit geschlossen, bei dem die Risiken in bezug auf Verlust oder Beschädigung vom Vermieter getragen werden, so spricht man vom Operating-Leasing. Finanzierungs-Leasing zeichnet sich dagegen durch Langfristigkeit, Unkündbarkeit während der Grundmietzeit sowie Risikoübernahme durch den Leasingnehmer aus. Häufig vereinbaren die Kontrahenten, daß am Ende der Grundmietzeit Kauf- und/oder Verkaufsoptionen ausgeübt werden können. In allen Volkswirtschaften mit marktwirtschaftlicher Prägung setzt sich Leasing als Alternative zum Kaufvertrag immer mehr durch. Über die Gründe hierfür ist man sich nicht einig, jedoch werden meistens steuerliche Überlegungen ins Feld geführt.

Lebensstandard. Begriff der Marktforschung, wobei Lebensstandard als ideeller Bedarfsfaktor beziehungsweise Bedürfnisformer verstanden wird. Der ideelle Lebensstandard entspricht den Vorstellungen des Verbrauchers darüber, was sein Dasein und seine Umwelt ausmachen soll, ausgedrückt in der Summe der ihm nach Herkommen, Kinderstube, Werdegang usw. angemessen erscheinenden Wünsche.

Leistung. Mindestens drei verschiedene Begriffsinhalte. 1. Im Rahmen des internen Rechnungswesens (Kostenrechnung) die bewerteten Gütererstellungen, d. h., mit Preisen oder Selbstkosten bewertete Mengen an Gütern oder Dienstleistungen; 2. Im Rahmen der Produktions- und Kostentheorie die Menge der ausgebrachten Güter pro Zeiteinheit, i. a. bezogen auf eine Maschine oder ein Aggregat; 3. Zivilrechtlich und allgemeinsprachlich das Ergebnis einer Handlung (evtl. auch Unterlassung).

Leitung. Leitung, einheitliche - Zusammenfassung von rechtlich selbständigen Unternehmen unter einheitlicher Leitung als Voraussetzung für das Bestehen eines Konzerns im aktienrechtlichen Sinne und damit Grundlage für die Feststellung eines Konzernverhältnisses. Im betriebswirtschaftlichen Sprachgebrauch für die Leitung eines Unternehmens verwendeter Begriff ist Management.

Leverage-Effekt. Hebelwirkung, die vom Verschuldungsgrad auf die Rendite des Eigenkapitals ausgeht. Wenn das insgesamt in einem Unternehmen eingesetzte Kapital (Eigen- und Fremdkapital) eine Rendite in Höhe von k abwirft und die Gläubiger für die von ihnen gewährten Kredite einen Zinssatz in Höhe von i verlangen, so beläuft sich die Eigenkapitalrendite auf

$r_E = k + (k - i) \cdot F/E$

wobei F für das Fremdkapital und E für das Eigenkapital steht. Wenn also die Rendite der Investitionen über dem Fremdkapitalzinssatz liegt, so führt zunehmende Verschuldung zu einer Verbesserung der Rendite auf das Eigenkapital. Liegt die Investitionsrendite hingegen unter dem Zins für Kredite, so wirkt der Hebel in die entgegengesetzte Richtung.

Lohnformen. Es lassen sich zwei Grundformen und zwei Zwischenformen unterscheiden. Die Grundformen sind Zeitlohn und Akkordlohn, die Zwischenformen sind Leistungslohn und Prämienlohn. Bei Zeitlohn wird die Anwesenheitszeit bezahlt (in der Sonderform des Gehalts bei Angestellten entfällt die Bindung an die Anwesenheitszeit). Bei Akkordlohn werden die erbrachten Leistungen (erstellte Produktmenge) bezahlt, jedoch wird der Mindestlohn garantiert. Beim Leistungslohn werden eine Leistungsunter- und -obergrenze und eine Lohnunter- und -obergrenze festgelegt, zwischen denen der Lohn leistungsabhängig ist. Bei Prämienlohn werden Prämien für höhere Leistungen, aber auch für Qualität, Materialersparnis etc. zusätzlich zum Zeit- oder Akkordlohn gezahlt.

Management. Im betriebswirtschaftlichen Sprachgebrauch für die Leitung eines Unternehmens verwendeter Begriff. Wichtige Managementtechniken sind: management by delegation (Führungsmodell zur weitgehenden Delegation von Aufgaben an die einzelnen Mitarbeiter), management by exception (Ziel ist die Entlastung der Führungskräfte von Routineaufgaben durch Delegierung von Entscheidungsbefugnissen auf untergeordnete Stellen beziehungsweise Beschränkungen der von einem Untergebenen an seinen Vorgesetzten weiterzuleitenden Informationen), management by objectives (Führungsmodell zur Entlastung der oberen Leistungsebenen durch Motivierung der Mitarbeiter zu größerer Eigenverantwortung), management by participation, management by results und management by systems.

Marktwirtschaft, soziale. Bezeichnung für eine Wirtschaftsordnung, bei der die Koordination der individuellen Wirtschaftspläne durch die freie Preisbildung auf den Märkten erfolgt, auf den Märkten also Wettbewerb herrscht. Weitere Kennzeichen: privates Eigentum, freie Konsum- und Arbeitsplatzwahl, Staat lediglich als Anbieter von kollektiven Gütern. Seit 1948 geprägt durch Einbau sozialer Komponenten.

Materialwirtschaft. Alle Tätigkeiten, die darauf gerichtet sind, die für die Betriebsprozesse einer industriellen Unternehmung benötigten Materialien (Roh-, Hilfs- und Betriebsstoffe sowie Halb- und Fertigfabrikate) bereitzustellen. Sie umfaßt die Bereiche Fertigung, Lagerwirtschaft, innerbetrieblicher Transport und Einkauf. Die organisatorische Einordnung ist uneinheitlich; zum Teil werden nur Teile der Materialwirtschaft unter dieser Bezeichnung organisatorisch zusammengefaßt. Aufgabe der Materialwirtschaft ist die räumlich-zeitliche Strukturierung des Materialflusses unter den Zielen der Kostenminimierung und der Sicherstellung der Fertigung.

Meistbegünstigung. Verpflichtung eines Landes, im Außenhandel einem Partnerland alle Importerleichterungen zu gewähren, die Drittländern eingeräumt werden. Das Meistbegünstigungsprinzip kommt dem Grundsatz des Freihandels sehr nahe und fördert den internationalen Wettbewerb.

Mitbestimmung. Bedeutet die Teilhabe der in einer Organisation vorhandenen Individuen am Entscheidungsprozeß. Inhaltlich kann zwischen Mitentscheidung, Mitwirkung und Beratung unterschieden werden. Formal ist zwischen der unternehmensbezogenen Mitbestimmung im Aufsichtsrat und der betrieblichen Mitbestimmung über den Betriebsrat zu unterscheiden. Aufgrund der Konkretheit der Mitbestimmungsregelungen des Betriebsrats im BetrVG und der Nähe zu den Entscheidungen ist dieser Teil der Mitbestimmung von größerer Tragweite als die Mitbestimmung im Aufsichtsrat, der den Entscheidungsprozeß nur kontrolliert, aber nicht selbst betreibt.

Nettosozialprodukt. Bruttosozialprodukt, gemindert um die Abschreibungen auf das Anlagevermögen.

Norm. Verbindliche Regelung, z. B. als Rechtsnorm. I. a. verstanden als Technische Norm, bei der allgemein zugänglich und in allgemeinem Konsens eine Festlegung und Beschreibung technischer Eigenschaften von Gütern und Dienstleistungen erfolgt. Die Festlegung kann national sein, d. h. in Deutschland DIN-Norm oder auf europäischer Basis erfolgen (CEN- beziehungsweise CENELEC-Normen) oder international gelten (ISO- und IEC-Normen). Durch Festlegung von Normen wird die Kompatibilität von Produkten und Produktteilen erhöht beziehungsweise ermöglicht.

Ökonomisches Prinzip. Realisierung eines gegebenen Ziels mit einem möglichst gegebenen Mitteleinsatz mit einer möglichst hohen Zielerfüllung. Ausdruck einer formalen Rationalität, die auch als inhaltsleer bezeichnet werden kann. Erst wenn das jeweilige Ziel entwickelt ist, ermöglicht das ökonomische Prinzip ein ökonomisches Handeln.

Opportunitätskosten. Unterbegriff zu Kosten mit besonderer Ausprägung in der Bewertung: Die für einen bestimmten Zweck eingesetzten Faktormengen sind mit dem Erfolg zu bewerten, den sie in der besten anderweitigen Verwendung gehabt hätten. Sind die Opportunitätskosten größer als der Erfolg aus dem Faktoreinsatz, dann ist die alternative Verwendung vorzuziehen. Andererseits können die Opportunitätskosten im allgemeinen nicht kleiner sein als der Betrag, der für die Anschaffung der Faktormengen aufzuwenden war, da die Anschaffung sonst unterblieben wäre. Dieser Wirtschaftsvergleich verschiedener Möglichkeiten des Faktoreinsatzes dient insbesondere auch zur Ermittlung von Verrechnungspreisen bei innerbetrieblichem Faktoraustausch. Auch das Verfahren der linearen Programmierung beruht auf einem derartigen Vergleich alternativer Verwendungen bei beschränkten Kapazitäten, wobei die Deckungsbeiträge der Produkte mit Hilfe der Produktionskoeffizienten auf die Kapazitäten umgerechnet werden.

Option. Das Recht, einen bestimmten Gegenstand innerhalb einer bestimmten Frist zu einem bestimmten Preis kaufen (Call Option) oder verkaufen (Put Option) zu dürfen. Gegenstand von Optionsgeschäften können Finanztitel (Aktien, Anleihen, Futures), Waren (Edelmetalle, Getreide) oder fremde Währungen sein. Optionen können als Spekulationsinstrumente eingesetzt werden, aber auch als Sicherungsinstrumente Verwendung finden. Sie werden sowohl börsenmäßig als auch außerbörslich gehandelt. Vor allem die Börsen in Chicago, London und Amsterdam haben sich auf Optionen spezialisiert.

Organisation. Bezeichnet sowohl die Tätigkeit des Gestaltens in der Strukturierung betrieblicher Aufgaben als auch das Ergebnis dieser Gestaltung. Bei mehr institutioneller Sichtweise wird Organisation auch als ein zielorientiertes Handlungssystem mit interpersoneller Arbeitsteilung oder als ein System aufeinander bezogener Verhaltenserwartungen betrachtet, das der Verhaltenssicherheit dient. Allgemein sind folgende Elemente sichtbar: Arbeitsteiligkeit, Personenbezogenheit, Regelung; dazu meistens noch Zielbezogenheit.

Organisationsstruktur. Darstellung der Beziehungen in einer Organisation; häufig das Ergebnis der Gestaltung arbeitsteiliger Prozesse. In der Organisationsstruktur werden Aufgaben, Kommunikationswege, Entscheidungs- und Informationskompetenzen und Weisungsbefugnisse festgelegt. Die kleinste organisatorische Einheit ist die Stelle als ein Bündel von Teilaufgaben, das von einem gedachten Aufgabenträger erledigt werden soll. Darauf bauen ein- oder mehrdimensionale hierarchische und/oder kollegiale Strukturen auf. Das Liniensystem ist streng eindimensional, die Stabs-Linien-Organisation ist in der Weisungskette eindimensional, in der Informationsverarbeitung und Übermittlung zweidimensional. Die Matrix-Organisation ist streng zweidimensional.

Organschaft. Eine Organschaft liegt vor, wenn ein Unternehmen (Organ) von einem anderen Unternehmen (Organträger) derart beherrscht wird, daß es keinen eigenen unternehmerischen Willen mehr hat. Konsequenz ist der Verlust der steuerlichen Selbständigkeit. Das wirkt sich vor allem bei der Körperschaftssteuer, der Gewerbesteuer und bei der Umsatzsteuer aus.

Personalwesen. Synonym: Personal-Management; Personalwirtschaft. Umfaßt die Aufgaben der Personalbedarfsermittlung und -deckung, der Personaleinsatzplanung, der Personalverwaltung, der Gestaltung, der betrieblichen Anreizsysteme (Entlohnung, Sozialleistungen etc.), der Aus- und Weiterbildung und der Personalführung. Standen ursprünglich die Bereiche Personalverwaltung und Lohn und Gehalt im Vordergrund, so werden im Rahmen einer strategischen Personalführung die Bereiche Personalplanung, Personalführung und Aus- und Weiterbildung stärker betont.

Personengesellschaft. Sammelbegriff für eine Reihe von Rechtsformen, unter denen Unternehmen betrieben werden können. In der Bundesrepublik Deutschland zählen dazu vor allem die offene Handelsgesellschaft (OHG) und die Kommanditgesellschaft (KG). Hervorstechendes Merkmal der Personengesellschaften ist, daß es Gesellschafter gibt, die für die Schulden des Unternehmens mit ihrem Privatvermögen haften müssen. In der OHG gilt das für alle Gesellschafter, in der KG nur für die Komplementäre. Typisch ist ferner, daß die Eigentümer selbst die Geschäftsführung wahrnehmen, also eine Delegation der Managementaufgaben an Dritte in der Regel unterbleibt. Scheidet ein Gesellschafter aus, so wirft das oft die Frage nach der weiteren Existenz des Unternehmens auf.

Plankosten. Die für eine bestimmte Bezugsgröße aufgrund der gegebenen Kostenbestimmungsfaktoren ermittelten Kosten. Teilbegriff der Kostenrechnung; bezieht sich vor allem auf die Kostenstellen- und Kostenträgerrechnung. Für eine gegebene Ausbringungsmenge (Beschäftigung) werden Planverbrauchsmengen ermittelt, die mit Planpreisen bewertet werden. Das ergibt die Plankosten bei Sollbeschäftigung. Die flexible Plankostenrechnung ermittelt dann für unterschiedliche Istbeschäftigungen die Sollkosten. Die Plankosten bei Sollbeschäftigung werden auf die Kostenträger weiter verrechnet, so daß sich bei veränderter Istbeschäftigung eine Abweichung der Sollkosten von den verrechneten Plankosten und von den Istkosten ergibt.

Preisbildung. In marktwirtschaftlichen Systemen bilden sich die Preise für Sachgüter und Dienstleistungen in der Regel durch Ausgleich von Angebot und Nachfrage ohne jede Mitwirkung staatlicher Behörden. Welche Preise ein Anbieter verlangt, ist prinzipiell ihm selbst überlassen. Umgekehrt hängt es nur von den Nutzenvorstellungen der Nachfrager ab, ob sie zu einem bestimmten Preis Kaufverträge abschließen wollen oder nicht. Nach marktwirtschaftlicher Lehrmeinung sorgt das freie Spiel von Angebot und Nachfrage (der »Marktmechanismus«) für ein gesamtwirtschaftliches Optimum, wenn viele Anbieter vielen Nachfragen gegenüberstehen und Konkurrenz herrscht. Ist der Wettbewerb eingeschränkt, so können Anbieter preispolitische Forderungen durchsetzen, die gesamtwirtschaftlich suboptimal sind. Um solchen Gefahren entgegenzuwirken, empfehlen sich Gesetze zum Schutze des Wettbewerbs. Langfristig können es sich die Anbieter nicht leisten, Preise zu verlangen, die unter ihren Kosten liegen. Sie würden sonst dauerhaft Verluste erzielen und auf diese Weise ihre Existenz aufs Spiel setzen. Mit Hilfe der betrieblichen Kostenrechnung können und müssen daher Informationen über kurz- und langfristige Preisuntergrenzen erzeugt werden.

Produktionsfaktoren. Produktionsfaktoren stellen bei einer gegebenen Technologie die erforderlichen Inputs dar, um einen Output produzieren zu können. Die klassischen Produktionsfaktoren sind Arbeit, Boden und Kapital.

Produktionsmittel. Produktionsmittel ist im engeren Sinne die Bezeichnung für Realkapital und Boden im Unterschied zum originären Produktionsfaktor Arbeit. Im weiteren Sinne stellen Produktionsmittel das Synonym für Produktionsfaktor dar.

Produktlebenszyklus. Konzept der Marketing-Theorie, das von der Annahme ausgeht, daß die zeitliche Entwicklung eines Produktes verschiedene Phasen durchläuft, die einem allgemeinen Verlauf unterworfen sind. Die typischen Phasen im Produktlebenszyklus sind (a) Einführung mit negativen Stückgewinnen, die absolut kleiner werden; bei Erreichen des Stückgewinns von Null beginnt (b) Wachstum, bei dem die Absatzmengen progressiv steigen und die Gewinne zunehmen; (c) die Reifephase beginnt, wenn die Absatzmengen nur noch degressiv zunehmen; in dieser Phase hat der Stückgewinn sein Maximum; (d) Sättigung ist gekennzeichnet durch ein Abnehmen der Absatzmengen, der Stückgewinn geht gegen Null; das Produkt verschwindet aus dem Markt.

Rationalisierung. Allgemein: Maßnahmen, die der Verwirklichung des Rationalprinzips, d.h. der rationalen Entscheidung, bei veränderten Bedingungen dienen. Der Zustand einer Unternehmung, auch wenn er einmal rational der Umwelt angepaßt war, ändert sich fortlaufend, so daß Anpassungen an die veränderten Bedingungen erforderlich werden. Das betrifft vor allem technologische Entwicklungen; deshalb wird Rationalisierung oft als Einführung/Weiterführung des technischen Fortschritts in die Unternehmung verstanden. In der verhaltenswissenschaftlichen Entscheidungstheorie wird unter Rationalisierung die nachträgliche Begründung einer Entscheidung mit rationalen Argumenten verstanden. Zur Unterscheidung vom allgemeinen Begriff wird sie auch als »Parcto-Rationalisierung« bezeichnet.

Rechtsformen. Synonym: Unternehmensformen. Rechtlich definierte Formen wirtschaftlicher Betätigung. Es sind zu unterscheiden der Einzelkaufmann, die Personengesellschaften, die Kapitalgesellschaften und die Genossenschaften. Einzelkaufmann und Personengesellschaften sind durch die persönliche Haftung wenigstens eines Gesellschafters gekennzeichnet; zu den Personalgesellschaften gehören die Offene Handelsgesellschaft (OHG), die Kommanditgesellschaft (KG), die stille Gesellschaft und die Gesellschaft bürgerlichen Rechts. Zu den Kapitalgesellschaften gehören die Gesellschaft mit beschränkter Haftung (GmbH), die Aktiengesellschaft (AG) und die Kommanditgesellschaft auf Aktien (KGaA). Die rechtlichen Regelungen finden sich im BGB, HGB, AktG, und Genossenschaftsgesetz.

Rentabilität. Kennzahl zur Messung der Ertragskraft eines Unternehmens. Man unterscheidet zwischen Kapitalrentabilität und Umsatzrentabilität. Die erste ist als

$$\text{Kapitalrendite} = \frac{\text{Gewinn}}{\text{eingesetz. Kapital}}$$

definiert, während man unter

$$\text{Umsatzrendite} = \frac{\text{Gewinn}}{\text{Umsatz}}$$

versteht. Die Umsatzrendite gibt also an, was ein Unternehmen an einer Erzeugniseinheit verdient. Soll die Kapitalrendite vergrößert werden, was als »natürliches Ziel« eines marktwirtschaftlich arbeitenden Unternehmens angesehen wird, so kann das bei gleichbleibender Umsatzrendite über eine Steigerung der Kapitalumschlagsgeschwindigkeit erreicht werden. Letztere ist nichts anderes als das Verhältnis von Umsatz zu Kapital, woraus sich

$$\text{Kapitalrendite} = \frac{\text{Gewinn}}{\text{Umsatz}} \cdot \frac{\text{Umsatz}}{\text{eingesetztes Kap.}}$$

ableiten läßt.

Return on Investment. Wichtiges Maß für die Ertragskraft eines unter marktwirtschaftlichen Bedingungen arbeitenden Unternehmens. Der Return on Investment (ROI) gibt das Verhältnis des Gewinns vor Zinsen und Steuern zum insgesamt eingesetzten Kapital an.

Risiko. (1) In der statistischen Entscheidungstheorie die Wahrscheinlichkeit des Abweichens vom Erwartungswert (Mittelwert). Sie beruht auf einer Verteilung der Ergebniswerte einer Entscheidung, die objektiv oder subjektiv gegeben sein kann. Als Risikomaße werden die Standardabweichung und weitere Verteilungsparameter genutzt.
(2) Allgemein die Gefahr des Verlusts bei einer Entscheidung. Das Risiko wird dabei in Abhängigkeit von der Höhe des Verlusts und seiner Bedeutung für den Entscheidungsträger gesehen.

Roh-, Hilfs- und Betriebsstoffe. Umfassender Begriff für die in der Regel fremdbezogenen Einsatzgüter des Betriebes. Synonym: Werkstoffe.

Sanierung. Verfahren mit dem Ziel, die Existenz eines ertragsschwachen und finanziell angeschlagenen Unternehmens zu sichern. Ein Sanierungsverfahren ist wünschenswert, wenn einzelne Teile des Unternehmens noch rentabel arbeiten oder in absehbarer Zukunft rentabel zu werden versprechen. Im engeren Sinne versteht man unter Sanierung die Zuführung neuen Eigenkapitals nach vorheriger Kapitalherabsetzung. Sollen Sanierungsmaßnahmen jedoch nachhaltig wirken, so müssen sie auf Umstellungen des Produktprogramms und der Unternehmensorganisation hinauslaufen.

Scheingewinn. Gewinn, der in Zeiten sinkenden Geldwertes (Inflation) dadurch entsteht, daß wegen steigender Wiederbeschaffungskosten das Vermögen, gemessen in Geld, zunimmt, während es substanzmäßig nur gleichbleibt oder sogar abnimmt. Er ist deshalb von Bedeutung, weil die Besteuerung von der nominalen Betrachtung ausgeht, so daß durch die Besteuerung des Scheingewinns ein Substanzverlust ausgelöst werden kann.

Selbstkosten. Siehe Kosten.

Sozialprodukt. Synonym für Bruttosozialprodukt.

Stelle. Teilbegriff der Organisation. Bündel von Teilaufgaben für einen gedachten Aufgabenträger. Kleinste organisatorische Einheit.

Steuer. Abgabe, die keine Gegenleistung für eine besondere Leistung öffentlich-rechtlichen Gemeinwesens darstellt und von diesem zum Zwecke der Erzielung von Einnahmen erhoben wird, um damit Gemeinschaftsaufgaben zu finanzieren.

Streik. Gemeinsame und planmäßig durchgeführte Arbeitseinstellung durch mehrere Arbeitnehmer nach einem Streikbeschluß. Das Streikrecht ist durch Art. 9 Abs. 3 GG gewährleistet.

Substanzerhaltung. Synonym: Substantielle Kapitalerhaltung. Erhalt des Realvermögens in seiner Leistungsfähigkeit bei Preisänderungen. Scheingewinne oder -verluste sollen mit Hilfe entsprechender Bilanzierungsvorschriften gar nicht erst ausgewiesen werden, so daß es zu einem Substanzverlust durch Scheingewinnbesteuerung nicht kommen kann. Außer den bilanziellen Maßnahmen zur Substanzerhaltung müssen auch die entsprechenden marktlichen und produktionsmäßigen Schritte ergriffen werden.

Substanzsteuer. Sammelbegriff für alle Steuerarten, die im Rahmen der Ermittlung ihrer Bemessungsgrundlage an das Vermögen einer Person oder eines Unternehmens geknüpft sind. In der Bundesrepublik Deutschland sind das insbesondere die Vermögensteuer, die Gewerbekapitalsteuer und die Grundsteuer.

Swap-Geschäft. Termingeschäft mit dem Ziel, Währungs- oder Zinsrisiken zu vermindern. Um etwa das Wechselkursrisiko eines Kapitalimporteurs zu beherrschen, der fremde Währung importiert, diese in eigene Währung tauscht, um im Inland zu investieren, und später zurücktauschen muß, um in Fremdwährung tilgen zu können, eignen sich Devisenswaps. Das beispielsweise angesprochene Risiko läßt sich durch die Kombination eines Kassa-Verkaufs der fremden Währung mit einem gleichzeitigen Termin-Kauf absichern.

Tarif. Listenmäßig nach einem bestimmten Prinzip aufgestellte Preise oder Vergütungen. Erscheinen im Verkehrswesen (Eisenbahn- und Luftverkehrstarife), im Zollwesen, im Arbeitsrecht/Personalwesen (Tariflohn) und im Steuerrecht (Steuertarife).

Tarifvertrag. Bezieht sich im Gegensatz zum allgemeinen Begriff Tarif nur auf die Entlohnung von Arbeitnehmern. Ist ein bürgerlich-rechtlicher Vertrag zwischen den Tarifvertragsparteien (Gewerkschaften und Arbeitgeberverbände). Wird in einem Tarifregister beim Bundesminister für Arbeit und Sozialordnung geführt. Regelt normativ im zeitlichen, räumlichen und sachlichen Geltungsbereich die jeweiligen Beziehungen und besitzt unmittelbare Bindungswirkung.

Teilkostenrechnung. Teilgebiet der Kostenrechnung, bei dem nur die Einzelkosten (direkte Kosten) für die Entscheidungsfindung herangezogen werden. Betont gegenüber der Vollkostenrechnung die Entscheidungsorientierung der Kosten.

Termingeschäft. Vertrag, bei dem der Preis heute vereinbart wird, jedoch die beiderseitige Erfüllung erst zu einem späteren Termin erfolgt. Beispielsweise vereinbaren zwei Kontrahenten, daß sie in drei Monaten eine bestimmte Menge US-Dollar gegen Deutsche Mark zu einem heute festgelegten Wechselkurs (dem Terminkurs) tauschen werden.

Umsatz. Summe der in einer Periode verkauften, mit ihren jeweiligen Preisen bewerteten Leistungen. Im Rechnungswesen auch als Erlös bezeichnet.

Umsatzsteuer. Von Unternehmern erhobene Steuer, von der jeder Verkauf von Gütern und Dienstleistungen betroffen ist. Was die Besteuerungstechnik betrifft, so unterscheidet man methodisch zwischen Brutto- und Netto-Umsatzsteuer. Eine Brutto-Umsatzsteuer knüpft ausschließlich am Umsatz (Absatzmenge mal Verkaufspreis) an, während eine Netto-Umsatzsteuer die Wertschöpfung zu erfassen versucht, die von dem besteuerten Unternehmen erbracht wird. In der Bundesrepublik Deutschland wird nach dem Netto-Verfahren besteuert (sog. »Mehrwertsteuer«). Die Brutto-Methode leistet Konzentrationstendenzen in vertikaler Richtung Vorschub.

Unternehmen. Wirtschaftlich-rechtlich organisiertes Gebilde, in dem auf nachhaltig ertragbringende Leistung gezielt wird, je nach der Art der Unternehmung nach dem Prinzip der Gewinnmaximierung oder dem Angemessenheitsprinzip. Das Gewinnstreben richtet sich zumindest auf angemessene Verzinsung des betriebsnotwendigen Kapitals. In diesem Sinn kann eine Unternehmung aus mehreren beziehungsweise keinem Betrieb (im technischen Sinne) bestehen.

Unternehmensbewertung. Verfahren zur Abschätzung des Betrages, den der Erwerber eines Unternehmens fairerweise zahlen sollte. Anlässe hierfür sind vielfältig, so zum Beispiel Kauf und Verkauf von Betrieben, Auseinandersetzungen zwischen den Erben einer Personengesellschaft, Sanierungen, Liquidation, Kauf und Verkauf von Beteiligungen. Während man früher die Ansicht vertrat, daß es Methoden gäbe, mit denen man den Wert eines Unternehmens »objektiv« feststellen könne, setzt sich heute die Ansicht durch, daß es in erster Linie auf die »subjektive« Abschätzung der künftigen Gewinne eines Unternehmens ankommt.

Verbrauch. Drei verschiedene Anwendungsbereiche: 1. In der Wirtschaftstheorie der Verbrauch von Gütern und Dienstleistungen zur unmittelbaren oder mittelbaren Befriedigung menschlicher Bedürfnisse. Bei Befriedigung privater Bedürfnisse »Konsum«, bei Einsatz für Produktionszwecke »Materialeinsatz«; hier dient der Verbrauch der Grundlage der Bedarfsermittlung. 2. In der Wirtschaftspraxis wird der private Verbrauch des Unternehmens in einer Einzelunternehmung oder Personengesellschaft als Entnahme gebucht. In der Produktion der Abgang von Beständen aus dem Lager in die Produktion. 3. Einsatz von Gütern und Dienstleistungen in Haushalten und Unternehmungen als Grundlage der Besteuerung.

Verbrauchssteuer. Sammelbegriff für alle Steuerarten, die die Einkommensverwendung für private Konsumzwecke belasten. Neben der Umsatzsteuer (»Mehrwertsteuer«) sind das vor allem die Mineralölsteuer, die Tabaksteuer und die Alkoholsteuer.

Verlust. Differenz zwischen Aufwand und Ertrag einer Abschlußperiode im Jahresabschluß beziehungsweise von Kosten und Leistung in der Betriebsabrechnung.

Vorsichtsprinzip. Elementarer Grundsatz ordnungsmäßiger Bewertung von Vermögensgegenständen und Schulden im Rahmen der Handelsbilanz. Der Grundgedanke besteht darin, daß sich ein Unternehmen im Interesse des Gläubigerschutzes im Zweifel nicht zu günstig darstellen soll. Daher sind Vermögensgegenstände der Tendenz nach eher unterzubewerten und Schulden eher zu hoch zu bewerten.

Wagniskosten. Kostenart zur Abrechnung auftretender Wagnisse oder Risiken. Als Wagniskosten können nur spezifische Einzelwagnisse und -risiken angesetzt werden, die entweder versicherungsmathematisch geschätzt werden oder aus Vergangenheitswerten und zukünftigen Entwicklungen hochgerechnet werden. Typische Wagnisse: Ausschuß-, Bestände-, Debitoren-, Entwicklungs- und Gewährleistungswagnis. Das allgemeine Unternehmenswagnis führt nicht zu Wagniskosten; es ist aus dem Gewinn zu tragen.

Wechsel. Ein Wertpapier, das eine unbedingte Zahlungsanweisung des Bezogenen (der zahlen soll) an einen anderen (den Remittenten) oder an dessen Order darstellt. Es ist von Gesetzes wegen ein Orderpapier, d. h., derjenige, der durch eine lückenlose Kette von Übergaben im Besitz des Wechsels ist, kann unbedingt Zahlung verlangen. Die formalen Anforderungen sind: Bezeichnung als Wechsel, die unbedingte Anweisung auf eine bestimmte Geldsumme, Name des Bezogenen, Verfallzeit, Zahlungsart, Name des Remittenten, Ort, Datum der Ausstellung, Name des Ausstellers. Bezogener und Remittent kann auch der Aussteller sein. Die Übertragung erfolgt durch Unterschrift auf der Rückseite (Indossament).

Wechselkurs. Preis, den man (in eigener Währung gerechnet) für fremde Währung zu zahlen hat. In einem System flexibler Wechselkurse bilden sich die Preise für fremde Währungen im Zusammenspiel aus Angebot und Nachfrage. Dagegen zeichnet sich ein System fester Wechselkurse dadurch aus, daß zwischen den Staaten Bandbreiten der Kurse vereinbart sind. Drohen die Kurse diese Bandbreiten zu verlassen, so müssen die beteiligten Notenbanken durch Stützungskäufe beziehungsweise -verkäufe eingreifen.

Wert. Bedeutung, die Gütern im Hinblick auf ihre Fähigkeit beigemessen wird, als Mittel zur Bedürfnisbefriedigung zu dienen. Neben der Bezeichnung von bestimmten Zielen als Werte, die vom Verwender des Begriffs ausgezeichnet werden sollen, gibt es den objektiven, den subjektiven und den gerundiven Wertbegriff. Im objektiven Wertbegriff wird der Wert als Eigenschaft des Gutes definiert und i. d. R. aus den Produktionskosten abgeleitet. Bei subjektiver Betrachtung wird der Wert als eine rein subjektive Beziehung zwischen den einzelnen Menschen und dem Gut aufgefaßt. Im gerundiven Wertbegriff, der heute weitgehend akzeptiert wird, werden beide Auffassungen verbunden. Der Wert stellt den Maßstab der Vorziehenswürdigkeit von Aktionsmöglichkeiten dar, der sich auf eine begrenzte Zahl derselben zur Erreichung eines Zieles stützt und die Kosten im Sinne von Opportunitätskosten einbezieht.

Wertschöpfung. Die Wertschöpfung eines Betriebes ist die Summe der durch die Kombination von Arbeit, Boden und Kapital im Rahmen der Produktion geschaffenen Mehrwerte. Diese Mehrwerte umfassen die betriebliche Gesamtleistung abzüglich der von Dritten bezogenen Vorleistungen. Die betriebliche Wertschöpfung als der von Unternehmen in einer bestimmten Periode geschaffene Wertzuwachs ist identisch mit dem Beitrag des Unternehmens zum Sozialprodukt.

Wirtschaftsprüfer. Berufsstand, der dazu befugt ist, die gesetzlich vorgeschriebenen Prüfungen der Jahresabschlüsse von Kapitalgesellschaften sowie der Geschäftsführung von Genossenschaften durchzuführen. Die Wirtschaftsprüfer haben ihre Aufgaben gewissenhaft, unabhängig und verschwiegen durchzuführen. Entspricht der Jahresabschluß eines Unternehmens den gesetzlichen Vorschriften, so erteilt der Wirtschaftsprüfer den sogenannten Bestätigungsvermerk. Anderenfalls ist der Vermerk zu verweigern oder einzuschränken.

Ziele. Normen in der Entscheidungstheorie, die die Grundlage für die Beurteilung der Bevorzugung (Präferenz) einer Alternative gegenüber einer anderen Alternative bilden. Durch sie werden Verhaltensregeln (Imperative) für das Entscheidungsverhalten festgelegt. Die Systematisierung der Ziele erfolgt u. a. nach dem Ausmaß der Zielgröße, den Zielbeziehungen, dem Zeitbezug und den hinter ihnen stehenden Personen, die Individualziele, Gruppenziele und Organisationsziele bestimmen.

Zins. Preis für die zeitweise Überlassung von Kapital. Die Höhe der Zinsen richtet sich wie jeder Preis in einer Marktwirtschaft nach Angebot und Nachfrage. Jedoch sind die einzelnen Kapitalüberlassungsformen nicht so homogen, da es nur einen im Zeitablauf schwankenden Zinssatz gibt. Die Höhe eines Zinssatzes richtet sich statt dessen zum einen nach der Dauer des finanziellen Engagements (kurz-, mittel- und langfristiger Zins), zum anderen aber auch nach den mit der Kapitalüberlassung verbundenen Risiken. So ist der Zinssatz für Staatsanleihen wegen des relativ geringeren Tilgungsrisikos im allgemeinen niedriger als der Zinssatz für eine Unternehmensanleihe.

Literaturverzeichnis

Lexikon der Betriebswirtschaft
Herausgeber: Prof. Dr. Wolfgang Lück
verlag moderne industrie 1983,
Wolfgang Dummer & Co.

Beyer/Bestmann: Finanzlexikon,
2. Auflage
Vahlen, München 1989

Lücke: Investitionslexikon
Verlag Franz Vahlen, München 1975

Wacker: Steuerlexikon
Verlag Franz Vahlen, München 1975

Wacker: Lexikon der deutschen und internationalen Besteuerung,
2. Auflage
Verlag Franz Vahlen, München 1982

Gabler: Wirtschaftslexikon A–K,
12. Auflage
Betriebswirtschaftlicher Verlag
Dr. Th. Gabler GmbH,
Wiesbaden 1988

Gabler: Wirtschaftslexikon,
12. Auflage
Betriebswirtschaftlicher Verlag
Dr. Th. Gabler GmbH,
Wiesbaden 1988

Woll: Wirtschaftslexikon, 4. Auflage
R. Oldenbourg Verlag,
München/Wien, 1990

3. Teil: INTERESSENVERBÄNDE

A. DIE AUFGABE

I. Funktion

Interessenverbände sind Zusammenschlüsse von Gleichgesinnten und repräsentieren so immer nur bestimmte Teilinteressen der Gesellschaft. Ihre Mitglieder verfolgen die gleichen Ziele, die sie in organisierter Gemeinsamkeit wirkungsvoller zur Geltung bringen können. Um dies zu erreichen werden die vorhandenen Interessen innerhalb des Verbandes sondiert, formuliert, gebündelt und nach Bedeutung selektiert, um sie dann in den Prozeß der politischen Willensbildung einzubringen. Dies geschieht in erster Linie dadurch, daß die Interessenverbände von außen Einfluß auf die Gesetzgebung nehmen. Diese Möglichkeit wird ihnen gesetzlich durch die Geschäftsordnung des Bundestages (GO BTag) und die gemeinsame Geschäftsordnung der Bundesministerien (GGO II) eingeräumt. So sieht § 70 GO BTag vor, daß ein Ausschuß öffentliche Anhörungen von Sachverständigen, Interessenvertretungen oder anderen Auskunftspersonen vornehmen kann. Nach § 24 Abs. 1 GGO II können die Verbände zur Vorbereitung von Gesetzen um Überlassung von Unterlagen gebeten werden und Gelegenheit zur Stellungnahme erhalten. Wenn sie auch keinen Rechtsanspruch auf Anhörung und Einbeziehung in die Gesetzgebung haben, so ist diese Verfahrensweise doch gängige Praxis. Interessenverbände fungieren auf diese Weise außerhalb unmittelbarer politischer Verantwortung als Bindeglied zwischen dem einzelnen (den Mitgliedern) und dem Staat. Sie sind damit ein wichtiges Element der freiheitlichen Demokratie.

II. Rechtsgrundlagen

Obwohl die Interessenverbände in der Bundesrepublik Deutschland wichtige Funktionen erfüllen, werden sie im Grundgesetz nicht unmittelbar erwähnt. Eine mittelbare Grundlage finden sie aber in Art. 9 Abs.

1 und 3 GG, dem Grundrecht der Vereinigungs- und Koalitionsfreiheit. Dieses beinhaltet sowohl die »positive« Vereinigungsfreiheit, Vereine zu bilden und ihnen beizutreten, als auch die »negative« Vereinigungsfreiheit, Vereinen oder Verbänden nicht anzugehören. Für den Bereich der Wirtschafts- und Berufsvereinigungen gilt darüber hinaus, daß jeder Unternehmer nach § 27 des Gesetzes gegen Wettbewerbsbeschränkungen einen Anspruch auf Aufnahme in den Verband hat, »wenn die Ablehnung eine sachlich nicht gerechtfertigte ungleiche Behandlung darstellt und zu einer unbilligen Benachteiligung des Unternehmers im Wettbewerb führt«.

Für die öffentlich-rechtlichen Berufsorganisationen, die Kammern, gilt nur die positive, nicht aber die negative Vereinigungsfreiheit. Hier besteht eine Zwangsmitgliedschaft für alle, die bestimmte Merkmale erfüllen (z. B., weil sie zugelassener Arzt, Apotheker, Rechtsanwalt oder ins Handelsregister eingetragener Gewerbetreibender sind). Das BVerfG hat die Zwangsmitgliedschaft mit der Begründung als gerechtfertigt angesehen, daß die als öffentlich-rechtliche Körperschaften organisierten Kammern in erster Linie Selbstverwaltungsaufgaben wahrnehmen und damit Staatsgewalt unter Mitwirkung der Betroffenen ausüben. Gleichwohl wirken sie auch - wie die freiwilligen Verbände - an der gesellschaftlichen Willens- und Meinungsbildung mit.

Die Bildung von Kammern ist z. T. in Bundesgesetzen, zum anderen Teil - wenn bundesrechtliche Regelungen fehlen (Art. 74 Nr. 1 und 3 GG) - in Landesgesetzen vorgeschrieben.

III. Betätigungsfelder

So zahlreiche Interessen es in einer Gesellschaft gibt, so zahlreich sind auch die zusammengeschlossenen Interessengruppen. Eine abschließende Aufzählung ist deshalb in diesem Rahmen nicht möglich. Die Betätigungsfelder von Verbänden liegen in allen relevanten gesellschaftlichen Bereichen, also im

- Wirtschafts-, Arbeits- und Berufsbereich
  hierhin gehören die Wirtschaftsverbände (z. B. der Bundesverband der Deutschen Industrie), die Arbeitgeberverbände (z. B. die Bundesvereinigung der Deutschen Arbeitgeber), die Arbeitnehmerverbände (Gewerkschaften), die Kammern wie auch Verbraucherverbände (z. B. Verbraucherschutzverein),

- Sozialbereich
  hierhin gehören u.a. die Wohlfahrtsverbände (z.B. Arbeiterwohlfahrt, Caritasverband, Diakonisches Werk), das Deutsche Rote Kreuz, Selbsthilfegruppen (z.B. Anonyme Alkoholiker),
- Freizeitbereich
  hierunter fallen alle Sportverbände (z.B. Deutscher Fußballbund) und Hobbyverbände (z.B. Deutscher Amateur-Radio-Club, Deutsche Gesellschaft für Photographie),
- Kultur-, Religions- und Wissensbereich
  hierzu gehören Kirchen und Sekten, wissenschaftliche Vereinigungen (z.B. Deutsche Forschungsgemeinschaft) sowie kulturelle Vereinigungen (z.B. Deutscher Kulturrat),
- sonstige gesellschaftliche Bereiche
  z.B. Umwelt (Bund für Umwelt und Naturschutz = BUND), Menschenrechte (amnesty international), Frieden (Stiftung Entwicklung und Frieden).

IV. Organisation

Auf unterer Ebene sind Verbände fach- oder regionalbezogen organisiert. Häufig schließen sich Fachverbände zusätzlich auf regionaler Ebene, z.B. als Landesverband, zusammen. Landes- und Fachverbände wiederum vereinigen sich auf Bundesebene »unter einem Dach« (sog. Dachverbände), womit sie sich in ihrem Verbandsaufbau an der föderalistischen bundesstaatlichen Gliederung orientieren.
Für die Kammern gilt ähnliches; sie werden aufgrund Gesetzes als öffentlich-rechtliche Körperschaften auf Bezirks- oder Landesebene gebildet. Auch sie haben sich jeweils auf Bundesebene zu einem Verband zusammengeschlossen. Diese Dachverbände sind aber – anders als die Kammern – selbst keine Zwangskörperschaft des öffentlichen Rechts, sondern freie Verbände ohne öffentlich-rechtliche Bindung. Sie nehmen die Interessen der Mitglieder insbesondere gegenüber Behörden und im Gesetzgebungsverfahren wahr. Ihre Aufgabe besteht nicht in der Selbstverwaltung der Kammern, sondern in der Einflußnahme auf die politische Willens- und Meinungsbildung.

B. DIE WICHTIGSTEN INTERESSENGRUPPEN

Da Grundlage der menschlichen Existenz die Arbeit ist, stellen die Wirtschafts-, Arbeits- und Berufsverbände zweifellos die wichtigsten Interessengruppen dar, auf die im folgenden näher eingegangen werden soll.

I. Wirtschaftsverbände

Zu den Wirtschaftsverbänden gehören die Vereinigungen von Unternehmen des gleichen Wirtschaftszweiges (Branchen). Sie vertreten die wirtschaftspolitischen Belange ihrer Mitglieder und versuchen, vor allem auf wirtschaftspolitische Entscheidungen Einfluß zu nehmen. Zur Förderung und Unterstützung ihrer Mitglieder führen sie u. a. interne Beratungen, Betriebsvergleiche und Marktanalysen durch.

Wirtschaftsverbände bestehen vor allem in folgenden Bereichen:
- Banken und Börsen,
- Bau- und Wohnungswirtschaft,
- Energie- und Wasserversorgung,
- Handel,
- Handwerk,
- Hotels und Gaststätten,
- Industrie,
- Landwirtschaft,
- Verkehr,
- Versicherungen,
- Werbewirtschaft.

Innerhalb dieser Bereiche gibt es zahlreiche Fachverbände, die hier nicht im einzelnen genannt werden können. Die Dach- und Spitzenverbände, die die Arbeit ihrer Mitglieder auf Bundesebene koordinieren, sind zu den obengenannten Bereichen:
- Bundesverband deutscher Banken e.V.,
- Hauptverband der Deutschen Bauindustrie,
- Rat des Deutschen Handels, zu dem insbesondere
  - der Deutsche Industrie- und Handelstag
  - der Bundesverband des Deutschen Groß- und Außenhandels e.V.
  - die Hauptgemeinschaft des Deutschen Einzelhandels e.V.

gehören,

- Zentralverband des Deutschen Handwerks e.V.,
- Deutscher Hotel- und Gaststättenverband e.V.,
- Bundesverband der Deutschen Industrie e.V.,
- Deutscher Bauernverband,
- Verkehr,

  hierzu gehören:

  - die Zentralarbeitsgemeinschaft des Straßen- und Verkehrswesens
  - der Bundesverband der Deutschen Binnenschiffahrt
  - die Arbeitsgemeinschaft Deutscher Verkehrsflughäfen

- Gesamtverband der Deutschen Versicherungswirtschaft,
- Zentralausschuß der Werbewirtschaft e.V.

Die Adressen und Ansprechpartner, die Ihnen im Einzelfall weiterhelfen können, finden Sie im 9. Teil dieses Buches.

II. Arbeitgeberverbände

Arbeitgeberverbände sind die Sozialpartner der Arbeitnehmerverbände im Arbeitskampf und in den jährlichen Tarifrunden. Sie vertreten insbesondere die sozialen und sozialpolitischen Belange ihrer Mitglieder. Sie treten für Unternehmerfreiheit, Eigeninitiative, Selbstverantwortung, Privateigentum und gesamtwirtschaftlich orientierte Lohnpolitik ein.

Zu den Arbeitgeberverbänden gehören alle Fachverbände auf Bezirks-, Landes-und Bundesebene aus Industrie, Handel, Handwerk, Landwirtschaft, Verkehr, Banken und Versicherungen sowie die 11 überfachlichen Landesarbeitgeberverbände. Diese Landesarbeitgeberverbände und die 46 Bundesfachverbände haben sich unter einem Dachverband, der »Bundesvereinigung der Deutschen Arbeitgeber (BDA)« zusammengeschlossen. Die Hauptaufgabe des BDA besteht in der Wahrung gemeinsamer sozialpolitischer Belange der Arbeitgeber, soweit sie grundsätzlicher Natur sind, d.h. über den Bereich eines Landes oder eines Wirtschaftszweiges hinausgehen. Er ist selbst tariffähig und insoweit auch unmittelbarer Ansprechpartner der Gewerkschaften.

III. Arbeitnehmerverbände

Arbeitnehmerverbände sind die Gewerkschaften. In ihnen schließen sich abhängig Beschäftigte (Arbeiter, Angestellte, Beamte) zusammen, um ihre Interessen gegenüber den Arbeitgebern durchzusetzen. Sie stehen im Arbeitskampf um die Verbesserung der Lebens- und Arbeitsbedingungen den Arbeitgeberverbänden als Tarifvertragspartner gegenüber.

Der größte und im Bereich der Wirtschafts- und Sozialpolitik einflußreichste Arbeitnehmerverband ist der Deutsche Gewerkschaftsbund (DGB).

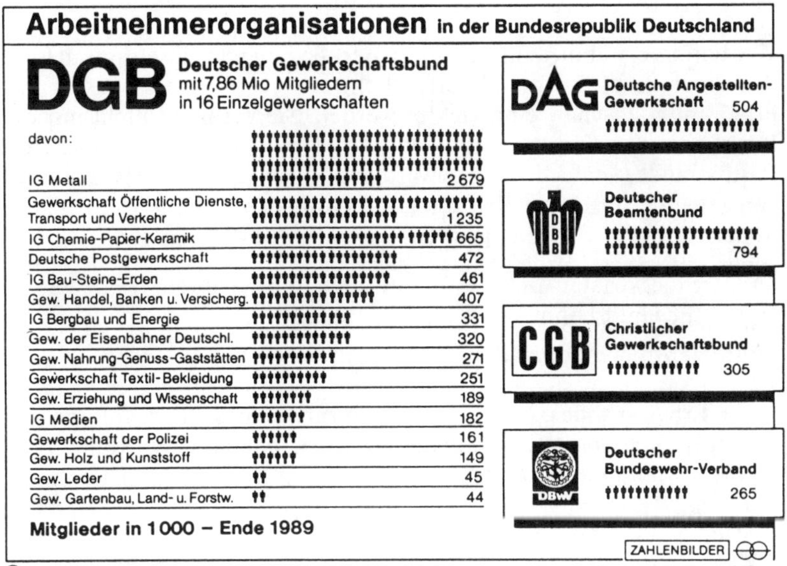

© Erich Schmidt Verlag 240 110

Nach dem Prinzip der Einheitsgewerkschaft gehören dem DGB alle Berufsgruppen unabhängig von Weltanschauung, Parteizugehörigkeit und arbeitsrechtlichem Status als Arbeiter, Angestellter oder Beamter an. Unter seinem Dach faßt er 17 Einzelgewerkschaften zusammen, die ihrerseits nach dem Industrieverbandsprinzip »ein Betrieb – eine Gewerkschaft« organisiert sind.

Die Einzelgewerkschaften behalten ihre Eigenständigkeit und sind selbst Vertragspartner der Tarifverträge. Dem DGB als koordinierendem Dachverband steht dagegen nicht das Recht zu, Tarifverträge mit Arbeitgeberverbänden abzuschließen.

Nicht zum DGB gehören die Deutsche Angestelltengewerkschaft (DAG), der Deutsche Beamtenbund (DBB) und der Christliche Gewerkschaftsbund (CGB). Sie sind im Gegensatz zum DGB sog. Richtungsgewerkschaften, da sie ausschließlich die Interessen der Beamten bzw. Angestellten oder eine bestimmte Weltanschauung vertreten.

IV. Berufsverbände / Kammern

Wie bereits erwähnt, sind Kammern Berufsverbände, die aufgrund Landes- oder Bundesrechts als öffentlich-rechtliche Körperschaften mit Pflichtmitgliedschaft eingerichtet werden. Sie vertreten nicht nur die Interessen der Kammermitglieder, sondern insbesondere auch des Berufsstandes schlechthin. Sie werden deshalb auch Standesvertretungen genannt. Ihre gesetzlich geregelten Aufgaben stimmen - trotz aller in der Natur der Sache liegenden Unterschiede - weitgehend überein. Ihnen obliegt es,

- die beruflichen Belange ihrer Mitglieder wahrzunehmen sowie für ihre berufliche Fortbildung zu sorgen,

- zur Erhaltung des Ansehens des Berufsstandes die Erfüllung der Berufspflichten ihrer Mitglieder zu überwachen und auf Einhaltung von Anstand und Sitte zu achten,

- Streitigkeiten im Zusammenhang mit der Berufsausübung zwischen Kammermitgliedern oder zwischen diesen und Dritten zu schlichten und Ehrengerichte einzurichten,

- die Behörden im Rahmen ihres Geschäftsbereichs zu beraten und zu unterstützen, Fachgutachten zu erstellen oder Sachverständige (z.B. für Gerichte) zu benennen,

- Fürsorgeeinrichtungen für die Kammermitglieder und ihre Angehörigen zu schaffen.

1. Apothekerkammern/Ärztekammern

Apotheker- und Ärztekammern sind aufgrund Landesrecht (Heilberufegesetz) in allen Bundesländern errichtet worden. Ihnen gehören alle Apotheker oder Ärzte des jeweiligen Bundeslandes als Mitglieder an. Ihre spezifische Aufgabe besteht in der Unterstützung des öffentlichen Gesundheitswesens.

2. Architektenkammern

Architektenkammern wurden bislang nur in einigen Bundesländern eingerichtet. Mitglieder sind in der Regel alle im Kammerbezirk ansässigen Architekten. Ihre spezifische Aufgabe besteht in der Förderung von Baukultur und Bauwesen. Außerdem führen sie die Architektenliste, in die jedermann Einsicht nehmen kann.

3. Handwerkskammern

Gemäß §90 Handwerksordnung (Bundesrecht) werden Handwerkskammern auf Bezirksebene errichtet. Ihnen gehören selbständige Handwerksmeister sowie ihre Gesellen und Auszubildenden an. Spezielle Aufgabe der Handwerkskammern ist es, die allgemeinen und wirtschaftlichen Interessen des Handwerks zu fördern, die Handwerksrolle als öffentliches Register der Meisterbetriebe zu führen und die Berufsausübung sowie die Prüfungsverfahren für Meister, Gesellen und Lehrlinge zu regeln.

4. Industrie- und Handelskammern

Industrie- und Handelskammern (IHK) werden aufgrund Bundesrechts, ergänzt durch jeweiliges Landesrecht, errichtet. Sie nehmen das Gesamtinteresse der Gewerbetreibenden wahr und fördern die gewerbliche Wirtschaft, wobei sie die Interessen einzelner Gewerbezweige ausgleichend berücksichtigen müssen. Die Wahrnehmung sozial- und arbeitsrechtlicher Interessen ist ihnen ausdrücklich untersagt.

5. Rechtsanwaltskammern

Den aufgrund §§ 60 ff. BRAO in den jeweiligen OLG-Bezirken gebildeten Rechtsanwaltskammern gehören nur Rechtsanwälte an, die bei einem OLG oder beim BGH zugelassen sind. Ihre vornehmliche Aufgabe besteht darin, das standesgemäße Verhalten ihrer Mitglieder und aller Rechtsanwälte zu überwachen. Bei Verletzung des Standesrechts, d. h. einer schuldhaften Verletzung der Berufs- und Standespflicht, kann das Ehrengericht der Kammern gegen den Rechtsanwalt Sanktionen verhängen, die -je nach Schwere der Pflichtverletzung - von einer Verwarnung bis zum Ausschluß aus der Rechtsanwaltschaft reichen.

6. Organisation auf Bundesebene

Alle Kammern sind unter einer Organisation auf Bundesebene zusammengeschlossen, und zwar i. d. R. auf freiwilliger Basis. Dies sind

- für die Apotheker-, Ärzte- und Architektenkammern die jeweils gleichlautenden Bundeskammern,
- für die Handwerkskammern der Zentralverband des Deutschen Handwerks,
- für die IHK'n der Deutsche Industrie- und Handelstag (DIHT) und
- für die Rechtsanwaltskammern die Bundesrechtsanwaltskammer, die im Gegensatz zu den anderen Organisationen auf Bundesebene gemäß § 176 BRAO selbst eine Körperschaft des öffentlichen Rechts ist.

Die jeweiligen Adressen der Bundesorganisationen finden Sie im 9. Teil dieses Buches.

V. Verbraucherverbände

Verbraucherverbände werden den Wirtschaftsverbänden im weitesten Sinne zugeordnet, weil sie den Konsum zum Gegenstand haben. Ihnen geht es aber nicht um die Steigerung des Konsums - was ein wichtiges Anliegen der Wirtschaftsverbände sein mag, sondern darum, kritischen Konsum zu ermöglichen. Dazu dienen insbesondere Verbraucherberatungs- und Informationsstellen, die den Kunden insbesondere über Qualität und realistischen Preis einer Ware oder vergleichbare Angebote aufklären. Dem Verbraucher sollen vor allem Entscheidungshilfen bei der Auswahl gegeben werden. Als Prototyp dieser Art seien die Stiftung Warentest und der ADAC (Allgemeiner Deutscher Automobil-Club) genannt, die zur Information monatliche Zeitschriften herausgeben. Beide Organisationen haben im Gegensatz zu vielen anderen Verbraucherverbänden durchaus Einfluß auf Politik und Gesetzgebung. Zu den gewichtigeren Verbraucherverbänden gehören auch die Mieterverbände und auf der anderen Seite die Verbände der Hausbesitzer.
Die Verbraucherverbände haben sich unter dem Dachverband der

»Arbeitsgemeinschaft der Verbraucherverbände (AgV)« zusammengeschlossen. Die Adressen finden Sie im 9. Teil dieses Buches.

VI. Kommunale Spitzenverbände

Kommunale Spitzenverbände sind überregionale Zusammenschlüsse von Gemeinden und Landkreisen auf Landes- und Bundesebene. Sie vertreten die Interessen ihrer Mitglieder insbesondere im Gesetzgebungsverfahren; gemäß § 69 GO BTag sind sie zu allen Gesetzen zu hören, die in erster Linie von den Gemeinden in Auftragsverwaltung durchzuführen sind oder die Gemeindefinanzen betreffen. Kommunale Spitzenverbände sind auf Bundesebene der Deutsche Städtetag und der Städte- und Gemeindebund.

Die Adressen finden Sie im 9. Teil dieses Buches.

4. TEIL: DIE EUROPÄISCHE GEMEINSCHAFT

I. Der Begriff

Die Europäische Gemeinschaft (EG) umfaßt als Sammelbezeichnung drei rechtlich voneinander unabhängige Gemeinschaften:

1. die EWG (Europäische Wirtschaftsgemeinschaft, begründet durch die Römischen Verträge vom März 1957 mit dem Ziel der wirtschaftlichen Integration)
2. die EGKS/Montanunion (Europäische Gemeinschaft für Kohle und Stahl, begründet durch den Pariser Vertrag vom April 1951 mit dem Ziel eines europäischen gemeinsamen Marktes für Kohle und Stahl)
3. die EAG/Euratom (Europäische Atomgemeinschaft, begründet durch die oben genannten Römischen Verträge).

Seit der Fusion der Organe dieser Gemeinschaften durch die Einheitliche Europäische Akte (EEA) vom Dezember 1985 wird nur noch von der EG gesprochen. Die Eckpfeiler der EEA werden markiert durch

- die Zielsetzung für die Schaffung des Europäischen Binnenmarktes bis Ende 1992,
- die Schaffung einer einheitlichen Grundlage für Europäische Politische Zusammenarbeit,
- die Beteiligung des Europäischen Parlaments an der Gesetzgebung,
- Beschleunigung des Beschlußfassungsverfahrens durch Mehrheitsentscheidungen.

II. Die Mitglieder

Die derzeit 12 Mitgliedstaaten der EG sind

- Belgien,
- Dänemark,
- BR Deutschland,
- Griechenland,
- Spanien,
- Frankreich,
- Irland,
- Italien,
- Luxemburg,
- Niederlande,
- Portugal,
- Großbritannien/Nordirland.

Das Symbol der EG bilden zwölf fünfzackige goldene Sterne im Kreis auf blauen Grund.

III. Die Organe

1. EG-Kommission

Die EG-Kommision hat initiierende, ausführende und überwachende Funktionen. Beispielsweise erläßt sie Durchführungsbestimmungen im Agrarbereich, führt den EG-Haushalt aus, hat Auskunftspflicht gegenüber dem Europäischen Parlament und Entscheidungsbefugnisse auf

dem Kohle-, Stahl- und Energiesektor. Sie handelt Abkommen aus und leitet Verfahren wegen Vertragsverletzungen ein.
Präsident der EG-Kommission ist z. Zt. Jacques Delors aus Frankreich. Die EG-Kommission verfügt über 6 Vizepräsidenten, unter denen sich Martin Bangemann aus der Bundesrepublik befindet. Ihr Sitz ist Brüssel.

2. EG-Ministerrat

Der EG-Ministerrat ist als das zentrale Organ der EG anzusehen. Er entscheidet im Regelfall aufgrund von Vorschlägen der Kommission und hat die Möglichkeit, Rechtsakte in Form von Verordnungen, Richtlinien und Entscheidungen zu setzen.
Der Ministerrat setzt sich aus je einem Minister der 12 nationalen Regierungen der Mitgliedstaaten zusammen. Der Vorsitz wechselt halbjährlich. Je nach dem Gegenstand der Beratung tagt er als Außenministerrat, Agrarministerrat oder als gemischter Rat. Der EG-Ministerrat hat seinen Sitz in Brüssel.

3. Europäisches Parlament (EP)

Das EP setzt sich aus direkt gewählten Vertretern der einzelnen EG-Mitgliedstaaten zusammen. Es kontrolliert Kommission und Rat und ist insofern mit dem Bundestag vergleichbar. Das EP äußert sich zu Kommissionsvorschlägen vor dem Rat und hat gewisse Haushaltsbefugnisse. Allerdings verfügt das Europäische Parlament, anders als der Bundestag, über keine namenswerten Rechtssetzungsbefugnisse. Jedoch übt es einen gewissen beratenden Einfluß auf andere EG-Organe aus.
Die Arbeitsweise des Parlaments wird durch die transnationalen Fraktionen, durch Plenartagungen und Ausschußsitzungen geprägt.

Das EP verfügt über 518 Sitze/Abgeordnete. Die Wahlen zum EP finden im 5-Jahres-Rhythmus statt. Es wird in Direktwahl gewählt. Die letzte Direktwahl fand im Juni 1989 statt.
Der Präsident des EP ist z. Zt. E. Crespo aus Spanien. Das EP befindet sich in Brüssel, wo auch seine Ausschüsse tagen.
Das Generalsekretariat hat seinen Sitz in Luxemburg.

4. Europäischer Gerichtshof (EuGH)

Der EuGH entscheidet über Rechtsanwendung und Auslegung der Verträge zwischen den Mitgliedstaaten, wenn Vertragsverletzungen gerügt werden.

Klagebefugt ist jeder betroffene Bürger eines Mitgliedstaates. Bezüglich des innerstaatlichen Verfassungsrechts besitzt der EuGH starken Einfluß. Die Entscheidungen haben Vorrangstellung vor nationalem Recht.
Der EuGH ist mit 13 Richtern besetzt. Jeder Mitgliedstaat entsendet einen Richter. Der dreizehnte Richter wird abwechselnd aus einem der größten Mitgliedstaaten entsandt.
Der EuGH hat seinen Sitz in Luxemburg.

5. Europäische Investitionsbank (EIB)

Bei der EIB handelt sich um eine organisatorisch und finanziell selbständige Einrichtung der EWG mit eigener Rechtspersönlichkeit. Sie beschafft Kapital auf dem freien Markt und stellt Darlehen für Investitionsvorhaben in schwach entwickelten Regionen zur Verfügung. So ist sie auch in der Entwicklungshilfe der EG eingeschaltet.
Der Sitz der EIB befindet sich in Luxemburg.

6. Hilfsorgane

Die EG wird von weiteren Hilfsorganen unterstützt. Dies sind

- der EG-Fonds, z.B. der Europäische Ausrichtungs- und Garantiefonds für die Landwirtschaft zur Stützung der Agrarpreise und Strukturmaßnahmen in der EWG (EAGFL),
- der Rechnungshof und
- der Wirtschafts- und Sozialausschuß (WSA).

IV. Das Währungssystem

Seit 1979 besteht eine Währungszone innerhalb der EG mit festen Wechselkursen, wobei Wechselkursanpassungen möglich sind.
Die europäische Währungseinheit ECU wird seit 1979 als Rechnungsgröße im Zahlungsverkehr zwischen den Notenbanken der Mitgliedstaaten und innerhalb der EG-Institutionen verwendet. In der Bundesrepublik erlaubt die Deutsche Bundesbank private ECU-Banknoten.
1 ECU = ca. 2,08 DM

V. Der Haushalt

Der Haushalt der EG hat ein Volumen von z. Zt. 46,2 Mrd. ECU.
Die Hauptausgaben werden getätigt in den Bereichen:

- Landwirtschaft/Fischerei 68,5 %,
- Regionalbeihilfen 7,3 %,
- Sozialmaßnahmen 6,5 %,
- Verwaltung 4,6 %.

Die Einnahmen der EG resultieren aus:

- Gebühren,
- Abgaben = 1,4 % einer einheitlichen Bemessungsgrundlage aus den nationalen Mehrwertsteuer-Erträgen,
- Zöllen aus Drittländern,
- Abschöpfungen,
- Beiträgen der Mitgliedstaaten.

VI. Die Bedeutung der EG

Die EG stellt als sog. Zwölfergemeinschaft mit ca. 325 Mio. Einwohnern ein politisches Gebilde mit weltweitem Gewicht dar. Ihre Einwohner haben 1988 ein Sozialprodukt von 4,7 Billionen Dollar geschaffen.
Für alle Mitgliedstaaten wird in einem gemeinsamen Binnenmarkt der freie Verkehr von Waren, Personen, Dienstleistungen und Kapital gewährleistet. Die Weiterentwicklung der Integration soll eines Tages zur Herstellung einer Europäischen Union führen, also zu einem Bundesstaat.
Augenblicklich stellt die EG eine völkerrechtsfähige supranationale Gemeinschaft eigener Art dar. Die einzelnen Mitgliedstaaten haben vor allem im wirtschaftlichen Bereich gewisse souveräne Rechte an die Gemeinschaft abgetreten. Die EG-Organe können durch den Erlaß von Verordnungen gerade in diesem Bereich Recht setzen. Weiterhin haben die Mitgliedstaaten einen Teil ihrer Finanzierungszuständigkeiten übertragen. Dies gilt insbesondere auf dem Gebiet des gemeinsamen Agrarmarktes. Bei der Vergabe von Subventionen hat die EG die Finanzierungskompetenz vollständig übernommen.

VII. 1992 – die Vollendung des Europäischen Binnenmarktes

Den Herausforderungen der Zukunft kann nur durch das Zusammenwirken der europäischen Volkswirtschaften begegnet werden.

Der Grundstein für engste wirtschaftliche und soziale Zusammenarbeit der Mitgliedstaaten wird durch den Europäischen Binnenmarkt 1992 gelegt.

Als Kernbereiche der Binnenmarktintegration gelten die

- Beseitigung technischer Handelshemmnisse,
- Harmonisierung von gewerblichem Rechtsschutz und Urheberrecht,
- Liberalisierung des öffentlichen Auftragswesens,
- Neuordnung des Fernmeldeverkehrs und Postwesens,
- Freizügigkeit der abhängig Beschäftigten und Selbständigen,
- Liberalisierung des Kapitalverkehrs,
- Liberalisierung der Verkehrsmärkte,
- Steuerharmonisierung und
- Schaffung des grenzüberschreitenden Dienstleistungsverkehrs.

Mit der Vollendung des Europäischen Binnenmarktes wird ein großer Markt geschaffen, der bedeutende zusätzliche Wachstumsimpulse auslöst. Er forciert den Wettbewerb, in dessen Sog

- die Produktivität gesteigert wird,
- die Investitionen gefördert werden,
- neue Arbeitsplätze durch das Wachstum geschaffen werden,
- innovative Effekte entstehen.

Die Vollendung des Binnenmarktes – 1992 – als Raum ohne Binnengrenzen ist eine wichtige Etappe auf dem Weg zur Union der europäischen Staaten.

5. TEIL: DIE NATO

I. Die Aufgabe

Der Begriff NATO ist die Abkürzung für North-Atlantic-Treaty-Organisation. Der Nordatlantikpakt wurde 1949 als Beistandsvertrag zur gemeinsamen Verteidigung abgeschlossen. Vertragspartner waren

Belgien,
Dänemark,
Frankreich,
Großbritannien,
Irland,
Italien,
Kanada,
Luxemburg,
Niederlande,
Norwegen,
Portugal,
USA.

Im Zuge des sich nach 1945 verschärfenden Ost-West-Konflikts sollte der Pakt der als Bedrohung empfundenen militärischen Präsenz der UdSSR in Europa ein Gegengewicht entgegensetzen. So traten ihm

Griechenland und Türkei (1952),
BRD (1955) und zuletzt
Spanien (1982)

bei.

Die Unterzeichnerstaaten verpflichteten sich zum gegenseitigen militärischen Beistand, wobei allerdings jedes Land autonom entscheidet, mit welchen Mitteln es seiner Beistandspflicht nachkommt. Jeder bewaffnete Fremdangriff gegen einen Mitgliedstaat, gegen dessen in Europa stationierte Truppen sowie gegen die einer der Parteien unterstehenden Inseln, Streitkräfte, Schiffe und Flugplätze im Mittelmeer oder Nordatlantik nördlich des nördlichen Wendekreises gilt als sog. Bündnisfall, in dem die Beistandspflicht entsteht. Seit 1969 kann jeder Mitgliedstaat bei einjähriger Kündigungsfrist das Bündnis verlassen. Frankreich zog sich 1966 aus der militärischen Organisation zurück. Griechenland verließ 1974–1979 die integrierte Militärstruktur. Spanien vollzog die militärische Integration nicht.

II. Die Organisation

Die NATO unterteilt sich in zwei Organisationen:

1. Die politische Organisation

Oberstes Organ ist der Nordatlantikrat (NAC) als höchstes Beschlußgremium. Er tritt unter Vorsitz des Generalsekretärs - z. Zt. Manfred Wörner/BRD - zusammen. Dies geschieht auf Botschafterebene oder als Ministertreffen zu Konsultationen über politische Entscheidungen der Allianz. Zu Fragen des integrierten Verteidigungssystems tagt er ohne Teilnahme Frankreichs und Spaniens als Verteidigungsplanungsausschuß (DPC). Sitz des Rates ist Brüssel.

2. Militärische Organisation

Oberstes militärisches Organ ist der Militärausschuß (MC). Ihm gehören die Stabschefs der an der militärischen Struktur beteiligten Länder an. Ihm untersteht der internationale Militärstab (IMS).

6. TEIL: INSTITUTIONEN

A. DIE HOCHSCHULEN

I. Arten und Aufgaben

Der Bereich des Bildungswesens läßt sich in drei Bereiche einteilen, nämlich in

- die allgemeinbildenden Schulen,
- die Berufsschulen,
- die Hochschulen.

Die Hochschulen bilden also die dritte Säule des Bildungswesens. Ihre Aufgabe besteht darin, der Pflege und Entwicklung der Wissenschaften und Künste durch Forschung und Lehre zu dienen. Diese Aufgabenumschreibung ergibt sich aus § 2 Abs. 1 Hochschulrahmengesetz (HRG). Daneben wird den einzelnen Bundesländern die Möglichkeit eingeräumt, unterschiedliche Aufgaben der Hochschulen nach Hochschultypen zu regeln.

Man unterscheidet zwischen

- wissenschaftlichen Hochschulen im engeren Sinn,
- wissenschaftlichen Hochschulen im weiteren Sinn,
- Fachhochschulen.

Die Freiheit der Wissenschaft, Forschung und Lehre steht unter dem besonderen Schutz von Art. 5 Abs. 2 GG. Unter Wissenschaft, Forschung und Lehre versteht man die Erarbeitung und Darstellung von Erkenntnissen.

1. Wissenschaftliche Hochschulen i. e. S.

Unter die wissenschaftlichen Hochschulen im engeren Sinn ordnet man die Universitäten unter Einschluß der technischen Universitäten (TU) ein. Sie werden in allen Bereichen durch der Wissenschaft

dienende Forschung und Lehre geprägt. Als Studienbereiche werden die Fächergruppen
- Rechtswissenschaften,
- Wirtschaftswissenschaften,
- Sozialwissenschaften,
- Geisteswissenschaften,
- Medizin,
- Naturwissenschaften,
- Ingenieurwissenschaften

angeboten.
Zulassungsvoraussetzung zum Studium an diesem Hochschultypus ist die allgemeine Hochschulreife.

2. Wissenschaftliche Hochschulen i. w. S.

Unter wissenschaftlichen Hochschulen im weiteren Sinn versteht man die
- pädagogischen Hochschulen,
- erziehungswissenschaftlichen Hochschulen,
- Sporthochschulen,
- Kunsthochschulen,
- Musikhochschulen,
- kirchlichen Hochschulen.

Der wissenschaftlichen Forschung widmet man sich nur in einem Teil der zum Studium gehörenden Fächer.

3. Fachhochschulen

Die Fachhochschulen stellen die Vermittlung von Erkenntnissen der Berufspraxis in den Vordergrund. Ihr Studienangebot umfaßt die Bereiche
- Wirtschaft,
- Technik,
- Landwirtschaft,
- Gestaltung,
- Sozialarbeit,
- Sozialpädagogik.

Schwerpunkt ist die Vorbereitung auf die zukünftige berufliche Tätigkeit; es handelt sich also nicht um eine umfassende wissenschaftliche Ausbildung. Die Forschung wird auf die Durchführung anwendungsbezogener Forschungs- und Entwicklungsaufträge begrenzt.

4. Sonderformen

Zu den besonderen Hochschulformen, die ebenfalls staatlich anerkannte Abschlüsse ermöglichen, zählen:

a. Gesamthochschulen

Für sie ist charakteristisch, daß bei ihnen die Bereiche von wissenschaftlichen Hochschulen und Fachhochschulen zusammengefaßt werden.

b. Fernuniversitäten

Man wird über schriftliche und audiovisuelle Medien in einem Fernstudium angeleitet. Als Studiengänge werden angeboten

- Wirtschaftswissenschaften,
- Mathematik,
- Biologie,
- Elektrotechnik,
- Psychologie.

Hierhin gehören außerdem die staatlich anerkannten privaten Hochschulen und die Hochschulen der Bundeswehr.

II. Trägerschaft und Rechtsnatur

Die deutschen Hochschulen sind in der Regel staatlich und werden von den Ländern getragen. Nach § 58 Abs. 2 S. 1 Hochschulrahmengesetz sind die staatlichen Hochschulen Körperschaften des öffentlichen Rechts und zugleich staatliche Einrichtungen. Die Hochschule ist als verbandsmäßig organisierte Körperschaft aus der staatlichen Hierarchie ausgegliedert und aus diesem Grund nur beschränkt staatlicher Bestimmungsgewalt unterworfen. Aufgrund des Körperschaftscharakters verfügt sie über das Selbstverwaltungsrecht und die Autonomie zum Erlaß von Satzungen.
Der Staat verfügt über beschränkte Aufsichtsbefugnisse gegenüber den Hochschulen im Rahmen der bloßen Rechtsaufsicht. Die Hochschule ist Trägerin von Rechten und Pflichten. Sie hat die Möglichkeit, ihre Rechte selbst geltend zu machen, wobei sie allerdings auf die Aufgaben beschränkt ist, die sie eigenverantwortlich wahrnehmen darf.

III. Insbesondere: Die Juristenausbildung

1. Die Grundlagen

Das Deutsche Richtergesetz (DRiG) regelt die Grundlagen der Juristenausbildung. Den zentralen Terminus stellt dabei der Erwerb der Befähigung zum Richteramt dar. Nach § 5 Abs. 1 DRiG erwirbt die Befähigung zum Richteramt, wer ein rechtswissenschaftliches Studium an einer Universität mit der ersten Staatsprüfung und einem anschließenden Vorbereitungsdienst mit der zweiten Staatsprüfung abschließt. Dieser Terminus der Befähigung zum Richteramt im Sinne des DRiG findet sich in den verschiedensten Gesetzen; beispielsweise ist diese Befähigung Voraussetzung für

- die Zulassung zur Rechtsanwaltschaft, § 4 BRAO,
- die Ernennung zum Staatsanwalt, § 122 BRAO,
- die Bestellung zum Notar, § 5 BNotO,
- den höheren allgemeinen Verwaltungsdienst auf Kommunal-, Bundes- und Landesebene, vgl. z. B. § 1 JAG NW.

Es läßt sich also sagen, daß die charakteristischen juristischen Tätigkeiten in der Bundesrepublik diese Befähigung voraussetzen. Nach dem zweiten juristischen Staatsexamen kann grundsätzlich jede juristische Tätigkeit aufgenommen werden. Deshalb ist die Ausbildung auf die breite Palette der Gesamtrechtsordnung angelegt. Eine zu weitgehende Spezialisierung ist nicht beabsichtigt.
Dieses System beruht auf einer in der Tradition des deutschen Rechtssystems stehenden Entscheidung des Gesetzgebers.

2. Die zweistufige Ausbildung

Die Juristenausbildung erfolgt in zwei Stufen:

- die erste Stufe:
  Studium an der Universität als wissenschaftlich-theoretische Phase mit dem ersten Staatsexamen als Abschluß,

- die zweite Stufe:
  der Vorbereitungsdienst als berufspraktische Ausbildung mit dem abschließenden zweiten Staatsexamen.

Nach § 5 II DRiG sind diese Stufen aufeinander abzustimmen.

a. Das Studium

Die wissenschaftlich-theoretische Ausbildung an der Universität steht am Beginn der Juristenausbildung.
Die Grundzüge der Studieninhalte werden durch § 5a DRiG festgelegt. Sie werden ergänzt durch landesrechtliche Regelungen der Bundesländer in Form von Juristenausbildungsgesetzen i.V.m. Juristenausbildungsordnungen.
Studieninhalte und Prüfungsfächer sind

- Bürgerliches Recht,
- Strafrecht,
- Öffentliches Recht mit Staatsrecht, Allgemeines und Besonderes Verwaltungsrecht,
- Verfahrensrecht,
- die Methoden und Grundlagen des Rechts
- sowie eine vom Prüfling zu bestimmende Wahlfachgruppe.

Zum Prüfungsbereich kommen die spezifischen gesetzlichen Besonderheiten des jeweiligen Bundeslandes, in dem man die erste juristische Staatsprüfung ablegt, hinzu.
Die Unterschiede in der Juristenausbildungsgesetzen und -ordnungen der Länder wirken sich realiter aus, indem in manchen Bundesländern gewisse Fächer noch zusätzliches Prüfungsfach sind.

Auf dem Weg zum Referendarexamen ist bis zum Ende des vierten Studienhalbjahres eine Zwischenprüfung in den Rechtsgebieten

- Strafrecht,
- Bürgerliches Recht,
- Öffentliches Recht

abzulegen. Man muß jeweils eine Prüfungsklausur bestanden haben, um das Studium fortsetzen zu können. Im Laufe des Studiums sind mindestens 10 Leistungsnachweise, sogenannte Scheine, durch den Besuch von Übungen zu erbringen:

- je eine Übung für Anfänger und Fortgeschrittene im Bürgerlichen Recht, Strafrecht und Öffentlichen Recht, wobei dann jeweils eine Klausur und eine Hausarbeit zu bestehen sind,
- eine Wahlfachübung, wobei in der Regel eine Klausur und Hausarbeit zu bestehen sind,
- eine Grundlagenübung in einem der oben angeführten Grundlagenfächer,

- eine praktische Studienzeit, alternativ bei Gericht, Anwalt oder Verwaltung.

Mit diesen Leistungsnachweisen und den Nachweisen, bestimmte Vorlesungen absolviert zu haben, kann man sich zur ersten juristischen Staatsprüfung melden. Die Meldung hat bei dem zuständigen Justizprüfungsamt, eine staatliche Einrichtung auf Länderebene, die bei den Oberlandesgerichten angesiedelt ist, zu erfolgen.

b. Das erste Staatsexamen, das sog. Referendarexamen

Nachdem man sich zum Examen bei einem Justizprüfungsamt gemeldet hat, erhält man von dort die Zulassung zur Prüfung.
Im Rahmen der Prüfung sind in einigen Bundesländern eine sechswöchige Hausarbeit sowie drei bis vier Klausuren als sogenannte Aufsichtsarbeiten anzufertigen. In anderen Bundesländern hat man bis zu neun Klausuren, aber keine Hausarbeit zu schreiben. Hingegen schließt sich bundeseinheitlich nach der schriftlichen Prüfung eine mündliche Prüfung an, bei der bis zu sechs Kandidaten 5 bis 6 Stunden geprüft werden. Aus allen Prüfungsleistungen wird eine Endnote ermittelt.
Bei entsprechender Prüfungsleistung - in der Regel mit der Note vollbefriedigend und besser - hat man die Möglichkeit zur Promotion zum Dr. jur. Wirtschaftsunternehmen u. a. stellen unter Umständen auch Juristen nur mit erstem Staatsexamen ein.

c. Der Vorbereitungsdienst

Derjenige, der die erste juristische Staatsprüfung bestanden hat, kann in den Vorbereitungsdienst aufgenommen und unter Berufung in das Beamtenverhältnis auf Widerruf zum Rechtsreferendar ernannt werden. Man hat einen dreißigmonatigen Vorbereitungsdienst zu absolvieren, während dessen man ein geringes Entgelt erhält, sog. Anwärterbezüge. Der Rechtsreferendar wird im Vorbereitungsdienst in der Praxis ausgebildet. Die Ausbildung umfaßt:

- 6 Monate bei einem Gericht in Zivilsachen,
- 4 Monate Staatsanwaltschaft,
- 6 Monate Kommunalverwaltung,
- 3 Monate bei einem weiteren Gericht in Zivilsachen,
- 5 Monate bei einem Rechtsanwalt,
- 6 Monate bei einer Wahlstelle, dies können auch geeignete Institutionen im Ausland sein.

Zur Ausbildung wird der Rechtsreferendar in der jeweiligen Station einem bestimmten Ausbilder sowie einer Arbeitsgemeinschaft zugewiesen.
Unter Anleitung des Ausbilders hat der Referendar Aufgaben zu erfüllen, die benotet werden. Für einzelne Ausbildungsabschnitte sind Pflichtarbeiten vorgeschrieben.
Nach Absolvierung des jeweiligen Ausbildungsabschnittes wird der Rechtsreferendar beurteilt und erhält eine Benotung.

d. Die zweite juristische Staatsprüfung, das sog. Assessorexamen

Nach der Zulassung zur Prüfung hat der Rechtsreferendar in einigen Bundesländern vier schriftliche Aufsichtsarbeiten sowie eine vierwöchige Hausarbeit zu fertigen. In anderen Bundesländern wiederum müssen lediglich schriftliche Aufsichtsarbeiten geschrieben werden.
Daran schließt sich eine mündliche Prüfung an, die u. a. einen Aktenvortrag beinhaltet. Aus den einzelnen Prüfungsabschnitten wird eine Abschlußnote ermittelt.
Wer die Prüfung bestanden hat, ist berechtigt, die Bezeichnung Assessor jur. zu führen.

Zur weiteren Vertiefung werden aus dem Programm der Verlagsgruppe Luchterhand empfohlen:

1. Wolfgang Thiele/Karl-Heinz Fezer
   BGB Allgemeiner Teil
   Begründet von Wolfgang Thiele, fortgeführt von Karl-Heinz Fezer
   1. neubearbeitete Auflage 1990, 188 Seiten, kartoniert, DM 29,80
   ISBN 3-472-63345-X AMV

2. Erich Samson
   Strafrecht I
   7. erweiterte Auflage 1988, 284 Seiten, kartoniert, DM 35,00
   ISBN 3-472-63344-1 AMV

3. Wolfgang Rüfner/Georg-Christoph von Unruh/Hartmut Borchert
   Öffentliches Recht II
   5. überarbeitete Auflage 1988, 186 Seiten, kartoniert, DM 29,00
   ISBN 3-472-63342-5 AMV

IV. Exkurs:

Rechtsanwälte

Der Rechtsanwalt (RA) ist der unabhängige Berater und berufene Vertreter in allen Rechtsangelegenheiten. Zugleich ist er ein unabhängiges Organ der Rechtspflege. Er übt einen freien Beruf - kein Gewerbe - aus, vgl. §§ 1, 2 Bundesrechtsanwaltsordnung (BRAO). Als Rechtsanwalt wird durch die Landesjustizverwaltungen nur zugelassen, wer die Befähigung zum Richteramt erlangt, also das 2. juristische Staatsexamen abgelegt hat. Der RA ist freizügig; er muß aber bei einem bestimmten Gericht der ordentlichen Gerichtsbarkeit zugelassen sein und in dessen Bezirk eine Kanzlei einrichten. Der bei einem Amtsgericht zugelassene RA ist auf Antrag auch beim übergeordneten Landgericht zuzulassen. Eine ausschließliche Zulassung des Anwalts ist geboten

- beim Bundesgerichtshof,
- grundsätzlich beim Oberlandesgericht.

Ansonsten kann der RA vor allen Gerichten - insbesondere als Prozeßbevollmächtigter und Verteidiger - und vor allen Behörden auftreten.

In bestimmten Verfahren muß man sich durch einen beim Prozeßgericht zugelassenen RA vertreten lassen, sog. Anwaltszwang. Er gilt:

- im Zivilprozeß vor Landgerichten,
- vor den Oberlandesgerichten,
- vor dem Bundesgerichtshof,
- im Verfahren der Ehescheidung/Scheidungsfolgen vor dem Familiengericht (Amtsgericht),
- im arbeitsgerichtlichen Verfahren vor den Landesarbeitsgerichten und dem Bundesarbeitsgericht,
- im sozialgerichtlichen Verfahren vor dem Bundessozialgericht,
- im verwaltungsgerichtlichen Verfahren vor dem Bundesverwaltungsgericht.

Im Bereich der Arbeits- und Sozialgerichtsbarkeit sind anstatt von Anwälten auch Verbandsvertreter - u.a. Mitglieder von Arbeitgebervereinigungen und Gewerkschaften - als Prozeßbevollmächtigte zugelassen.
Die Rechtsbeziehungen zwischen RA und seinen Mandanten werden durch einen Geschäftsbesorgungsvertrag (§ 675 BGB) - das Mandat - geregelt.

Die Vergütung des Anwalts richtet sich nach der Bundesrechtsanwaltsgebührenordnung (BRAGO), sofern nicht eine davon abweichende schriftliche Honorarvereinbarung getroffen wird.

B. WISSENSCHAFT UND FORSCHUNG

Wissenschaft und Forschung sind unverzichtbare Elemente der wirtschaftlichen und gesellschaftlichen Struktur des Bundesstaates. Sie tragen zur Erneuerung von Staat und Gesellschaft bei. Sie erlangen elementare Bedeutung in den verschiedensten Lebensbereichen, so im Bereich der Medizin, der Wirtschaft oder des Umweltschutzes.
Nach Art. 5 Abs. 3 S. 1 GG sind Wissenschaft, Forschung und Lehre frei. Darin ist eine Wertentscheidung zu sehen, die einerseits eine Absage an staatliche Eingriffe, andererseits eine Schutzfunktion bedeutet. Der Staat hat Wissenschaft, Forschung und Lehre finanziell und organisatorisch zu fördern.

Wissenschaft und Forschung werden nicht nur an den Hochschulen und anderen Forschungseinrichtungen in die Tat umgesetzt, sondern auch in den Wirtschaftsunternehmen. Dort stehen eigene, den marktwirtschaftlichen Gegebenheiten gehorchende Interessen im Vordergrund. Innovation und technischer Fortschritt erschließen und sichern den Unternehmen Marktvorteile. Dies gilt für die Märkte des Inlands und insbesondere des Auslands: Für die Bundesrepublik bilden gerade die Ergebnisse von Wissenschaft und Forschung - also das »Know-how« - einen der wichtigsten Bereiche des Exports.

Wissenschaft und Forschung haben sich den Herausforderungen der Zukunft zu stellen. Gerade im Bereich der ökologischen Lebensgrundlagen liegen erhebliche Herausforderungen, die in früheren Jahren im Übermaß des Erfolges nicht erkannt wurden. Der naive Glaube in den Fortschritt von Wissenschaft und Forschung ist einer skeptischeren Betrachtung gewichen. Forschung und Wissenschaft haben sich den Einsichten in die Notwendigkeit eines schonenden Umgangs mit Umwelt und Natur zu stellen.

Forschungs- und Technologieförderung wird von Staats wegen durch Bund, Länder, Gemeinden, aber auch durch Institutionen wie der Max-Planck-Gesellschaft und der Deutschen Forschungsgemeinschaft wahrgenommen. Sie erfolgt durch direkte Mittelzuwendungen, in Form von Subventionen oder Stipendien bzw. indirekt durch Steuervergünstigungen. Eine effektive Forschungs- und Technologieförderung soll einerseits Vorsorge gegen unerwünschte Entwicklungen treffen, andererseits aber auch Anreize für zukunftsträchtige und entwicklungsfähige Innovationen geben.

C. DIE MASSENMEDIEN

I. Funktion

Im alltäglichen Leben der Bürger spielen Fernsehen, Presse und Rundfunk eine wichtige Rolle. Diese technischen Verbreitungsmittel stellen den Prozeß der Massenkommunikation her. Im demokratischen Staatswesen gewährleisten die Massenmedien wichtige Funktionen:

1. Die Informationsfunktion

Die Massenmedien sollen so vollständig, sachlich und verständlich wie eben möglich informieren. Die Staatsbürger werden hierdurch in die Lage versetzt, das öffentliche Geschehen zu verfolgen. Der Fluß der Informationen soll dazu beitragen, die politischen, wirtschaftlichen und sozialen Zusammenhänge für den einzelnen nachvollziehbar zu machen.

2. Die Meinungsbildungsfunktion

Von elementarem Interesse für die Bürger eines demokratischen Staatswesens ist die Erörterung von Fragen und Problemen von öffentlichem Interesse in offener und freier Diskussion. Es bestehen vielfältige Möglichkeiten, am Prozeß der Meinungsbildung teilzunehmen und teilzuhaben.

3. Die Kontroll- und Kritikfunktion

Im parlamentarischen Regierungssystem haben die Medien die wichtige Aufgabe der Kritik und Kontrolle neben der parlamentarischen Opposition. Eine lebendige, funktionierende Demokratie erfordert dies geradezu.

4. Die Unterhaltungs- und Bildungsfunktion

Zu den weiteren Funktionen der Massenmedien gehören Unterhaltung und Bildung.

Die Massenmedien können ihren Funktionen im Staatswesen nur gerecht werden, wenn eine verfassungsrechtliche Absicherung besteht. Dies geschieht aufgrund Art. 5 GG, der die Meinungs-, Informations- und Pressefreiheit verfassungsrechtlich gewährleistet. Eine auf Transparenz angelegte demokratische Gesellschaft braucht freie Medien.

II. Die Presse

Die Pressefreiheit wird ergänzend durch einfache Gesetze sichergestellt:
Durch die Landespressegesetze werden Behörden verpflichtet, der Presse Auskünfte zu erteilen. Dies kann nur verweigert werden, wenn Vorschriften über die Geheimhaltung entgegenstehen.

In Landespresse- und Rundfunkgesetzen ist ein Recht auf Gegendarstellung vorgesehen. Sie kann von jedem durch eine Veröffentlichung unmittelbar Betroffenen dann verlangt werden, wenn es sich um eine falsche Tatsachenbehauptung handelt. Bei Werturteilen besteht hingegen kein Anspruch auf Gegendarstellungen.

Die Strafprozeßordnung sieht ein Zeugnisverweigerungsrecht der Journalisten vor. Danach braucht der Journalist i. d. R. nicht mitzuteilen, von wem er seine Informationen erhalten hat.

Die Grenzen der Presse-, Meinungs- und Informationsfreiheit ergeben sich nach Art. 5 Abs. 2 GG aus den Vorschriften der allgemeinen Gesetze, den gesetzlichen Bestimmungen zum Schutz der Jugend und dem Recht der persönlichen Ehre.

III. Fernsehen und Hörfunk

In der Bundesrepublik gibt es sowohl Fernsehen und Hörfunk, die von öffentlich-rechtlichen Rundfunkanstalten betrieben werden. Daneben besteht die Konkurrenz privater Fernseh- und Hörfunkveranstalter. Die öffentlich-rechtlichen Rundfunkanstalten besitzen aber ein deutliches Übergewicht.

Sie werden aufgrund von Gesetzen bzw. Staatsverträgen als selbständige Anstalten des öffentlichen Rechts errichtet. Sie verwalten sich selbst, finanzieren sich aus Gebühren und Werbeeinnahmen und besitzen Freiheit von regierungsamtlicher Fachaufsicht. Aufsichtsgremien, bestehend aus Vertretern der gesellschaftlichen Gruppen, sorgen für die Kontrolle dieser Anstalten.

In der Bundesrepublik verbreiten neun Landesrundfunkanstalten Fernseh- und Hörfunkprogramme. Mit den beiden Bundesrundfunkanstalten Deutsche Welle (DW) und Deutschlandfunk (DLF) bilden sie die Arbeitsgemeinschaft der öffentlich-rechtlichen Rundfunkanstalten der Bundesrepublik Deutschland (ARD). Die Organisation, die Aufgaben und die Finanzierung des Zweiten Deutschen Fernsehens (ZDF) regelten die Bundesländer in einem Staatsvertrag.
Bei den genannten Anstalten gibt es Aufsichtsgremien – die Rundfunk- und Verwaltungsräte – als Vertreter der gesellschaftlich wichtigen Gruppen. Ihre Aufgaben sind in Gesetzen und Staatsverträgen niedergelegt.

IV. Die Neuen Medien

Neue Medien sind die übergreifende Bezeichnung für Kabel- und Satellitenfernsehen sowie Bildschirm- und Videotext. Sie gewinnen zunehmend an Bedeutung. Insbesondere erlangen so private Anbieter die Möglichkeit, vermehrt Fernseh- und Hörfunkprogramme anbieten zu können.

Bei den privaten Fernseh- und Rundfunkanbietern stehen primär kommerzielle Interessen im Vordergrund, da sie ihre Programme allein durch Werbeeinnahmen finanzieren müssen. Dies schlägt sich auch in der Programmstruktur und -qualität nieder.

D. KULTUR UND KUNST

Die föderalistische Struktur der Bundesrepublik zeigt sich auch in der Vielgestaltigkeit ihrer kulturellen Einrichtungen. Im wesentlichen folgt die Vielgestaltigkeit aus der Dezentralisierung der politischen Macht im

Staatswesen und aus dem historisch bedingten Willen zur geistigen Vielfalt in Freiheit. Die Idee der regionalen Vielfalt spiegelt sich also im pluralistischen Wesen der Kultur wider. Bund und Länder stehen in einer staatlichen Verpflichtung gegenüber der Kultur. Diese zeigt sich in den zahlreichen grundgesetzlichen Regelungen, aus denen sich eine kulturelle Ausrichtung herleiten läßt. Sie ergibt sich insbesondere aus den Grundrechtsbestimmungen der Art. 4, Art. 5 Abs. 3 und Kompetenzbestimmungen wie Art. 73 Nr. 9. Jeder Bürger, der sich künstlerisch betätigt, kann sich im weitesten Sinn auf die grundrechtliche Gewährleistung der Kunstfreiheit Art. 5 Abs. 3 Satz 1 GG berufen.

Im gesamten literarischen, künstlerischen und wissenschaftlichen Bereich der menschlichen Betätigung gewährt das Urheberrechtsgesetz in § 2 Abs. 1 Nr. 4 Urheberrechtsschutz. Dieser erfaßt alle Werke der bildenden Kunst einschließlich der Werke der Baukunst und der angewandten Kunst sowie persönliche geistige Schöpfungen.

Der Schwerpunkt der staatlichen Betätigung in kulturellen Angelegenheiten liegt bei den Ländern. Die Einräumung der Kulturhoheit der Länder wird als Kernstück ihrer Eigenstaatlichkeit angesehen. Schwerpunkte der kulturellen Aufgaben, die auf die Länder entfallen, sind insbesondere die Bereiche des Schul-, Hochschul- und sonstigen Erziehungswesens.

In diesem vorgegebenen Rahmen kommt den Kommunen, insbesondere den Städten, eine eigenständige und bedeutsame Rolle zu. Theater, Oper und Museen werden i. d. R. von den Städten selbst betrieben und unterhalten. Auch Konzerte, Festivals, Dichterlesungen und vielfältige andere kulturelle Veranstaltungen werden von den Städten angeregt, durchgeführt oder sachlich/finanziell unterstützt.

Der Bürger trifft auf eine Fülle von kulturellen Angeboten, wie sie nur eine föderalistische Kultur schaffen kann, die ein Bundesstaat in langer historischer Eigenständigkeit hervorgebracht hat.

Die Zuständigkeiten des Bundes in kulturellen Angelegenheiten sind demgegenüber begrenzt und gering. Eine gewisse Bedeutung erlangt er lediglich über seine ausschließliche Gesetzgebungsbefugnis zu auswärtigen Angelegenheiten nach Art. 73 Nr. 1 GG.

7. TEIL: STAATSVERTRAG

A. DER 1. STAATSVERTRAG

I. Übersicht

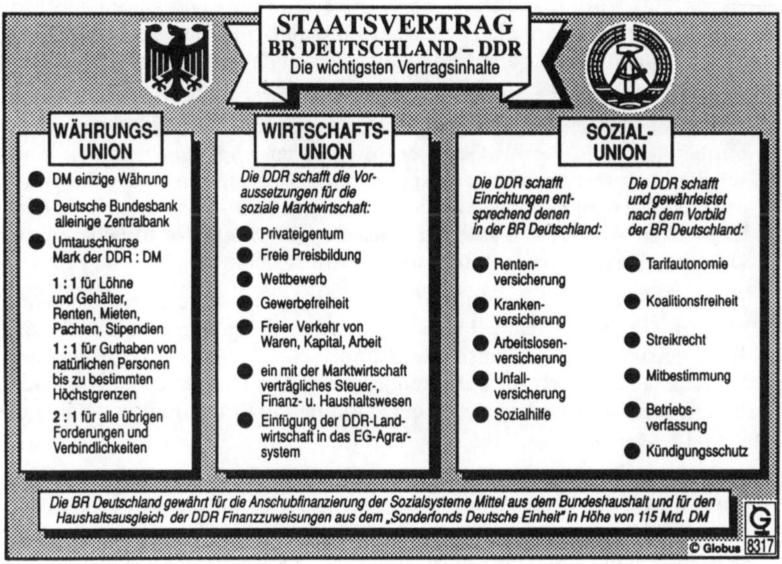

II. Wichtige Vereinbarungen

Möglichkeiten des Eigentumserwerbs privater Investoren an Grund und Boden sowie an Produktionsmitteln zur Förderung gewerblicher arbeitsplatzschaffender Investitionen

Die Gewährleistung des Eigentums privater Investoren an Grund und Boden sowie an Produktionsmitteln gemäß Artikel 2 des Vertrages einschließlich der Freiheit, Grund und Boden und sonstige Produktionsmittel zu erwerben, zu nutzen und darüber zu verfügen, erfolgt von seiten der Deutschen Demokratischen Republik während einer Übergangszeit mit folgender Maßgabe:

Die bisher fehlende Möglichkeit, in der Deutschen Demokratischen Republik Grundstücke zu Eigentum zu erwerben, ist ein erhebliches Investitionshindernis. Unternehmen brauchen Standorte, an denen sie über Grundstücke und alle Produktionsmittel frei verfügen können. Die Deutsche Demokratische Republik wird dieses Investitionshemmnis für Investitionen aus der Bundesrepublik und dem Ausland auch im Interesse ihrer eigenen Unternehmen beseitigen, um den dringend notwendigen Anstoß zur Modernisierung ihrer Wirtschaft auszulösen.

Zur Verwirklichung dieses Zieles wird die Deutsche Demokratische Republik Vorschriften ihrer Rechtsordnung ändern oder außer Kraft setzen, die dem entgegenstehen. Mit Inkrafttreten des Vertrags und der Änderung entgegenstehender Vorschriften wird die Deutsche Demokratische Republik dafür sorgen, daß Eigentum an Grund und Boden auch tatsächlich erworben werden kann. Dazu werden folgende erste Schritte unternommen:

1. Es werden in ausreichender Zahl und Größe Grundstücke in Gewerbegebieten bereitgestellt, die für Gewerbeansiedlungen und sonstige arbeitsplatzschaffende Investitionen mit entsprechender Nutzungsbindung zu Eigentum erworben werden können. Auf diese Weise wird die Sozial- und Umweltverträglichkeit von Gewerbeansiedlungen gewährleistet. Die Mitwirkung der kommunalen Selbstverwaltungsorgane wird sichergestellt.

2. Für Investoren, die Grundstücke an speziellen Standorten benötigen, auch etwa innerhalb des Stadtgebietes (beispielsweise für Handel, Gewerbe und Dienstleistungen), werden solche Grundstücke ebenfalls in ausreichendem Umfang zum Erwerb zur Verfügung gestellt. Die Deutsche Demokratische Republik erhofft sich davon auch einen Beitrag zur Erneuerung und Belebung ihrer Innenstädte.

3. Im Zuge der Auswahl der zur Umwandlung in Kapitalgesellschaften geeigneten volkseigenen Unternehmen ist volkseigener Grund und Boden wie Anlagevermögen der Unternehmen zu bewerten. Nach der Umwandlung ist den neu entstandenen Kapitalgesellschaften der volkseigene Grund und Boden zu Eigentum zu überlassen. Damit werden ihre Möglichkeiten zur Nutzung von Grundstücken, insbesondere für Zwecke der Kreditaufnahme, erweitert und die Voraussetzungen für Beteiligungen durch private Investoren verbessert. Darin liegt zugleich ein wesentlicher Beitrag zur langfristigen Sicherung von Arbeitsplätzen.

4. Da es zunächst an einem funktionsfähigen Markt für Grund und Boden und entsprechenden Marktpreisen fehlen wird, kann im Rahmen der Vertragsfreiheit mit den üblichen Klauseln vorgesehen werden, den zunächst vereinbarten Grundstückspreis nach Ablauf einer Übergangsfrist einer Überprüfung und nachträglichen Anpassung zu unterziehen. Dabei müssen Verfügbarkeit und Beleihungsfähigkeit des Grundstücks gesichert, die Übergangszeit kurz und die Kalkulierbarkeit der Belastungen für den Erwerber gewährleistet sein.

Gemeinsame Erklärung
der Regierungen der Bundesrepublik Deutschland und der Deutschen Demokratischen Republik zur Regelung offener Vermögensfragen
vom 15. Juni 1990

Die Teilung Deutschlands, die damit verbundene Bevölkerungswanderung von Ost nach West und die unterschiedlichen Rechtsordnungen in beiden deutschen Staaten haben zu zahlreichen vermögensrechtlichen Problemen geführt, die viele Bürger in der Deutschen Demokratischen Republik und in der Bundesrepublik Deutschland betreffen. Bei der Lösung der anstehenden Vermögensfragen gehen beide Regierungen davon aus, daß ein sozial verträglicher Ausgleich unterschiedlicher Interessen zu schaffen ist. Rechtssicherheit und Rechtseindeutigkeit sowie das Recht auf Eigentum sind Grundsätze, von denen sich die Regierungen der Deutschen Demokratischen Republik und der Bundesrepublik Deutschland bei der Lösung der anstehenden Vermögensfragen leiten lassen. Nur so kann der Rechtsfriede in einem künftigen Deutschland dauerhaft gesichert werden.

Die beiden deutschen Regierungen sind sich über folgende Eckwerte einig:

1.
Die Enteignungen auf besatzungsrechtlicher bzw. besatzungshoheitlicher Grundlage (1945 bis 1949) sind nicht mehr rückgängig zu machen. Die Regierungen der Sowjetunion und der Deutschen Demokratischen Republik sehen keine Möglichkeit, die damals getroffenen Maßnahmen zu revidieren. Die Regierung der Bundesrepublik Deutschland nimmt dies im Hinblick auf die historische Entwicklung zur Kenntnis. Sie ist der Auffassung, daß einem künftigen gesamtdeutschen Parlament eine abschließende Entscheidung über etwaige staatliche Ausgleichsleistungen vorbehalten bleiben muß.

2.
Treuhandverwaltungen und ähnliche Maßnahmen mit Verfügungsbeschränkungen über Grundeigentum, Gewerbebetriebe und sonstiges Vermögen sind aufzuheben. Damit wird denjenigen Bürgern, deren Vermögen wegen Flucht aus der DDR oder aus sonstigen Gründen in eine staatliche Verwaltung genommen worden ist, die Verfügungsbefugnis über ihr Eigentum zurückgegeben.

3.
Enteignetes Grundvermögen wird grundsätzlich unter Berücksichtigung der unter a) und b) genannten Fallgruppen den ehemaligen Eigentümern oder ihren Erben zurückgegeben.

a) Die Rückübertragung von Eigentumsrechten an Grundstücken und Gebäuden, deren Nutzungsart bzw. Zweckbestimmung insbesondere dadurch verändert wurden, daß sie dem Gemeingebrauch gewidmet, im komplexen Wohnungs- und Siedlungsbau verwendet, der gewerblichen Nutzung zugeführt oder in eine neue Unternehmenseinheit einbezogen wurden, ist von der Natur der Sache her nicht möglich.

In diesen Fällen wird eine Entschädigung geleistet, soweit nicht bereits nach den für Bürger der Deutschen Demokratischen Republik geltenden Vorschriften entschädigt worden ist.

b) Sofern Bürger der Deutschen Demokratischen Republik an zurückzuübereignenden Immobilien Eigentum oder dingliche Nutzungsrechte in redlicher Weise erworben haben, ist ein sozial verträglicher Ausgleich an die ehemaligen Eigentümer durch Austausch von Grundstücken mit vergleichbarem Wert oder durch Entschädigung herzustellen.
Entsprechendes gilt für Grundvermögen, das durch den staatlichen Treuhänder an Dritte veräußert wurde. Die Einzelheiten bedürfen noch der Klärung.

c) Soweit den ehemaligen Eigentümern oder ihren Erben ein Anspruch auf Rückübertragung zusteht, kann statt dessen Entschädigung gewählt werden.

Die Frage des Ausgleichs von Wertveränderungen wird gesondert geregelt.

4.
Die Regelungen unter Ziffer 3 gelten entsprechend für ehemals von Berechtigten selbst oder in ihrem Auftrag verwaltete Hausgrundstücke, die auf Grund ökonomischen Zwangs in Volkseigentum übernommen wurden.

5.
Mieterschutz und bestehende Nutzungsrechte von Bürgern der Deutschen Demokratischen Republik an durch diese Erklärung betroffenen Grundstücken und Gebäuden werden wie bisher gewahrt und regeln sich nach dem jeweils geltenden Recht der Deutschen Demokratischen Republik.

6.
Bei verwalteten Betrieben werden die bestehenden Verfügungsbeschränkungen aufgehoben; der Eigentümer übernimmt sein Betriebsvermögen.
Für Betriebe und Beteiligungen, die 1972 in Volkseigentum überführt wurden, gilt das Gesetz vom 7. März 1990 über die Gründung und Tätigkeit privater Unternehmen und über Unternehmensbeteiligungen. Hierbei wird § 19 Absatz 2 Satz 4 des Gesetzes so ausgelegt, daß den privaten Gesellschaften der staatliche Anteil auf Antrag zu verkaufen ist; die Entscheidung über den Verkauf steht somit nicht im Ermessen der zuständigen Stelle.

7.
Bei Unternehmen und Beteiligungen, die zwischen 1949 und 1972 durch Beschlagnahme in Volkseigentum überführt worden sind, werden dem früheren Eigentümer unter Berücksichtigung der Wertentwicklung des Betriebes das Unternehmen als Ganzes oder Gesellschaftsanteile bzw. Aktien des Unternehmens übertragen, soweit er keine Entschädigung in Anspruch nehmen will. Einzelheiten bedürfen noch der näheren Regelung.

8.
Sind Vermögenswerte – einschließlich Nutzungsrechte – auf Grund unlauterer Machenschaften (z. B. durch Machtmißbrauch, Korruption, Nötigung oder Täu-

schung von seiten des Erwerbers) erlangt worden, so ist der Rechtserwerb nicht schutzwürdig und rückgängig zu machen. In Fällen des redlichen Erwerbs findet Ziffer 3.b) Anwendung.

9.
Soweit es zu Vermögenseinziehungen im Zusammenhang mit rechtsstaatswidrigen Strafverfahren gekommen ist, wird die Deutsche Demokratische Republik die gesetzlichen Voraussetzungen für ihre Korrektur in einem justizförmigen Verfahren schaffen.

10.
Anteilsrechte an der Altguthaben-Ablösungsanleihe von Bürgern der Bundesrepublik Deutschland werden einschließlich der Zinsen in der zweiten Jahreshälfte 1990 - also nach der Währungsumstellung - bedient.

11.
Soweit noch Devisenbeschränkungen im Zahlungsverkehr bestehen, entfallen diese mit dem Inkrafttreten der Währungs-, Wirtschafts- und Sozialunion.

12.
Das durch staatliche Stellen der Bundesrepublik Deutschland auf der Grundlage des Rechtsträger-Abwicklungsgesetzes treuhänderisch verwaltete Vermögen von juristischen Personen des öffentlichen Rechts, die auf dem Gebiet der DDR existieren oder existiert haben, wird an die Berechtigten bzw. deren Rechtsnachfolger übergeben.

13.
Zur Abwicklung:
a) Die Deutsche Demokratische Republik wird die erforderlichen Rechtsvorschriften und Verfahrensregelungen umgehend schaffen.
b) Sie wird bekanntmachen, wo und innerhalb welcher Frist die betroffenen Bürger ihre Ansprüche anmelden können. Die Antragsfrist wird sechs Monate nicht überschreiten.
c) Zur Befriedigung der Ansprüche auf Entschädigung wird in der Deutschen Demokratischen Republik ein rechtlich selbständiger Entschädigungsfonds getrennt vom Staatshaushalt gebildet.
d) Die Deutsche Demokratische Republik wird dafür Sorge tragen, daß bis zum Ablauf der Frist gemäß Ziffer 13.b) keine Verkäufe von Grundstücken und Gebäuden vorgenommen werden, an denen frühere Eigentumsrechte ungeklärt sind, es sei denn, zwischen den Beteiligten besteht Einvernehmen, daß eine Rückübertragung nicht in Betracht kommt oder nicht geltend gemacht wird. Veräußerungen von Grundstücken und Gebäuden, an denen frühere Eigentumsrechte ungeklärt sind und die dennoch nach dem 18. Oktober 1989 erfolgt sind, werden überprüft.

14.
Beide Regierungen beauftragen ihre Experten, weitere Einzelheiten abzuklären.

B. DER 2. STAATSVERTRAG

Der 2. Staatsvertrag zwischen der DDR und der BRD soll bereits im Herbst 1990 ausgehandelt sein!

Sein Ziel ist die abschließende völkerrechtliche Herstellung der Einheit Deutschlands. Er wird deshalb auch als »Einigungsvertrag« bezeichnet. Kernstück ist die vollständige, ersatzlose Ablösung aller noch bestehenden Rechte und Verantwortlichkeiten der vier Mächte für Deutschland und Berlin als Ganzes. Damit soll ein Schlußstrich unter die Nachkriegsepoche gezogen werden.
Die Herstellung der Einheit Deutschlands soll im Osten wie im Westen erfolgen. Insbesondere müssen dabei die Sicherheitsinteressen der Sowjetunion berücksichtigt werden.

8. TEIL: DIE VERLAGSGRUPPE LUCHTERHAND STELLT SICH VOR

VERLAGS
GRUPPE
LUCHTERHAND

Luchterhand Verlag
Alfred Metzner Verlag
Kommentator Verlag
Kurt Gross Verlag
Stoytscheff Verlag
Verlag J. Schweitzer

Hermann Luchterhand Verlag
GmbH & Co. KG
Heddesdorfer Straße 31
Postfach 1780
D-5450 Neuwied 1

Zeppelinallee 43
Postfach 970148
D-6000 Frankfurt/M. 1

Telefon: 02631/801-0 (Neuwied),
Telefon: 069/703009-0 (Frankfurt).
Telex: 867853 hlv nd (Neuwied),
Telex: 4189621 kome d (Frankfurt).
Telefax: 02631/801210 u. 801204 (Neuwied),
Telefax: 069/70300948 (Frankfurt).

Gegründet:	1924 in Berlin.
Rechtsform:	GmbH & Co. KG.
Inhaber/Gesellschafter:	Wolters Kluwer Verlagsgruppe GmbH, Düsseldorf; Tochtergesellschaft der Wolters Kluwer N.V. Amsterdam.

Geschichte:

Der Verlag wurde 1924 in Berlin gegründet. Erste Verlagserzeugnisse waren Steuerinformationen und Formblätter.
1934 trat Eduard Reifferscheid in den Verlag ein und baute das juristische Verlagsprogramm konsequent auf: Lose-Blatt-Werke; Handbücher und Entscheidungssammlungen zu Arbeits-, Sozial- und Wirtschaftsrecht, Öffentliches Recht, Boden- und Baurecht, Miet- und Wohnungsrecht, Steuerrecht, Schul- und Kirchenrecht; Kommentare, Monographien, Taschenbücher und rechts- und wirtschaftswissenschaftliche Studienliteratur.
1948 wurde eine Zweigniederlassung in Neuwied/Rhein eröffnet, dem jetzigen Hauptsitz des Fachverlages.
1955 Beginn der literarischen Verlagsproduktion.
1972 Errichtung einer Zweigniederlassung in Darmstadt, in der ausschließlich das literarische Programm betreut wird.
Im August 1987 kam es zum Verkauf des Hermann Luchterhand Verlages an den niederländischen Verlagskonzern Kluwer N.V., zu dem in der Bundesrepublik Deutschland bereits die Frankfurter Fachverlage Alfred Metzner (gegründet 1909), Kommentator (gegründet 1949), J. Schweitzer, Stoytscheff und Kurt Gross sowie der Kölner Schulbuchverlag Stam gehören.

Im gleichen Jahr fusionierten die beiden niederländischen Verlagskonzerne Kluwer N. V. und Wolters Samson zu Wolters Kluwer.

Ende 1987 erfolgte der Verkauf des literarischen Verlagsteils an den Arche Verlag, Zürich.

Im Laufe des Jahres 1988 begann die Neustrukturierung der deutschen Fachverlage. Als erstes übernimmt der Hermann Luchterhand Verlag die Auslieferung auch für das Programm der Frankfurter Verlage. Darauf folgen die Integration des Lektorats- und Marketingbereichs.

Im Oktober 1988 erfolgte Gründung der Verlagsgruppe Luchterhand Neuwied/ Frankfurt, zu der die Frankfurter Verlage Metzner, Kommentator, J. Schweitzer, Stoytscheff und Kurt Gross gehören.

Hauptwerke:

ca. 200 Lose-Blatt-Werke – also ergänzbare, stets aktuelle Nachschlagewerke – sowie gebundene Literatur aus folgenden Rechtsbereichen:

Allgemeines Recht
Anwalts- und Gebührenrecht
Arbeitsrecht
Betriebswirtschaft
Boden- und Baurecht
Handels- und Wirtschaftsrecht

Jugendrecht
Juristische Ausbildungsliteratur
Kirchenrecht
Öffentliches Dienstrecht
Recht des Bildungswesens
Rechtslexika

Sozialpädagogik
Sozialrecht
Staats- und Verfassungsrecht
Steuerrecht
Steuertabellen
Strafrecht
Verkehrs- und Transportrecht
Verwaltungsrecht
Wirtschaftsrecht
Zivilrecht

Zeitschriften:

Neben Vorschriftensammlungen, Nachschlagewerken, Handbüchern und Kommentaren zu den oben genannten Sachgebieten erscheinen innerhalb der Verlagsgruppe z. Z. 17 Fachzeitschriften, u. a.

EzA-Schnelldienst
Arbeitsrechtliche Sofortinformation, ein 14täglicher Schnelldienst,

Wirtschaftsverwaltungs- und Umweltrecht - WUR
Eine neue Zeitschrift zur Vielschichtigkeit des gesamten Wirtschaftsverwaltungsrechts und des wirtschaftsbezogenen Umweltrechts,

Grundstücksmarkt und Grundstückswert - GuG
Eine spezielle Fachzeitschrift für alle Zweige der Immobilienwirtschaft, der Bodenpolitik und der Wertermittlung von Grundstücken,

Familie und Recht - FuR
Eine neue Zeitschrift mit praxisbezogenen Informationen über die wesentlichen Entwicklungen im Familienrecht,

Personalwirtschaft
Eine monatlich erscheinende Zeitschrift für erfolgreiches Personalmanagement,

Strafverteidiger
Die Zeitschrift, die monatlich aus der Perspektive des Strafverteidigers über Strafverfahrensrecht, materielles Strafrecht, Jugendrecht, Berufsrecht etc. berichtet,

Juristische Arbeitsblätter - JA
Zeitschrift für Jura Studenten,

Neue Praxis
Zeitschrift für Sozialarbeit, Sozialpädagogik und Sozialpolitik,

Grundlagen der Weiterbildung - GdWZ
Eine Fachzeitschrift für den gesamten Bereich der Weiterbildung,

sowie:
Transportrecht,
Recht im Amt,
Informationsbrief Ausländerrecht,
Juristischer Pressedienst - JPD,
Das Juristische Büro,
Recht der Jugend u. des Bildungswesens,
Jugendschutz,
Dokumentationsdienst Bildung u. Kultur,
Neue Zeitschrift für Wehrrecht.

DER DIREKTE WEG

9. TEIL: ADRESSEN

Die nachfolgenden Adressen von Verfassungsorganen, Interessenverbänden, Institutionen und Bundesbehörden sollen als erste Kontaktadressen für Fragen aus allen Lebensbereichen dienen. Aus verständlichen Gründen konnte z.T. nur eine Auswahl getroffen werden: Insbesondere bei Interessenverbänden und Kammern, aber auch bei den Verfassungsorganen sind lediglich die Dachorganisationen bzw. zentralen Anlaufstellen genannt. Diese können aber bei spezielleren Fragen zuverlässig an die zuständigen Unterorganisationen verweisen oder leiten das Anliegen von sich aus weiter. Sie sind deshalb geeignete Ansprechpartner.

Im übrigen sei darauf hingewiesen, daß es eigentlich keinen noch so speziellen Lebensbereich gibt, für den es keinen Interessenverband gäbe. Als Beispiel sei der »Verband der Schwarzbuntzüchter in der Arbeitsgemeinschaft der deutschen Rinderzüchter e.V.« genannt. Ohne von der Existenz solcher Verbände Kenntnis zu haben, wird man im Beispielsfall über den Deutschen Bauernverband dessen Adresse erfahren können, wenn konkrete Fragen aus diesem Bereich anstehen.

A

Akademiker, siehe Verbände (Studenten und A.)

Apothekerkammer, siehe Kammern

Architektenkammer, siehe Kammern

Ärztekammer, siehe Kammern

Asylangelegenheiten, siehe Bundesbeauftragter

Auswärtiges Amt, siehe Bundesministerien

Automobilclubs

- ACE
  Schmidener Straße 233
  7000 Stuttgart 50
- ADAC
  Am Westpark 8
  8000 München 70
- AVD
  Lyoner Straße 16
  6000 Frankfurt a. M. 71
- DTC
  Amalienburgstraße 23
  8000 München 60

B

Bäder, siehe Verbände

Banken und Börsen

- Deutsche Bundesbank
  Wilhelm-Epstein-Straße 14
  6000 Frankfurt a. M. 50
- Deutsche Girozentrale
  - Deutsche Kommunalbank -
  Taunusanlage 10
  6000 Frankfurt a. M. 1 und
  Kurfürstendamm 32
  1000 Berlin 15
- Verbände, siehe dort

Bauwesen, siehe Verbände

Bildung

- Bund-Länder Kommission
  für Bildungsplanung und
  Forschungsförderung
  Friedrich-Ebert-Allee 39
  5300 Bonn 1
- Ständige Konferenz der Kultusminister der Länder in der Bundesrepublik Deutschland
  Nassestraße 8
  5300 Bonn 1
- Ständige Konferenz der
  Rektoren und Präsidenten
  der Staatl. Fachhochschulen
  der Länder in der Bundesrepublik Deutschland c/o
  FH f. Wirtschaft
  Tiefenbronner Straße 65
  7530 Pforzheim
- Westdeutsche
  Rektorenkonferenz
  Ahrstraße 39
  5300 Bonn 2
- Verbände siehe dort

Bundesämter

- Amt für den Militärischen
  Abschirmdienst
  Brühler Straße 300
  5000 Köln 1
- Bundesamt
  für den Zivildienst
  Sibille-Hartmann-Straße 2-6
  5000 Köln 51
- Bundesamt für die
  Anerkennung ausländischer
  Flüchtlinge
  Rothenburger Straße 29
  8502 Zirndorf
- Bundesamt für Ernährung
  und Forstwirtschaft
  Adickesallee 40
  6000 Frankfurt a. M. 18
- Bundesamt für Finanzen
  Friedhofstraße 1
  5300 Bonn 3
- Bundesamt
  für Schiffsvermessung
  Bernhard-Nocht-Straße 78
  2000 Hamburg 36
- Bundesamt
  für Strahlenschutz
  Lichtenberger Straße 2a
  3200 Salzgitter
- Bundesamt
  für Verfassungsschutz
  Merianstraße 100
  5000 Köln 71
- Bundesamt für Wirtschaft
  Frankfurter Straße 29–31
  6236 Eschborn 1
- Bundesaufsichtsamt
  für das Kreditwesen
  Reichpietschufer 74–76
  1000 Berlin 30

- Bundesaufsichtsamt
  für das Versicherungswesen
  Ludwigkirchplatz 3-4
  1000 Berlin 15
- Bundesausgleichsamt
  Untere Terrassenstraße 1
  6380 Bad Homburg 1
- Bundesgesundheitsamt
  Thielallee 88-92
  1000 Berlin 33
- Bundeskartellamt
  Mehringdamm 129
  1000 Berlin 61
- Bundeskriminalamt
  Thaerstraße 11
  6200 Wiesbaden 1
- Bundesoberseeamt
  Bernhard-Nocht-Straße 78
  2000 Hamburg 36
- Bundessortenamt
  Osterfelddamm 80
  3000 Hannover 61
- Bundessprachenamt
  Horbellerstraße 52
  5030 Hürth 1
- Bundesversicherungsamt
  Reichpietschufer 74-76
  1000 Berlin 30
- Bundesverwaltungsamt
  Barbarastr. 1
  5000 Köln 60
- Bundeswehrverwaltungsamt
  Bonner Talweg 177
  5300 Bonn 1
- Deutsches Patentamt
  Zweibrückenstraße 12
  8000 München 2
- Kraftfahrt-Bundesamt
  Fördestraße 16
  2390 Flensburg
- Luftfahrt-Bundesamt
  Lilienthalplatz 6
  3300 Braunschweig
- Statistisches Bundesamt
  Gustav-Stresemann-Ring 11
  6200 Wiesbaden 1
- Umweltbundesamt
  Bismarckplatz 1
  1000 Berlin 33

Bundesanstalten

- Biologische Bundesanstalt
  für Land- und Forstwirtschaft
  Messeweg 11-12
  3300 Braunschweig
- Bundesanstalt für Arbeit
  Regensburger Straße 104
  8500 Nürnberg 30
- Bundesanstalt
  für Arbeitsschutz
  Vogelpothsweg 50-52
  4600 Dortmund 1
- Bundesanstalt
  für den Güterfernverkehr
  Cäcilienstraße 24
  5000 Köln 1
- Bundesanstalt
  für Flugsicherung
  Opernplatz 14
  6000 Frankfurt a. M. 1
- Bundesanstalt
  für Gewässerkunde
  Kaiserin-Auguste-Anlage
  15-17
  5400 Koblenz
- Bundesanstalt für Materialforschung und -prüfung
  Unter den Eichen 87
  1000 Berlin 45

- Bundesforschungsanstalt für Naturschutz und Landschaftsökologie
  Konstantinstraße 110
  5300 Bonn 2
- Bundesanstalt für Straßenwesen
  Brüderstraße 53
  5060 Bergisch-Gladbach 1
- Bundesanstalt für Wasserbau
  Kußmaulstraße 17
  7500 Karlsruhe 21
- Bundesanstalt Technisches Hilfswerk
  Deutschherrenstraße 93
  5300 Bonn 2
- Physikalisch-Technische Bundesanstalt
  Bundesallee 100
  3300 Braunschweig

Bundesanwaltschaft
beim Bundesgerichtshof
– Generalbundesanwalt –
Herrenstraße 45a
7500 Karlsruhe 1

Bundesarchiv
Potsdamer Straße 1
5400 Koblenz

Bundesbahn,
siehe Deutsche Bundesbahn

Bundesbeauftragte

- Bundesbeauftragter für Asylangelegenheiten
  Rothenburger Straße 29
  8502 Zirndorf
- Der Bundesbeauftragte für Datenschutz
  Stephan-Lochner-Straße 2
  5300 Bonn 2
- Bundesbeauftragter für den Zivildienst
  Kennedyallee 105–107
  5300 Bonn 2
- Der Wehrbeauftragte des Deutschen Bundestages
  Basteistraße 70
  5300 Bonn 2

Bundesdruckerei
Oranienstraße 91
1000 Berlin 61

Bundesgerichte

- Bundesarbeitsgericht
  Graf-Bernadotte-Platz 5
  3500 Kassel
- Bundesdisziplinargericht
  Gerviniusstraße 5–7
  6000 Frankfurt a. M. 1
- Bundesfinanzhof
  Ismaninger Str. 109
  8000 München 80
- Bundesgerichtshof
  Herrenstraße 45a
  7500 Karlsruhe 1
- Bundespatentgericht
  Zweibrückenstraße 12
  8000 München 2
- Bundessozialgericht
  Graf-Bernadotte-Platz 5
  3500 Kassel
- Bundesverfassungsgericht
  Postfach 1771
  Schloßbezirk 3
  7500 Karlsruhe 1
- Bundesverwaltungsgericht
  Hardenbergstraße 31
  1000 Berlin 12

- Bundesverwaltungsgericht
  - Wehrdienstsenate -
  Schwere-Reiter-Straße 37
  8000 München 40

Bundesgrenzschutz
- Inspekteur -
Graurheindorfer Straße 198
5300 Bonn 1

Bundeshauptkasse
Martin-Luther-King-Straße 8
5300 Bonn 2

Bundesinstitut für Sportwissenschaft
Carl-Diem-Weg 4
5000 Köln 41

Bundesländer

1. Land **Baden-Württemberg**
- Ministerpräsident
  - Staatsministerium -
  Richard-Wagner-Straße 15
  7000 Stuttgart 1
- Landtag
  von Baden-Württemberg
  Haus des Landtags
  Konrad-Adenauer-Straße 3
  7000 Stuttgart 1

2. Freistaat **Bayern**
- Ministerpräsident
  - Bayerische Staatskanzlei -
  Prinzregentenstraße 7
  8000 München 22
- Bayerischer Landtag
  Maximilianeum
  Max-Planck-Straße 1
  8000 München 85
- Bayerischer Senat
  Maximilianeum
  Max-Planck-Straße 1
  8000 München 85

3. Land **Berlin**
- Regierender Bürgermeister
  - Rathaus -
  John-F.-Kennedy-Platz
  1000 Berlin 62
- Abgeordnetenhaus
  von Berlin
  Rathaus Schöneberg
  John-F.-Kennedy-Platz
  1000 Berlin 62

4. Freie Hansestadt **Bremen**
- Präsident des Senats und
  Bürgermeister
  Rathaus
  2800 Bremen
- Bremische Bürgerschaft
  Haus der Bürgerschaft
  Postfach 10 69 09
  2800 Bremen 1

5. Freie und Hansestadt **Hamburg**
- Präsident des Senats und
  Erster Bürgermeister
  Rathaus
  2000 Hamburg 1
- Bürgerschaft der Freien und
  Hansestadt Hamburg
  Rathaus
  Postfach 10 09 02
  2000 Hamburg 1

6. Land **Hessen**
- Ministerpräsident
  - Staatskanzlei -
  Bierstadter Straße 2
  6200 Wiesbaden
- Hessischer Landtag
  Schloßplatz 1
  6200 Wiesbaden

7. Land **Niedersachsen**
- Ministerpräsident
  - Staatskanzlei -
  Planckstraße 2
  3000 Hannover 1

- Niedersächsischer Landtag
  Hinrich-Wilhelm-Kopf-Pl. 1
  3000 Hannover 1

8. Land **Nordrhein-Westfalen**

- Ministerpräsident
  - Staatskanzlei -
  Haroldstraße 2
  4000 Düsseldorf 1

- Landtag
  Nordrhein-Westfalen
  Platz des Landtags
  4000 Düsseldorf 1

9. Land **Rheinland-Pfalz**

- Ministerpräsident
  - Staatskanzlei -
  Peter-Altmeier-Allee 1
  6500 Mainz 1

- Landtag Rheinland-Pfalz
  Deutschhausplatz 12
  6500 Mainz 1

10. Land **Saarland**

- Ministerpräsident
  - Staatskanzlei -
  Am Ludwigsplatz 14
  6600 Saarbrücken 1

- Landtag des Saarlandes
  Franz-Josef-Röder-Straße 7
  6600 Saarbrücken 1

11. Land **Schleswig-Holstein**

- Ministerpräsident
  - Landeshaus -
  Düsternbrooker Weg 70
  2300 Kiel

- Schleswig-Holsteinischer
  Landtag
  Landeshaus
  Düsternbrooker Weg 70
  2300 Kiel 1

Bundesministerien

- Bundesminister für Arbeit
  und Sozialordnung
  Rochusstraße 1
  5300 Bonn 1

- Bundesminister
  des Auswärtigen
  Adenauerallee 99–103
  5300 Bonn 1

- Bundesminister für Bildung
  und Wissenschaft
  Heinemannstraße 2
  5300 Bonn 2

- Bundesminister für
  Ernährung, Landwirtschaft
  und Forsten
  Rochusstraße 1
  5300 Bonn 1

- Bundesminister
  der Finanzen
  Graurheindorfer Straße 108
  5300 Bonn 1

- Bundesminister für
  Forschung und Technologie
  Heinemannstraße 2
  5300 Bonn 2

- Bundesminister für
  Innerdeutsche Beziehungen
  Godesberger Allee 140
  5300 Bonn 2

- Bundesminister des Inneren
  Graurheindorfer Straße 198
  5300 Bonn 1

- Bundesminister
  für Jugend, Familie, Frauen
  und Gesundheit
  Kennedyallee 105–107
  5300 Bonn 2

- Bundesminister der Justiz
  Heinemannstraße 6
  5300 Bonn 2

- Bundesminister für die Post und Telekommunikation
  Heinrich-von-Stephan-Str. 1
  5300 Bonn 2
- Bundesminister für Raumordnung, Bauwesen und Städtebau
  Deichmanns Aue 31–37
  5300 Bonn 2
- Bundesminister für Umwelt, Naturschutz und Reaktorsicherheit
  Kennedyallee 5
  5300 Bonn 2
- Bundesminister für Verkehr
  Kennedyallee 72
  5300 Bonn 2
- Bundesminister der Verteidigung
  Hardthöhe
  Postfach 13 28
  5300 Bonn 1
- Bundesminister für Wirtschaft
  Villemombler Straße 76
  5300 Bonn 1
- Bundesminister für Wirtschaftliche Zusammenarbeit
  Karl-Marx-Straße 4–6
  5300 Bonn 1

Bundesnachrichtendienst
Heilmannstraße 30
8023 Pullach

Bundespräsident
Bundespräsident der Bundesrepublik Deutschland
Adenauerallee 135
5300 Bonn 1

- Bundespräsidialamt
  Kaiser-Friedrich-Straße 16–18
  5300 Bonn 1

Bundesprüfstelle für jugendgefährdende Schriften
Am Michaelshof 8
5300 Bonn 2

Bundesrat

- Präsidium des Bundesrates
  Bundeshaus
  Görresstraße 15
  5300 Bonn 1
- Mitglieder des Bundesrates, siehe Bundesländer

Bundesregierung

- Bundeskanzler
  Adenauerallee 139–141
  5300 Bonn 1
- Bundeskanzleramt
  Adenauerallee 139–141
  5300 Bonn 1
- Presse- und Informationsamt der Bundesregierung
  Welckerstraße 11
  5300 Bonn 1
- Bundesministerien, siehe dort

Bundespost

- Verwaltungsrat der Deutschen Bundespost
  Heinrich-von-Stephan-Str. 1
  5300 Bonn 2

Bundesrechnungshof
Berliner Straße 51
6000 Frankfurt a. M. 1

Bundestag

- Präsidentin des Deutschen Bundestages
  Bundeshaus
  Görresstraße 15
  5300 Bonn 1

- Vizepräsidentin u. Vizepräsidenten des Deutschen Bundestages
  Reichstagsgebäude
  Scheidemannstraße 2
  1000 Berlin 21
- Parlamentsarchiv, siehe dort
- Ausschüsse des Deutschen Bundestages
  Bundeshaus
  5300 Bonn 1

Bundesschuldenverwaltung
Bahnhofstraße 16–18
6380 Bad Homburg 1

Bundesstelle für Außenhandelsinformationen
Blaubach 13
5000 Köln 13

Bundeswahlleiter
Gustav-Stresemann-Ring 11
6200 Wiesbaden 1

Bundeszentrale für politische Bildung
Berliner Freiheit 7
5300 Bonn 1

C

Clubs

- Lions Clubs International
  Rheinstraße 4
  6200 Wiesbaden 1
- Rotary International
  Himmelgeister Straße 224
  4000 Düsseldorf 1
- Vereinigte Großlogen von Deutschland – Bruderschaft der Freimaurer –
  Emser Straße 12–13
  1000 Berlin 31

D

Datenschutz,
siehe Bundesbeauftragter

Deutsche Bundesbahn
- Zentrale Hauptverwaltung -
Friedrich-Ebert-Anlage 43–45
6000 Frankfurt a. M. 11

Deutsche Stiftung für Internationale Entwicklung
Rauchstraße 25
1000 Berlin 30

Deutsche Wissenschaftliche Kommission f. Meeresforschung
Palmallee 9
2000 Hamburg 50

Deutscher Akademischer Austauschdienst
Kennedyallee 50
5300 Bonn 2

Deutscher Bundestag,
siehe Bundestag

Deutscher Wetterdienst
- Zentralamt -
Frankfurter Straße 135
6050 Offenbach

Deutsches Hydrographisches Institut
Bernhard-Nocht-Straße 78
2000 Hamburg 4

DIN Deutsches Institut für Normung e.V.
Burggrafenstraße 6
1000 Berlin 30

E Europäische Gemeinschaften

- Europarat
  Avenue de l'Europe
  F-67006 Straßburg - Cedex
- Generalsekretariat des
  Europäischen Parlaments
  Palais de l'Europe
  F-67000 Straßburg
- Gerichtshof der Europäischen Gemeinschaften
  Plateau de Kirchberg
  L-2925 Luxemburg
- Europäische
  Investitionsbank
  100, Bd. Konrad Adenauer
  L-2950 Luxemburg
- Kommission der Europäischen Gemeinschaften
  Rue de la Loi/Wetstraße 200
  B-1049 Brüssel
- Kommission der EG
  - Vertretung in der BRD -
  Zitelmannstraße 22
  5300 Bonn 1
- Europäisches Parlament
  Kirchberg
  Centre européen
  L-2929 Luxemburg
- Rat der Europäischen
  Gemeinschaften
  Rue de la Loi/Wetstraße 170
  B-1048 Brüssel
- Rechnungshof der Europäischen Gemeinschaften
  12, Rue Alcide de Gaspari
  L-1615 Luxemburg
- Wirtschafts- und
  Sozialausschuß der Europäischen Gemeinschaften
  Rue Ravenstein 2
  B-1000 Brüssel

F Fernsehen

- Bayerischer Rundfunk
  Rundfunkplatz 1
  8000 München 2
- Deutsche Welle
  - Auslandsrundfunk
  der BRD -
  Raderberggürtel 50
  5000 Köln 51
- Deutsches Fernsehen/ARD
  Arnulfstraße 42
  8000 München 2
- Deutschlandfunk
  Raderberggürtel 40
  5000 Köln 51
- Eins Plus
  Satellitenfernsehen der ARD
  Arnulfstraße 42
  8000 München 2
- Hessischer Rundfunk
  Bertramstraße 8
  6000 Frankfurt a. M. 1
- Norddeutscher Rundfunk
  Rothenbaumchaussee
  132–134
  2000 Hamburg 13
- Radio Bremen
  Bürgermeister-Spitta-Allee 45
  2800 Bremen 33
- RIAS Berlin
  Kufsteiner Straße 69
  1000 Berlin 62
- RTL plus
  Aachener Straße 1036
  5000 Köln 40
- Saarländischer Rundfunk
  Funkhaus, Halberg
  6600 Saarbrücken 1

- 3 Sat
  - Satellitenfernsehen des ZDF/ORF/SRG -
  Essenheimer Landstraße
  6500 Mainz 1
- Sender Freies Berlin
  Masurenallee 8–14
  1000 Berlin 19
- Süddeutscher Rundfunk
  Neckarstraße 230
  7000 Stuttgart 1
- Südwestfunk
  Hans-Bredow-Straße 6
  7570 Baden-Baden
- Westdeutscher Rundfunk
  Appellhofplatz 1
  5000 Köln 1
- ZDF
  Essenheimer Landstraße
  6500 Mainz 1

Film

- Filmbewertungsstelle Wiesbaden
  Rheingaustraße 140
  6200 Wiesbaden 12
- Filmförderungsanstalt
  Budapester Straße 41
  1000 Berlin 30

Frauen, siehe Verbände

Fremdenverkehr,
siehe Verbände

G

Gaststätten,
siehe Verbände (Tourismus)

Generalbundesanwalt,
siehe Bundesanwaltschaft beim Bundesgerichtshof

Gesundheit

- Bundeszentrale für gesundheitliche Aufklärung
  Ostmerheimer Straße 200
  5000 Köln 91
- Koordinierungsstab Aids
  BMJFFG
  Kennedy-Allee 105–107
  5300 Bonn 2
- Verbände, siehe dort

Goethe-Institut
Lenbachplatz 3
8000 München 2

Gewerkschaften,
siehe Verbände

H

Handel, siehe Verbände (Wirtschaft)

Handelsvertreter,
siehe Verbände

Hochschulen

Fachhochschulen

- Fachhochschule Aachen
  Kalverbenden 6
  5100 Aachen
- Fachhochschule Aalen
  Beethovenstraße 1
  7080 Aalen 1
- Fachhochschule Augsburg
  Baumgartnerstraße 16
  8900 Augsburg
- Evangelische Fachhochschule Berlin
  Reinerzstraße 40–41
  1000 Berlin 33

- Fachhochschule der Deutschen Bundespost Berlin
  Ringbahnstraße 130
  1000 Berlin 42
- Fachhochschule für Sozialarbeit und Sozialpädagogik Berlin
  Karl-Schrader-Straße 6
  1000 Berlin 30
- Fachhochschule für Wirtschaft Berlin
  Badensche Straße 50–51
  1000 Berlin 62
- Technische Fachhochschule Berlin
  Luxemburger Straße 10
  1000 Berlin 65
- Fachhochschule Biberach a. d. Riß
  Karlstraße 11
  7950 Biberach 1
- Fachhochschule Bielefeld
  Kurt-Schumacher-Straße 6
  4800 Bielefeld 1
- Fachhochschule Bochum
  Universitätsstraße 150
  4630 Bochum 1
- Fachhochschule des Bundes für öffentliche Verwaltung Zentralbereich
  B.-Feilchenfeld-Straße 9–1
  5000 Köln 51
- Fachhochschule des Saarlandes
  Goebenstraße 40
  6600 Saarbrücken 1
- Katholische Fachhochschule für Sozialwesen, -arbeit u. -pädagogik in Saarbrücken
  Rastpfuhl 12a
  6600 Saarbrücken 1
- Fachhochschule für Gestaltung Schwäbisch Gmünd
  Rektor-Klaus-Straße 100
  7070 Schwäbisch Gmünd
- Fachhochschule für Technik Sigmaringen
  Anton-Günther-Straße 51
  7480 Sigmaringen 1
- Fachhochschule für Bibliothekswesen Stuttgart
  Feuerbacher Heide 38–42
  7000 Stuttgart 1
- Fachhochschule für Druck Stuttgart
  Nobelstraße 10
  7000 Stuttgart 80
- Fachhochschule für Technik Stuttgart
  Willi-Bleicher-Straße 29
  7000 Stuttgart 1
- Fachhochschule Ulm
  Prittwitzstraße 10
  7900 Ulm
- Katholische Fachhochschule Norddeutschland in Osnabrück/Vechta
  Driverstraße 23
  2848 Vechta
- Fachhochschule Wedel
  Feldstraße 143
  2000 Wedel
- Fachhochschule Ravensburg-Weingarten
  Doggenriedstraße
  7987 Weingarten 1
- Fachhochschule Wiesbaden
  Kurt-Schumacher-Ring 18
  6200 Wiesbaden

- Fachhochschule
  Fresenius Wiesbaden
  Dambachtal 20
  6200 Wiesbaden

- Fachhochschule
  Wilhelmshaven
  Friedrich-Paffrath-Straße 101
  2940 Wilhelmshaven

- Fachhochschule
  Braunschweig/Wolfenbüttel
  Salzdahlumer Straße 46–48
  3340 Wolfenbüttel

- Fachhochschule
  Würzburg/Schweinfurt
  Münzstraße 12
  8700 Würzburg

Kunsthochschulen

- Hochschule der Künste
  Ernst-Reuter-Platz 10
  1000 Berlin 12

- Hochschule
  für Bildende Künste
  Johann-Selenka-Platz 1
  3300 Braunschweig

- Hochschule für Künste
  Am Wandrahm 23
  2800 Bremen 1

- Kunstakademie Düsseldorf
  Eiskellerstraße 1
  4000 Düsseldorf 1

- Staatliche Hochschule
  für Bildende Künste
  – Städelschule – Frankfurt
  Dürerstraße 10
  6000 Frankfurt a. M. 70

- Hochschule für Bildende
  Künste Hamburg
  Lerchenfeld 2
  2000 Hamburg 76

- Staatliche Akademie der
  Bildenden Künste Karlsruhe
  Reinhold-Frank-Straße 67
  7500 Karlsruhe 1

- Akademie der
  Bildenden Künste München
  Akademiestraße 2
  8000 München 40

- Kunstakademie Münster
  Hochschule für
  Bildende Künste
  Scheibenstraße 109
  4400 Münster

- Akademie der Bildenden
  Künste in Nürnberg
  Bingstraße 60
  8500 Nürnberg 30

- Hochschule für Gestaltung
  Offenbach a. M.
  Schloßstraße 31
  6050 Offenbach

- Staatliche Akademie der
  Bildenden Künste Stuttgart
  Am Weissenhof 1
  7000 Stuttgart 1

Musikhochschulen

- Hochschule f. Musik Detmold
  Allee 22
  4930 Detmold 1

- Robert-Schumann-
  Hochschule Düsseldorf
  Fischerstraße 110
  4000 Düsseldorf 30

- Folkwang-Hochschule Essen
  Klemensborn 39
  4300 Essen 16

- Hochschule für Musik
  und Darstellende Kunst
  Frankfurt a. M.
  Eschersheimer Landstr. 29–39
  6000 Frankfurt a. M. 1

- Staatliche Hochschule
  für Musik Freiburg
  Schwarzwaldstraße 141
  7800 Freiburg
- Hochschule für Musik
  und Darstellende Kunst
  Hamburg
  Harvestehuder Weg 12
  2000 Hamburg 13
- Hochschule für Musik und
  Theater Hannover
  Emmichplatz 1
  3000 Hannover 1
- Staatliche Hochschule
  für Musik Karlsruhe
  Weberstraße 8
  7500 Karlsruhe 1
- Hochschule für Musik Köln
  Dagobertstraße 38
  5000 Köln 1
- Musikhochschule Lübeck
  Große Petersgrube 17–21
  2400 Lübeck 1
- Staatliche Hochschule
  für Musik
  Heidelberg-Mannheim
  L 14, 16
  6800 Mannheim 1
- Hochschule für Musik
  in München
  Arcisstraße 12
  8000 München 2
- Musikhochschule
  des Saarlandes
  Bismarckstraße 1
  6600 Saarbrücken 3
- Staatliche Hochschule
  für Musik und Darstellende
  Kunst Stuttgart
  Urbansplatz 2
  7000 Stuttgart 1
- Staatliche Hochschule
  für Musik Trossingen
  Schultheiß-Koch-Platz 3
  7218 Trossingen 1
- Hochschule für Musik
  in Würzburg
  Hofstallstraße 6–8
  8700 Würzburg 1

Pädagogische Hochschulen

- Pädagogische Hochschule
  Flensburg
  Mürwiker Straße 77
  2390 Flensburg
- Pädagogische Hochschule
  Freiburg i. Br.
  Kunzenweg 21
  7800 Freiburg
- Pädagogische Hochschule
  Heidelberg
  Keplerstraße 87
  6900 Heidelberg 1
- Pädagogische Hochschule
  Karlsruhe
  Bismarckstraße 10
  7500 Karlsruhe 1
- Pädagogische Hochschule
  Kiel
  Olshausenstraße 75
  2300 Kiel 1
- Pädagogische Hochschule
  Ludwigsburg
  Reuterallee 46
  7140 Ludwigsburg
- Erziehungswissenschaftliche
  Hochschule Rheinland-Pfalz
  Walpodenstraße 10
  6500 Mainz 1
- Pädagogische Hochschule
  Schwäbisch Gmünd
  Oberbettringer Straße 200
  7070 Schwäbisch Gmünd

- Pädagogische Hochschule
  Weingarten
  Kirchplatz 2
  7987 Weingarten

Theologische Hochschulen

- Philosophisch-Theologische
  Hochschule der Salesianer
  Don Boscos
  Don-Bosco-Straße 1
  8174 Benediktbeuern
- Kirchliche Hochschule
  Berlin
  Teltower Damm 120–122
  1000 Berlin 37
- Kirchliche Hochschule
  Bethel
  Remterweg 45
  4800 Bielefeld 13
- Philosophisch-Theologische
  Hochschule Sankt Georgen
  Offenbacher Landstraße 224
  6000 Frankfurt a. M. 70
- Theologische Fakultät Fulda
  Domplatz 2
  6400 Fulda
- Hochschule
  für Jüdische Studenten
  Friedrichstraße 9
  6900 Heidelberg 1
- Philosophisch-Theologische
  Hochschule
  der Redemptoristen
  Waldstraße 9
  5202 Hennef
- Hochschule für Philosophie
  Philosophische Fakultät SJ
  Kaulbachstraße 33
  8000 München 22
- Hochschule der Franziskaner
  und Kapuziner Münster
  Hörsterplatz 4
  4400 Münster
- Augustana Hochschule
  Waldstraße 11
  8806 Neuendettelsau
- Lutherische Theologische
  Hochschule Oberursel
  Altkönigstraße 150
  6370 Oberursel
- Theologische Fakultät
  Paderborn
  Kamp 6
  4790 Paderborn
- Philosophisch-Theologische
  Hochschule SVD
  St.-Augustin
  Arnold-Janssen-Straße 30
  5205 Sankt Augustin 1
- Theologische Fakultät Trier
  Jesuitenstraße 13
  5500 Trier
- Theologische Hochschule
  Vallendar
  Pallottistraße 3
  5414 Vallendar
- Arbeitsgemeinschaft
  der Ordenshochschulen
  Pallottistraße 3
  5414 Vallendar
- Kirchliche Hochschule
  Wuppertal
  Missionsstraße 9b
  5600 Wuppertal 2

Wissenschaftliche Hochschulen

- Rheinisch-Westfälische Technische Hochschule Aachen
  Templergraben 55
  5100 Aachen
- Universität Augsburg
  Universitätsstraße 2
  8900 Augsburg

- Universität Bamberg
  Kapuzinerstraße 16–22
  8600 Bamberg

- Universität Bayreuth
  Universitätsstraße 30
  8580 Bayreuth

- Freie Universität Berlin
  Altensteinstraße 40
  1000 Berlin 33

- Technische Universität
  Berlin
  Straße des 17. Juni 135
  1000 Berlin 12

- Europäische
  Wirtschaftshochschule e.V.
  Europa-Center
  1000 Berlin 30

- Universität Bielefeld
  Universitätsstraße 25
  4800 Bielefeld 1

- Ruhr-Universität Bochum
  Universitätsstraße 150
  4630 Bochum 1

- Rheinische Friedrich-
  Wilhelms-Universität Bonn
  Regina-Pacis-Weg 3
  5300 Bonn 1

- Technische Universität
  Carolo-Wilhelmina
  zu Braunschweig
  Pockelsstraße 14
  3300 Braunschweig

- Universität Bremen
  Bibliothekstraße
  2800 Bremen 33

- Technische Universität
  Clausthal
  Adolph-Roemer-Straße 2a
  3392 Clausthal-Zellerfeld

- Technische Hochschule
  Darmstadt
  Karolinenplatz 5
  6100 Darmstadt

- Universität Dortmund
  August-Schmidt-Straße 4
  4600 Dortmund 50

- Heinrich-Heine-Universität
  Düsseldorf
  Universitätsstraße 1
  4000 Düsseldorf 1

- Universität-Gesamthoch-
  schule Duisburg
  Lotharstraße 65
  4100 Duisburg 1

- Katholische Universität
  Eichstätt
  Ostenstraße 26
  8078 Eichstätt

- Friedrich-Alexander-Univer-
  sität Erlangen-Nürnberg
  Schloßplatz 4
  8520 Erlangen

- Universität-Gesamthoch-
  schule Essen
  Universitätsstraße 2
  4300 Essen 1

- Johann Wolfgang Goethe-
  Universität Frankfurt a. M.
  Senckenberganlage 31
  6000 Frankfurt a. M. 11

- Justus-Liebig-Universität
  Gießen
  Ludwigstraße 23
  6300 Gießen 11

- Albert-Ludwig-Universität
  Freiburg i. Br.
  Heinr.-v.-Stephan-Straße 25
  7800 Freiburg

- Georg-August-Universität
  Göttingen
  Wilhelmsplatz 1
  3400 Göttingen
- Fernuniversität-Gesamthochschule Hagen
  Feithstraße 152
  5800 Hagen 1
- Universität Hamburg
  Edmund-Siemers-Allee 1
  2000 Hamburg 13
- Technische Universität
  Hamburg-Harburg
  Schloßmühlendamm 32
  2100 Hamburg 90
- Hochschule für Wirtschaft
  und Politik
  Von-Melle-Park 9
  2000 Hamburg 13
- Universität der Bundeswehr
  Hamburg
  Holstenhofweg 85
  2000 Hamburg 70
- Medizinische Hochschule
  Hannover
  Konstanty-Gutschow-Str. 8
  3000 Hannover 61
- Tierärztliche Hochschule
  Hannover
  Bischofshofer Damm 15
  3000 Hannover 1
- Universität Hannover
  Welfengarten 1
  3000 Hannover 1
- Ruprecht-Karls-Universität
  Heidelberg
  Grabengasse 1
  6900 Heidelberg 1
- Universität Hildesheim
  Marienburger Platz 22
  3200 Hildesheim
- Universität Kaiserslautern
  Erwin-Schrödinger-Straße
  6750 Kaiserslautern
- Universität Fridericiana
  Karlsruhe (T. H.)
  Kaiserstraße 12
  7500 Karlsruhe 1
- Gesamthochschule Kassel
  \- Universität -
  Mönchebergstraße 19
  3500 Kassel 1
- Christian-Albrechts-Universität zu Kiel
  Olshausenstraße 40
  2300 Kiel 1
- Universität zu Köln
  Albertus-Magnus-Platz
  5000 Köln 41
- Deutsche Sporthochschule
  Köln
  Carl-Diem-Weg 6
  5000 Köln 41
- Universität Konstanz
  Universitätsstraße 10
  7750 Konstanz 1
- Medizinische Universität
  zu Lübeck
  Ratzeburger Allee 160
  2400 Lübeck 1
- Universität Lüneburg
  Wilchenbrucher Weg 84
  2120 Lüneburg
- Johannes Gutenberg-Universität Mainz
  Saarstraße 21
  6500 Mainz 1
- Universität Mannheim
  Schloß
  6800 Mannheim 1

- Philipps-Universität Marburg
  Biegenstraße 10
  3550 Marburg
- Ludwig-Maximilians-
  Universität München
  Geschwister-Scholl-Platz 1
  8000 München 22
- Hochschule für Politik
  München KdÖR
  Ludwigstraße 8
  8000 München 22
- Technische Universität
  München
  Arcisstraße 21
  8000 München 2
- Ukrainische
  Freie Universität
  Pienzenauer Straße 15
  8000 München 80
- Westfälische Wilhelms-
  Universität Münster
  Schloßplatz 2
  4400 Münster
- Universität der Bundeswehr
  München
  Werner-Heisenberg-Weg 39
  8014 Neubiberg
- Universität Oldenburg
  Ammerl. Heerstraße 114-118
  2900 Oldenburg
- Universität Osnabrück
  Neuer Graben - Schloß
  4500 Osnabrück
- Universität
  - Gesamthochschule -
  Paderborn
  Warburger Straße 100
  4790 Paderborn
- Universität Passau
  Dr.-Hans-Kapfinger-Str. 22
  8390 Passau
- Universität Regensburg
  Universitätsstraße 31
  8400 Regensburg
- Universität des Saarlandes
  Im Stadtwald
  6600 Saarbrücken 1
- Universität
  - Gesamthochschule -
  Siegen
  Hölderlinstraße 3
  5900 Siegen
- Hochschule für Verwaltungs-
  wissenschaften Speyer
  Freiherr-vom-Stein-Straße 2
  6720 Speyer
- Universität Stuttgart
  Keplerstraße 7
  7000 Stuttgart 1
- Universität Hohenheim
  Schloß 1
  7000 Stuttgart 70
- Universität Trier
  Olewiger Straße 189
  5500 Trier
- Eberhard-Karls-Universität
  Tübingen
  Wilhelmstraße 5
  7400 Tübingen 1
- Universität Ulm
  Oberer Eselsberg
  7900 Ulm
- Wissenschaftliche
  Hochschule für Unterneh-
  mensführung Koblenz
  Heerstraße 52
  5414 Vallendar
- Private Universität
  Witten/Herdecke GmbH
  Ruhrstraße 70
  5800 Witten

- Bayerische Julius-Maximilians-Universität Würzburg
  Sanderring 2
  8700 Würzburg 1
- Bergische Universität – Gesamthochschule Wuppertal –
  Gaußstraße 20
  5600 Wuppertal 1

Hotel, siehe Verbände (Tourismus)

I

Industrie- und Handelskammern, siehe Kammern

Industriezweige, siehe Verbände (Wirtschaft)

Internationale Organisationen

- Allgemeines Zoll- und Handelsabkommen (Gatt)
  154, Rue de Lausanne
  CH-1211 Genf 21
- amnesty international Sektion der Bundesrepublik e.V.
  Heerstraße 178
  5300 Bonn 1
- Internationaler Gerichtshof
  Peace Palace
  NL-2517 K J Den Haag
- Internationales Arbeitsamt
  Hohenzollernstraße 21
  5300 Bonn 2
- Internationales Komitee vom Roten Kreuz
  19, Av. de la Paix
  CH-1202 Genf

J

Journalisten

- Fachgruppe Journalismus in der IG Medien
  Friedrichstraße 15
  7000 Stuttgart 1
- Verbände, siehe dort

Jugend, siehe Verbände

Jugendgefährdende Schriften, siehe Prüfstelle für JgS

Juristen, siehe Verbände

K

Kammern

- Bundesärztekammer – Arbeitsgemeinschaft der Westdeutschen Ärztekammern –
  Herbert-Lewin-Straße 1
  5000 Köln 41
- Bundesarchitektenkammer
  Königswinterer Straße 709
  5300 Bonn 3
- Industrie- und Handelskammern
  - Arbeitsgemeinschaft der bayerischen Industrie- und Handelskammern
    Max-Joseph-Straße 2
    8000 München 2
  - Arbeitsgemeinschaft der Industrie- und Handelskammern Baden-Württemberg
    Jägerstraße 30
    7000 Stuttgart 1
  - Industrie- und Handelskammer Berlin
    Hardenbergstraße 16–18
    1000 Berlin 12

- Handelskammer Bremen
  Am Markt 13
  2800 Bremen 1
- Handelskammer Hamburg
  Börse
  2000 Hamburg 11
- Arbeitsgemeinschaft
  Hessischer Industrie- und Handelskammern
  Börsenplatz 2–6
  6000 Frankfurt 1
- Vereinigung der niedersächsischen Industrie- und Handelskammern
  Königstraße 19
  3000 Hannover 1
- Vereinigung der Industrie- und Handelskammern des Landes Nordrhein-Westfalen
  Goltsteinstraße 31
  4000 Düsseldorf 1
- Arbeitsgemeinschaft der Industrie- und Handelskammern Rheinland-Pfalz
  Ludwigsplatz 2–3
  6700 Ludwigshafen
- Industrie- und Handelskammer des Saarlandes
  Franz-Josef-Röder-Straße 9
  6600 Saarbrücken
- Verband der Industrie- und Handelskammern des Landes Schleswig-Holstein
  Breite Straße 6–8
  2400 Lübeck 1

- Bundesnotarkammer
  Burgmauer 53
  5000 Köln 1
- Patentanwaltskammer
  Morassistraße 2
  8000 München 5
- Bundesrechtsanwaltskammer
  Joachimstraße 1
  5300 Bonn 1
- Bundessteuerberaterkammer
  Dechenstraße 14
  5300 Bonn 1
- Wirtschaftsprüferkammer
  Tersteegenstraße 14
  4000 Düsseldorf 30
- Bundeszahnärztekammer
  Universitätsstraße 71–73
  5000 Köln 41

Kirchen

- Evangelische Kirche in Deutschland
  – Rat der EDK –
  Herrenhäuser Straße 12
  3000 Hannover 21
- Römisch-Katholische Kirche
  – Deutsche Bischofskonferenz –
  Kaiserstraße 163
  5300 Bonn 1
- Zentralrat der Juden in Deutschland
  Rüngsdorfer Straße 6
  5300 Bonn 2
- Verbände, siehe dort

Kommunen

- Kommunale Gemeinschaftsstelle für Verwaltungsvereinfachung
  Lindenallee 13–17
  5000 Köln 51
- Kommunale Spitzenverbände, siehe Verbände

Kraftfahrt-Bundesamt,
siehe Bundesämter

Kultur, siehe Verbände

Kunst, siehe Verbände

L

Landwirtschaft, siehe Verbände

Literatur, siehe Verbände
(Kunst und Kultur)

Luftverkehr

- Deutsche Lufthansa
  Von-Gablenz-Straße 2–6
  5000 Köln 21
- Verbände, siehe dort

M

Makler, siehe Verbände

Markt- und Meinungsforschung

- Emnid GmbH & Co.
  Bodelschwinghstraße 23–25a
  4800 Bielefeld 1
- infas
  Margaretenstraße 1
  5300 Bonn 2
- Institut für Demoskopie
  Allensbach GmbH
  Radolfzeller Straße 8
  7753 Allensbach

Messen, siehe Verbände

Mieter, siehe Verbände
(Vermieter und Mieter)

Militärischer Abschirmdienst (MAD), siehe Bundesämter

Monopolkommission
Barbarastraße 1
5000 Köln 60

N

NATO

- Organisation des Nord-atlantik-Vertrages Nato-Otan
  B-1110 Brüssel

Notarkammer, siehe Kammer

O

Oberfinanzdirektionen

- Oberfinanzdirektion Berlin
  Kurfürstendamm 193–194
  1000 Berlin 15
- Oberfinanzdirektion Bremen
  Contescarpe 67–71
  2800 Bremen 1
- Oberfinanzdirektion
  Düsseldorf
  Jürgensplatz 1
  4000 Düsseldorf 1
- Oberfinanzdirektion
  Frankfurt a. M.
  Adickesallee 32
  6000 Frankfurt a. M. 11
- Oberfinanzdirektion
  Freiburg
  Stefan-Meier-Straße 76
  7800 Freiburg
- Oberfinanzdirektion
  Hamburg
  Röddingsmarkt 2
  2000 Hamburg 11
- Oberfinanzdirektion
  Hannover
  Waterloostraße 5
  3000 Hannover 1

- Oberfinanzdirektion Karlsruhe
  Moltkestraße 10
  7500 Karlsruhe 1

- Oberfinanzdirektion Kiel
  Adolfstraße 14–28
  2300 Kiel 1

- Oberfinanzdirektion Koblenz
  Ferdinand-Sauerbruch-Str. 17
  5400 Koblenz

- Oberfinanzdirektion Köln
  Riehler Platz 2
  5000 Köln 1

- Oberfinanzdirektion München
  Sophienstraße 6
  8000 München 2

- Oberfinanzdirektion Münster
  Andreas-Hofer-Straße 50
  4400 Münster

- Oberfinanzdirektion Nürnberg
  Krelingstraße 50
  8500 Nürnberg 10

- Oberfinanzdirektion Saarbrücken
  Präs.-Baltz-Straße 5
  6600 Saarbrücken 1

- Oberfinanzdirektion Stuttgart
  Rotebühlplatz 30
  7000 Stuttgart 1

Organisation für wirtschaftliche Zusammenarbeit u. Entwicklung (OECD)

2, Rue André Pascal
F-75775 Paris-Cedex 16

P

Parlamentsarchiv
Bundeshaus WD 3
Görresstraße 15
5300 Bonn 1

Parteien

- CDU
  Konrad-Adenauer-Haus
  Friedrich-Ebert-Allee 73–75
  5300 Bonn 1

- CSU
  Nymphenburger Str. 64–66
  8000 München 2

- Deutsche Jungdemokraten – Liberaler Jugendverband e.V.
  Reuterstraße 44
  5300 Bonn 1

- Die Grünen
  Colmantstraße 36
  5300 Bonn 1

- F.D.P.
  Thomas-Dehler-Haus
  Bannscheidstraße 15
  5300 Bonn 1

- Junge Liberale
  Lennéstraße 30
  5300 Bonn 1

- Junge Union Deutschlands
  Annabergerstraße 283
  5300 Bonn 2

- Junge Union Bayern
  Nymphenburger Straße 64
  8000 München 2

- Jungsozialisten in der SPD
  Ollenhauerstraße 1
  5300 Bonn 1

- SPD
  Erich-Ollenhauer-Haus
  Ollenhauerstraße 1
  5300 Bonn 1

Patentanwaltskammer, siehe Kammern

Post, siehe Bundespost

Presse

- Bundes-Pressekonferenz e.V.
  Heussallee 2–10
  5300 Bonn 1
- Deutsche Presse-Agentur GmbH (dpa)
  Mittelweg 38
  2000 Hamburg 13
- Presse- und Informationsamt der Bundesregierung, siehe Bundesregierung

R

Rechtsanwaltskammer, siehe Kammern

Rettungsdienste

- Arbeiter-Samariter-Bund Deutschland e.V.
  Sülzburgstraße 140
  5000 Köln 41
- Bundesarbeitsgemeinschaft Erste Hilfe
  Friedrich-Ebert-Allee 71
  5300 Bonn 1
- Deutsches Rotes Kreuz e.V.
  Friedrich-Ebert-Allee 71
  5300 Bonn 1
- Johanniter-Unfall-Hilfe e.V.
  Sträßchensweg 14
  5300 Bonn 1
- Malteser-Hilfsdienst e.V.
  Leonhard-Tietz-Straße 8
  5000 Köln 1

Rundfunk

- Deutsches Rundfunkarchiv
  Bertramstraße 8
  6000 Frankfurt a. M. 1
- Gebühreneinzugszentrale der öffentlich-rechtlichen Rundfunkanstalten (GEZ)
  Freimersdorfer Weg 6
  5000 Köln 30
- Institut für Rundfunktechnik
  Floriansmühlstraße 60
  8000 München 45
- Rundfunkanstalten, siehe Fernsehen

S

Sachverständigenrat zur Begutachtung der gesamtwirtschaftlichen Entwicklung
Gustav-Stresemann-Ring 11
6200 Wiesbaden 1

Soziale Versicherungsträger, siehe Verbände

Sport, siehe Verbände

Sch

Schiffahrt, siehe Verbände

St

Ständige Vertretungen

- Ständige Vertretung der BRD bei den Europäischen Gemeinschaften
  R. Royale 64
  B-1000 Brüssel 1
- Ständige Vertretung der BRD beim Europarat
  12, Bd. du Prés. Edwards
  F-67000 Straßburg

- Ständige Vertretung der BRD bei den Vereinten Nationen
  600 Third Av. 41st floor
  New York
  N. Y. 10016

- Ständige Vertretung der BRD bei dem Büro der Vereinten Nationen u. bei anderen Internationalen Organisationen
  28 C, chemin du Petit-Saconnex
  CH-1211 Genf 19
  und
  Wagramer Straße 14
  A-1220 Wien

- Ständige Vertretung der BRD bei der Nordatlantikpakt-Organisation
  Bd. Leopold III
  B-1110 Brüssel

- Ständige Vertretung der BRD bei der OECD
  5, R. Léonard da Vinci
  F-75116 Paris

- Ständige Vertretung der BRD bei der Unesco
  13–15, Av. F. D. Roosevelt
  F-75008 Paris

Steuerberaterkammer, siehe Kammern

Straßenwesen, siehe Kammern

Studenten, siehe Verbände

T

Technik, siehe Verbände

Tourismus, siehe Verbände

Treuhandstelle für Industrie und Handel
Kurfürstendamm 32
1000 Berlin 15

U

Umweltbundesamt, siehe Bundesämter

Umweltschutz, siehe Verbände

Universitäten, siehe Hochschulen

V

Verbände

Arbeitgeber

- Bundesvereinigung der Deutschen Arbeitgeberverbände
  Gustav-Heinemann-Ufer 72
  5000 Köln 51

- Bundesverband Zeitarbeit Dienstleistungen auf Zeit e.V.
  Bachstraße 1-3
  5300 Bonn 1

- Vereinigung der kommunalen Arbeitgeberverbände
  Lindenallee 24
  5000 Köln 51

Automobilclubs, siehe dort

Banken und Börsen

- Bundesverband deutscher Banken e.V.
  Mohrenstraße 35–41
  5000 Köln 1

- Deutscher Sparkassen- und Giroverband e.V.
  Simrockstraße 4
  5300 Bonn 1
- Bundesverband der Deutschen Volksbanken und Raiffeisenbanken e.V.
  Heussallee 5
  5300 Bonn 1
- Arbeitsgemeinschaft der Deutschen Wertpapierbörsen
  Biebergasse 6–10
  6000 Frankfurt a. M. 1

Bau- und Wohnungswesen

- Arbeitsausschuß der Bauwirtschaft
  Am Hofgarten 9
  5300 Bonn 1
- Bundesverband Freier Wohnungsunternehmen e.V.
  Reuterstraße 157
  5300 Bonn 1
- Gesamtverband Gemeinnütziger Wohnungsunternehmen e.V.
  Bismarckstraße 7
  5000 Köln 1
- Bundesvereinigung Deutscher Heimstätten e.V.
  Poppelsdorfer Allee 28
  5300 Bonn 1
- Deutsches Volksheimstättenwerk e.V.
  Neefestraße 2a
  5300 Bonn 1

Bildung

- Arbeitskreis deutscher Bildungsstätten e.V.
  Haager Weg 44
  5300 Bonn 1
- Arbeitsgemeinschaft Freier Schulen
  Am Schlachtensee 2
  1000 Berlin 37
- Deutscher Bibliotheksverband e.V.
  Bundesallee 184–185
  1000 Berlin 31
- Deutscher Volkshochschul-Verband e.V.
  Rheinallee 1
  5300 Bonn 2
- Gesellschaft der Europäischen Akademien e.V.
  Bahnhofstraße 47–49
  6600 Saarbrücken 3

Energie

- Bundesverband der deutschen Gas- und Wasserwirtschaft e.V.
  Josef-Wirmer-Straße 1–3
  5300 Bonn 1
- Vereinigung Deutscher Elektrizitätswerke e.V.
  Stresemannallee 23
  6000 Frankfurt a. M. 70

Entsorgung und Recycling

- Arbeitsgemeinschaft Abfallwirtschaft
  Lindenallee 13–17
  5000 Köln 51
- Bundesverband der Deutschen Entsorgungswirtschaft e.V.
  – Fach- und Arbeitgeberverband –
  Hauptstraße 305
  5000 Köln 90

- Bundesverband
  Sonderabfallwirtschaft e.V.
  Am Weiher 11
  5300 Bonn 3

Fernsehen und Film

- Arbeitsgemeinschaft
  der öffentlich-rechtlichen
  Rundfunkanstalten der BRD
  Bertramstraße 8
  6000 Frankfurt a. M. 1
- Bundesverband Kabel
  und Satellit e.V.
  Adenauerallee 13
  5300 Bonn 1
- Spitzenorganisation
  der Filmwirtschaft e.V.
  Langenbeckstraße 9
  6200 Wiesbaden 1

Frauen

- Arbeitsgemeinschaft
  Katholischer Frauen-
  verbände und -gruppen
  Kaesenstraße 18
  5000 Köln 1
- Deutscher Frauenrat
  Simrockstraße 5
  5300 Bonn 1
- Evangelische Frauenarbeit
  in Deutschland e.V.
  Klingerstraße 24
  6000 Frankfurt a. M. 1

Freie Berufe

- Deutscher Anwaltsverein
  Adenauerallee 106
  5300 Bonn 1
- Bundesvereinigung Deut-
  scher Apothekerverbände
  Beethovenplatz 1–3
  6000 Frankfurt a. M. 1
- Bund Deutscher Architekten
  Ippendorfer Allee 14b
  5300 Bonn 1
- Bundesverband der Dolmet-
  scher und Übersetzer e.V.
  Rüdigerstraße 79a
  5300 Bonn 2
- Gemeinschaft Fachärztlicher
  Berufsverbände
  Arndtstraße 20
  6204 Taunusstein 1
- Bundesverband
  der Freien Berufe
  Godesberger Allee 54
  5300 Bonn 2
- Hartmannbund
  - Verband der Ärzte
  Deutschlands e.V. -
  Godesberger Allee 54
  5300 Bonn 2
- Zentralverband
  der Ingenieure e.V.
  Adenauerallee 238
  5300 Bonn 1
- Verband
  beratender Ingenieure e.V.
  Zweigertstraße 37–41
  4300 Essen 1
- Bund Deutscher
  Innenarchitekten
  Königswinterer Straße 709
  5300 Bonn 3
- Kassenärztliche
  Bundesvereinigung
  Herbert-Lewin-Straße 3
  5000 Köln 41
- Bundesverband öffentlich
  bestellter und vereidigter
  Sachverständiger e.V.
  Godesberger Allee 54
  5300 Bonn 2

- Berufsverband Deutscher Psychologen
  Heilsbachstraße 22
  5300 Bonn 1
- Bundesverband der Steuerberater e.V.
  Gereonstrße 13
  5000 Köln 1
- Allgemeiner Deutscher Tanzlehrerverband
  Oberheidter Straße 346
  5600 Wuppertal 12
- Bundesverband praktischer Tierärzte e.V.
  Hamburger Allee 12
  6000 Frankfurt a. M. 90
- Bundesverband Deutscher Unternehmensberater e.V.
  Friedrich-Wilhelm-Straße 2
  5300 Bonn 1

Gesundheit

- Deutsche Hauptstelle gegen die Suchtgefahren e.V.
  Westring 2
  4700 Hamm 1
- Deutsche Krankenhausgesellschaft
  Tersteegenstraße 9
  4000 Düsseldorf 30

Gewerkschaften

- Christlicher Gewerkschaftsbund Deutschlands
  Konstantinstraße 13
  5300 Bonn 2
- Deutsche Angestelltengewerkschaft (DAG)
  Karl-Muck-Platz 1
  2000 Hamburg 36
- Deutsche Postgewerkschaft
  Rhonestraße 2
  6000 Frankfurt a. M. 71
- Deutscher Beamtenbund
  Dreizehnmorgenweg 36
  5300 Bonn 2
- Deutscher Gewerkschaftsbund (DGB)
  Hans-Böckler-Straße 39
  4000 Düsseldorf 30
- Gewerkschaft der Eisenbahner Deutschlands
  Beethovenstraße 12–16
  6000 Frankfurt a. M. 17
- Gewerkschaft Erziehung und Wissenschaft
  Unterlindau 58
  6000 Frankfurt a. M. 1
- Gewerkschaft Gartenbau, Land- und Forstwirtschaft
  Druseltalstraße 51
  3500 Kassel 1
- Gewerkschaft Handel, Banken und Versicherungen
  Tersteegenstraße 30
  4000 Düsseldorf 30
- Gewerkschaft Leder
  Willi-Bleicher-Straße 20
  7000 Stuttgart 1
- Gewerkschaft Nahrung, Genuß, Gaststätten
  Gertrudenstraße 9
  2000 Hamburg 1
- Gewerkschaft Öffentliche Dienste, Transport und Verkehr
  Theodor-Heuss-Straße 2
  7000 Stuttgart 1
- Gewerkschaft der Polizei
  Forststraße 3a
  4010 Hilden

- Gewerkschaft
  Textil-Bekleidung
  Rosstraße 94
  4000 Düsseldorf 30
- IG (Industriegewerkschaft)
  Bau-Steine-Erden
  Bockenheimer Landstr. 33–77
  6000 Frankfurt 1
- IG Bergbau und Energie
  Alte Hattinger Straße 19
  4630 Bochum 1
- IG Chemie-Papier-Keramik
  Königsworther Platz 6
  3000 Hannover 1
- IG Medien - Druck und
  Papier, Publizistik und Kunst
  Friedrichstraße 15
  7000 Stuttgart 1
- IG Metall
  Wilhelm-Leuschner-Straße
  79–85
  6000 Frankfurt a. M. 1
- Union der Leitenden
  Angestellten (ULA)
  Alfredstraße 77–79
  4300 Essen 1

Handel

- Bundesverband
  des Deutschen Groß-
  und Außenhandels e.V.
  Kaiser-Friedrich-Straße 13
  5300 Bonn 1
- Hauptgemeinschaft des
  Deutschen Einzelhandels
  e.V.
  Sachsenring 89
  5000 Köln 1
- Rat des deutschen Handels
  Sachsenring 89
  5000 Köln 1

Handelsvertreter und Makler

- Centralvereinigung Deutscher Handelsvertreter und
  Handelsmakler-Verbände
  Geleniusstraße 1
  5000 Köln 41
- Ring Deutscher Makler
  Mönckebergstraße 27
  2000 Hamburg 1

Handwerk

- Zentralverband
  des Deutschen Handwerks
  Johanniterstraße 1
  5300 Bonn 1
- Deutscher
  Handwerkskammertag
  Johanniterstraße 1
  5300 Bonn 1

Journalisten

- Deutscher
  Journalisten-Verband e.V.
  Bennauerstraße 60
  5300 Bonn 1

Jugend

- Deutscher Bundesjugendring
  Haager Weg 44
  5300 Bonn 1
- Ring politischer Jugend
  Reuterstraße 44
  5300 Bonn 1

Juristen

- Deutscher Juristentag e.V.
  Oxfordstraße 10
  5300 Bonn 1

Kommunale Spitzenverbände

- Bundesvereinigung der Kommunalen Spitzenverbände
  Lindenallee 13-17
  5000 Köln 51

- Deutscher Landkreistag
  Adenauerallee 136
  5300 Bonn 1

- Deutscher Städte- und Gemeindebund
  Kaiserswerther Str. 199-201
  4000 Düsseldorf 1

- Deutscher Städtetag
  Lindenallee 13-17
  5000 Köln 51

- Verband kommunaler Unternehmen e.V.
  Brohler Straße 13
  5000 Köln 51

Kunst und Kultur

- Arbeitsgemeinschaft literarischer Gesellschaften e.V.
  Am Sandwerder 5
  1000 Berlin 39

- Arbeitsgemeinschaft Literatur
  Raimundistraße 2
  6500 Mainz 1

- Deutscher Designertag e.V.
  Kreuzbergstraße 1
  4000 Düsseldorf 30

- Deutscher Kulturrat
  Adenauerallee 7
  5300 Bonn 1

- Deutscher Kulturrat
  - Sektion Film/Audiovision -
  Agnesstraße 14
  8000 München 40
  und
  Klarastraße 19
  8000 München 19

- Deutscher Museumsbund e.V.
  Colmantstraße 14-16
  5300 Bonn 1

- Kunstrat
  Poppelsdorfer Allee 43
  5300 Bonn 1

- Rat für Baukultur
  Ippendorfer Allee 146
  5300 Bonn 1

- Rat für Darstellende Künste
  Am Handelshof 9
  4300 Essen 1

- Rat für Soziokultur
  Stirnband 10
  5800 Hagen 1

Landwirtschaft

- Deutscher Bauernverband e.V.
  Godesberger Allee 142-148
  5300 Bonn 2

- Freier Ausschuß der deutschen Genossenschaftsverbände
  Adenauerallee 127
  5300 Bonn 1

- Verband der Landwirtschaftskammern
  Godesberger Allee 142-148
  5300 Bonn 2

- Zentralausschuß der Agrargewerblichen Wirtschaft
  Buschstraße 2
  5300 Bonn 1

- Zentralausschuß der
  Deutschen Landwirtschaft
  Godesberger Allee 142–148
  5300 Bonn 2

Presse

- Bundes-Pressekonferenz e.V.
  Heussallee 2–10
  5300 Bonn 1
- Bundesverband der Mediendienste und -agenturen e.V.
  Silker Weg 1
  2057 Reinbek
- Bundesverband der
  Pressebild-Agenturen
  und Bildarchive e.V.
  Bundesallee 32
  1000 Berlin 31
- Deutscher Presseclub e.V.
  Dahlmannstraße 26
  5300 Bonn 1
- Deutscher Presserat
  Wurzerstraße 46
  5300 Bonn 2

Messen und Werbung

- Ausstellungs- und
  Messeausschuß der
  Deutschen Wirtschaft e.V.
  Lindenstraße 8
  5000 Köln 1
- Interessengemeinschaft
  Deutscher Fachmessen
  und Ausstellungsstädte
  Jungiusstraße 13
  2000 Hamburg 36
- Zentralausschuß
  der Werbewirtschaft e.V.
  Villichgasse 17
  5300 Bonn 2

Soziale Verbände / Versicherungsträger

- Arbeiterwohlfahrt
  - Bundesverband - e.V.
  Oppelner Straße 130
  5300 Bonn 1
- Bundesarbeitsgemeinschaft
  der Freien Wohlfahrtspflege
  e.V.
  Franz-Lohe-Straße 17
  5300 Bonn 1
- Bundesarbeitsgemeinschaft
  der überörtlichen Träger der
  Sozialhilfe
  Ernst-Frey-Straße 9
  7500 Karlsruhe 1
- Bundesarbeitsgemeinschaft
  Hilfe für Behinderte e.V.
  Kirchfeldstraße 149
  4000 Düsseldorf 1
- Deutscher Caritasverband
  e.V.
  Karlstraße 40
  7800 Freiburg
- Deutscher Paritätischer
  Wohlfahrtsverband e.V.
  Heinrich-Hoffmann-Straße 3
  6000 Frankfurt a. M. 71
- Deutscher Verein für öffentliche und private Fürsorge
  Am Stockborn 1–3
  6000 Frankfurt a. M. 50
- Diakonisches Werk der
  Evangelischen Kirche
  in Deutschland e.V.
  Stafflenbergstraße 76
  7000 Stuttgart 1
- Hauptverband der
  gewerblichen Berufsgenossenschaften e.V.
  Lindenstraße 78–80
  5205 St. Augustin 2

- Verband Deutscher Rentenversicherungsträger
  Eysseneckstraße 55
  6000 Frankfurt a. M. 1

- Zentralwohlfahrtsstelle der Juden in Deutschland e.V.
  Hebelstraße 6
  6000 Frankfurt a. M. 1

Sport

- Deutscher Sportbund (DSB)
  Otto-Fleck-Schneise 12
  6000 Frankfurt a. M. 71

Straße, Wasser, Luft

- Arbeitsgemeinschaft Deutscher Verkehrsflughäfen e.V.
  Flughafen
  7000 Stuttgart 23

- Bundesverband der deutschen Binnenschiffahrt e.V.
  Dammstraße 15–17
  4100 Duisburg 13

- Verband Deutscher Reeder e.V.
  Esplanade 6
  2000 Hamburg 36

- Zentralarbeitsgemeinschaft des Straßen- und Verkehrsgewerbes e.V.
  Breitenbachstraße 1
  6000 Frankfurt a. M. 93

Studenten und Akademiker

- Arbeitsgemeinschaft Katholischer Studenten- und Hochschulgemeinden
  Rheinweg 34
  5300 Bonn 1

- Convent Deutscher Akademikerverbände
  Eininger Straße 51b
  8000 München 50

- Convent Deutscher Korporationsverbände
  Parkstraße 11
  7820 Tittisee-Neustadt

- Deutsches Studentenwerk e.V.
  Weberstraße 55
  5300 Bonn 1

- Evangelische Studentengemeinde
  Tunisstraße 3
  5000 Köln 1

- Verband für Studentenwohnheime e.V.
  Poppelsdorfer Allee 28
  5300 Bonn 1

Technik

- DEKRA – Deutscher Kraftfahrzeug-Überwachungsverein
  Schulze-Delitzsch-Straße 49
  7000 Stuttgart 1

- Deutscher Verband Technisch-Wissenschaftlicher Vereine
  Graf-Recke-Straße 84
  4000 Düsseldorf 1

- Rationalisierungs-Kuratorium der Deutschen Wirtschaft e.V.
  Düsseldorfer Straße 40
  6236 Eschborn 1

- Verband Deutscher Elektrotechniker e.V. (VDE)
  Stresemannallee 15
  6000 Frankfurt a. M. 70

- Verein Deutscher Ingenieure (VDI)
  Graf-Recke-Straße 84
  4000 Düsseldorf 1
- Vereinigung der Technischen Überwachungs-Vereine e.V. (Vd TÜV)
  Kurfürstenstraße 56
  4300 Essen 1

Tourismus

- Deutscher Bäderverband e.V.
  Schumannstraße 11
  5300 Bonn 1
- Deutscher Fremdenverkehrsverband e.V.
  Niebuhrstraße 16b
  5300 Bonn 1
- Deutscher Hotel- und Gaststättenverband e.V.
  Kronprinzenstraße 46
  5300 Bonn 2
- Deutsche Zentrale für Tourismus e.V.
  Beethovenstraße 69
  6000 Frankfurt a. M. 1

Umweltschutz

- Bundesverband Bürgerinitiativen Umweltschutz e.V.
  Prinz-Albert-Straße 43
  5300 Bonn 1
- Greenpeace e.V.
  Vorsetzen 53
  2000 Hamburg 11
- Deutscher Naturschutzring Bundesverband für Umweltschutz e.V.
  Kalkuhlstraße 24
  5300 Bonn 3
- Arbeitsgemeinschaft für Landschaftsentwicklung
  Godesberger Allee 142–148
  5300 Bonn 2
- Arbeitsgemeinschaft ökologischer Forschungsinstitute
  Schiffbauerweg 4
  2800 Bremen 21
- Robin Wood
  Gewaltfreie Aktionsgemeinschaft für Natur und Umwelt e.V.
  Lahnstraße 65
  2800 Bremen 1
- Arbeitsgemeinschaft für Umweltfragen e.V.
  Matthias-Grünewald-Str. 1–3
  5300 Bonn 1
- Bund für Umwelt und Naturschutz Deutschland e.V.
  Im Rheingarten 7
  5300 Bonn 3
- Umweltstiftung WWF-Deutschland (World Wildlife Fund)
  Hedderichstraße 110
  6000 Frankfurt a. M. 70

Verbraucher

- Arbeitsgemeinschaft der Verbraucherverbände e.V.
  Heilsbachstraße 20
  5300 Bonn 1
- Bund der Versicherten e.V.
  Postfach 76 02 04
  2000 Hamburg 76
- Die Verbraucher Initiative e.V.
  Breite Straße 51
  5300 Bonn 1
- Stiftung Warentest
  Lützowplatz 11–13
  1000 Berlin 30

- Verbraucherschutzverein e. V.
  Lützowplatz 11-13
  1000 Berlin 30

Verlagswesen

- Börsenverein des
  Deutschen Bundhandels e. V.
  Gr. Hirschgraben 17–21
  6000 Frankfurt a. M. 1
- Bundesverband Deutscher
  Zeitungsverleger e. V.
  Riemenschneiderstraße 10
  5300 Bonn 2
- Verband Deutscher
  Zeitschriftenverleger e. V.
  Winterstraße 50
  5300 Bonn 2

Vermieter und Mieter

- Deutscher Mieterbund
  Aachener Straße 313
  5000 Köln 41
- Zentralverband der Deutschen Haus-, Wohnungs- und Grundeigentümer e. V.
  Cecilienallee 45
  4000 Düsseldorf 30

Versicherungen

- Gesamtverband der
  Deutschen Versicherungswirtschaft e. V.
  Ebertplatz 1
  5000 Köln 1

Wirtschaft

- Arbeitsgemeinschaft
  Außenhandel
  der Deutschen Wirtschaft
  Gustav-Heinemann-Ufer
  84–88
  5000 Köln 51
- Bundesverband
  Bekleidungsindustrie e. V.
  Mevissenstraße 15
  5000 Köln 1
- Bundesverband der
  Deutschen Industrie
  Gustav-Heinemann-Ufer
  84–88
  5000 Köln 51
- Bundesverband mittelständische Wirtschaft e. V.
  Adenauerallee 13 b-c
  5300 Bonn 1
- Deutsche Gruppe der Internationalen Handelskammer
  Kolumbastraße 5
  5000 Köln 1
- Deutscher
  Industrie- und Handelstag
  Adenauerallee 148
  5300 Bonn 1
- Ost-Ausschuß
  der Deutschen Wirtschaft
  Gustav-Heinemann-Ufer
  84–88
  5000 Köln 51
- Verband der
  Automobilindustrie e. V.
  Westendstraße 61
  6000 Frankfurt a. M. 1
- Verband der
  Chemischen Industrie e. V.
  Karlstraße 21
  6000 Frankfurt a. M. 1
- Gemeinschaftsausschuß
  der Deutschen Gewerblichen
  Wirtschaft
  Gustav-Heinemann-Ufer
  84–88
  5000 Köln 51

- Hauptverband der Deutschen Bauindustrie e.V.
  Abraham-Lincoln-Straße 30
  6200 Wiesbaden

- Wirtschaftsvereinigung Bergbau e.V.
  Zitelmannstraße 9-11
  5300 Bonn 1

- Verband der Cigarettenindustrie e.V.
  Harvestehuder Weg 88
  2000 Hamburg 13

- Bundesverband Druck e.V.
  Biebricher Allee 79
  6200 Wiesbaden 1

- EBM - Wirtschaftsverband
  Kaiserswerther Straße 135
  4000 Düsseldorf 30

- Zentralverband Elektrotechnik- und Elektronikindustrie e.V.
  Stresemannallee 19
  6000 Frankfurt a. M. 70

- Wirtschaftsverband Erdöl- und Erdgasgewinnung e.V.
  Brühlstraße 9
  3000 Hannover 1

- Bundesvereinigung der Deutschen Ernährungsindustrie e.V.
  Rheinallee 18
  5300 Bonn 2

- Verband der deutschen feinmechanischen und optischen Industrie e.V.
  Pipinstraße 16
  5000 Köln 1

- Deutscher Gießereiverband
  Sohnstraße 70
  4000 Düsseldorf 1

- Bundesverband der Glasindustrie und Mineralfaserindustrie e.V.
  Stresemannstraße 26
  4000 Düsseldorf 1

- Hauptverband der Deutschen Holz und Kunststoffe verarbeitenden Industrie und verwandter Industriezweige e.V.
  An den Quellen 10
  6200 Wiesbaden 1

- Arbeitsgemeinschaft Industriegruppe
  Poststraße 1
  7530 Pforzheim

- Wirtschaftsverband der deutschen Kautschukindustrie e.V.
  Zeppelinallee 69
  6000 Frankfurt a. M. 90

- Arbeitsgemeinschaft Keramische Industrie e.V.
  Friedrich-Ebert-Anlage 38
  6000 Frankfurt a. M. 97

- Gesamtverband der Kunststoffverarbeitenden Industrie e.V.
  Am Hauptbahnhof 12
  6000 Frankfurt a. M. 1

- Bundesverband der Deutschen Luftfahrt-, Raumfahrt- und Ausrüstungsindustrie e.V.
  Konstantinstraße 90
  5300 Bonn 2

- Hauptverband der Papier, Pappe und Kunststoffe verarbeitenden Industrie e.V.
  Arndtstraße 47
  6000 Frankfurt a. M. 1

- Verband Deutscher Papierfabriken e.V.
  Adenauerallee 55
  5300 Bonn 1

- Verband Deutscher Maschinen- und Anlagenbau e.V.
  Lyoner Straße 18
  6000 Frankfurt a. M. 71

- Wirtschaftsvereinigung Metalle e.V.
  Tersteegenstraße 28
  4000 Düsseldorf 30

- Vereinigung Deutscher Sägewerkverbände e.V.
  Mainzer Straße 64
  6200 Wiesbaden 1

- Verband für Schiffbau und Meerestechnik e.V.
  An der Alster 1
  2000 Hamburg 1

- Wirtschaftsvereinigung Stahl
  Breite Straße 69
  4000 Düsseldorf 1

- Wirtschaftsverband Stahlbau und Energietechnik
  Sternstraße 36
  4000 Düsseldorf 30

- Wirtschaftsverband Stahlverformung e.V.
  Goldene Pforte 1
  5800 Hagen 1

- Bundesverband Steine und Erden e.V.
  Friedrich-Ebert-Anlage 38
  6000 Frankfurt a. M. 97

- Gesamtverband der Textilindustrie e.V.
  Schaumainkai 87
  6000 Frankfurt a. M. 70

- Deutsche Verbundgesellschaft e.V.
  Ziegelhäuser Landstraße 5
  6900 Heidelberg

- Wirtschaftsvereinigung Ziehereien und Kaltwalzwerke e.V.
  Kaiserswerther Straße 137
  4000 Düsseldorf 30

- Verein der Zuckerindustrie e.V.
  Am Hofgarten 8
  5300 Bonn 1

Wissenschaft

- Dachverband Wissenschaftlicher Gesellschaften der Agrar-, Forst-, Ernährungs-, Veterinär- und Umweltforschung e.V.
  Zimmerweg 16
  6000 Frankfurt a. M. 1

Verbraucher, siehe Verbände

Verlagswesen, siehe Verbände

Versicherungen, siehe Verbände

Vertretungen,
siehe ständige Vertretungen

W

Wasser- und Schiffahrtsverwaltung des Bundes
Weinbergstraße 11-13
5400 Koblenz

Weltgesundheitsorganisation (WHO)
Av. Appia
CH-1211 Genf 27

Werbung, siehe Verbände

Wirtschaft, siehe Verbände

Wirtschaftsprüferkammer,
siehe Kammern

Wissenschaft

- Wissenschaftsorganisationen

  - Alexander von Humboldt-Stiftung
    Jean-Paul-Straße 10–12
    5300 Bonn 2

  - Arbeitsgemeinschaft der Großforschungseinrichtungen
    Ahrstraße 45
    5300 Bonn 2

  - Arbeitsgemeinschaft der Wissenschaftlichen Medizinischen Fachgesellschaften
    Moorenstraße 5
    4000 Düsseldorf 1

  - Deutsche Forschungsgemeinschaft
    Kennedyallee 40
    5300 Bonn 2

  - Fraunhofer - Gesellschaft zur Förderung der angewandten Forschung e.V.
    Leonrodstraße 54
    8000 München 19

  - Konferenz der Akademien der Wissenschaften in der BRD
    Geschwister-Scholl-Str. 2
    6500 Mainz 1

  - Max-Planck-Gesellschaft zur Förderung der Wissenschaften e.V.
    Residenzstraße 1a
    8000 München 2

  - Wissenschaftsrat
    Marienburger Straße 8
    5000 Köln 51

Wohlfahrtsverbände,
siehe Verbände

Wohnungswesen,
siehe Verbände

Z

Zahnärztekammer,
siehe Kammern

Zentralstelle für Arbeitsvermittlung
Postfach 17 05 45
Feuerbachstraße 42–46
6000 Frankfurt a. M. 1

Zentralstelle für die Vergabe von Studienplätzen (ZVS)
Sonnenstraße 171
4600 Dortmund 1

Zivildienst,
siehe Bundesbeauftragter für Z.

Zoll

- Zollfahndungsdienst
  Bundesministerium der Finanzen
  Graurheindorfer Straße 108
  5300 Bonn 1

- Zollkriminalinstitut - Zentrales Zollfahndungsamt -
  Tel-Aviv-Straße 1
  5000 Köln 1